好父母

不是天生的

鄧美林，尹曉晴 主編

好父母不是天生的，
和孩子一起成長。
點一盞燈，
照亮前方的路，
教育攻略放心中，
手牽手，一起走。

崧燁文化

好父母不是天生的

目錄

目錄

總序

前言

第一章 尊重孩子的天性

第一節 孩子的天性 11
 一、孩子是「好奇寶寶」 11
 二、孩子的「玩耍世界」 15
 三、孩子需要成就感 18

第二節 尊重和引導孩子的天性 23
 一、正面引導孩子 23
 二、懲罰孩子須得當 28
 三、從做事的動機方面來引導孩子 33

第二章 營造良好的家庭氛圍

第一節 父母是無可替代的「榜樣」 37
 一、父母要齊心 37
 二、建立孩子的尊嚴 41
 三、培養孩子誠實和信任的品質 44

第二節 培養孩子為人處世的基本素質 49
 一、心繫他人，學會分享 49
 二、同情心 53

第三節 增長孩子的經驗 58
 一、讓孩子自己的事情自己做 58
 二、帶著孩子去見世面 63

第三章 培養孩子的社會交往能力

第一節 父母眼中的社會 69

一、人生的起跑線 ⋯⋯⋯⋯⋯⋯⋯⋯⋯⋯⋯⋯⋯⋯⋯⋯⋯ 69

　　二、富養還是窮養 ⋯⋯⋯⋯⋯⋯⋯⋯⋯⋯⋯⋯⋯⋯⋯⋯⋯ 74

　　三、社會是一個大熔爐 ⋯⋯⋯⋯⋯⋯⋯⋯⋯⋯⋯⋯⋯⋯⋯ 78

　第二節 孩子該如何去適應社會 ⋯⋯⋯⋯⋯⋯⋯⋯⋯⋯⋯⋯⋯ 81

　　一、人際交往，讓孩子邁出第一步 ⋯⋯⋯⋯⋯⋯⋯⋯⋯⋯ 81

　　二、規則，適應社會的必修課 ⋯⋯⋯⋯⋯⋯⋯⋯⋯⋯⋯⋯ 86

　　三、閱讀，開啟面向社會的窗戶 ⋯⋯⋯⋯⋯⋯⋯⋯⋯⋯⋯ 88

第四章 面對現實，步步為營

　第一節 父母面對的現實 ⋯⋯⋯⋯⋯⋯⋯⋯⋯⋯⋯⋯⋯⋯⋯ 93

　　一、分離與孩子的安全感培養 ⋯⋯⋯⋯⋯⋯⋯⋯⋯⋯⋯⋯ 93

　　二、獨立的開始 ⋯⋯⋯⋯⋯⋯⋯⋯⋯⋯⋯⋯⋯⋯⋯⋯⋯⋯ 97

　　三、家有「熊孩子」⋯⋯⋯⋯⋯⋯⋯⋯⋯⋯⋯⋯⋯⋯⋯⋯ 100

　　四、孩子偷東西 ⋯⋯⋯⋯⋯⋯⋯⋯⋯⋯⋯⋯⋯⋯⋯⋯⋯⋯ 104

　第二節 孩子面對的現實 ⋯⋯⋯⋯⋯⋯⋯⋯⋯⋯⋯⋯⋯⋯⋯ 107

　　一、面對恐懼 ⋯⋯⋯⋯⋯⋯⋯⋯⋯⋯⋯⋯⋯⋯⋯⋯⋯⋯⋯ 107

　　二、被拒絕的孩子 ⋯⋯⋯⋯⋯⋯⋯⋯⋯⋯⋯⋯⋯⋯⋯⋯⋯ 111

　　三、輸贏並非人生的全部 ⋯⋯⋯⋯⋯⋯⋯⋯⋯⋯⋯⋯⋯⋯ 114

第五章 快樂地學習

　第一節 激勵孩子投入學習 ⋯⋯⋯⋯⋯⋯⋯⋯⋯⋯⋯⋯⋯⋯ 119

　　一、不要讓孩子喊著口號上學 ⋯⋯⋯⋯⋯⋯⋯⋯⋯⋯⋯⋯ 119

　　二、不要總是用比較來刺激孩子 ⋯⋯⋯⋯⋯⋯⋯⋯⋯⋯⋯ 122

　　三、讓孩子在遊戲和學習之間掌握平衡 ⋯⋯⋯⋯⋯⋯⋯⋯ 126

　第二節 學習應當是愉快的 ⋯⋯⋯⋯⋯⋯⋯⋯⋯⋯⋯⋯⋯⋯ 130

　　一、適量的作業和考試 ⋯⋯⋯⋯⋯⋯⋯⋯⋯⋯⋯⋯⋯⋯⋯ 130

　　二、讀「最好的」學校不如讀最適合的學校 ⋯⋯⋯⋯⋯⋯ 133

　　三、孩子表示：升學「鴨梨山大」⋯⋯⋯⋯⋯⋯⋯⋯⋯⋯ 136

　第三節 幫助孩子建構關於學習的正確價值觀 ⋯⋯⋯⋯⋯⋯ 140

一、把對知識的正確價值觀傳達給孩子 140

　　二、讓興趣和恆心成為孩子前途最可靠的保障 143

第六章 把握好管與不管的分寸

　第一節 掌握管教的程度和範圍 147

　　一、不能無處不管，也不能處處不管 147

　　二、預防孩子形成壞習慣 150

　　三、預防孩子形成不良偏見 152

　第二節 敢於讓孩子經受挫折 155

　　一、孩子總有跌倒的時候 155

　　二、幫助不等於包辦 158

　　三、孩子需要屬於自己的天空 162

　第三節 幫助孩子認識自我和鍛鍊自我 164

　　一、幫助孩子認識自我 164

　　二、幫助孩子鍛鍊自我 167

第七章 有愛心與管教

　第一節 有原則的愛 171

　　一、父母要樹立權威而不是威權 171

　　二、不被孩子牽著鼻子走 176

　第二節 懷疑和責罵不等於批判和幫助 180

　　一、懷疑和責罵對孩子傷害很深 180

　　二、關愛，讓批評也變得甜美 183

　第三節 信任和愛是最好的獎勵和認可 187

　　一、給自己誠實和信任，給孩子誠實和信任 187

　　二、我們真的愛孩子嗎 191

　　三、愛，才是父母最好的禮物 195

好父母不是天生的

目錄

總序

孩子的健康成長關係著千家萬戶的幸福，未來和希望。家庭是一個孩子在從出生到走入社會的過程中重要的生活空間，是培養和教育孩子的重要園地。家庭教育是學校教育的重要延伸和必要補充，具有不可替代的特殊作用。

家長們在面對孩子時會遇到各種特殊情況和疑難問題，如何開展家庭教育、指引孩子健康成長，本叢書提供了一系列的「診斷」和建議。在編寫過程中，編者們參閱了大量經典案例，結合兒童和青少年的身心特點和成長規律，文字通俗易懂、生動形象，能讓您在輕鬆快樂中感受、領悟、學習、借鑑，也能讓您在實踐應用中有所收穫，與孩子一起成長、共同進步，共建和諧美滿的愛心家園。

整套叢書選擇了多個當下家庭教育和家庭關係處理中的熱點問題，分別從「好父母好教育」「隔代教育藝術」「留守兒童教育」「單親家庭教育」「青春期教育」「孩子關鍵期教育」「獨生子女教育」「和諧家庭建設」等視角進行了研究，並提出了解決問題的辦法和有益的借鑑，指出了改進教育的理念方法和有效措施，解答了家庭教育中普遍存在的突出問題，不僅形式上有所創新，內容上與時俱進，而且有較強的可讀性，具有普遍的推廣和指導價值。

透過此套叢書，我們由衷希望家長朋友們能全面系統性、直截了當地認識到，家庭教育是建立在血緣親情基礎之上的教育，不同於學校教育，更不同於社會教育，有其自身的特殊性，在孩子的健康成長中起著不可替代的基礎性和保障性的作用。然而現實中，有的家庭忽視了家庭教育，讓孩子錯失了很多本來很好的成長機會；有的家庭雖然重視家庭教育，但沒有章法，不懂得必要的心理學和教育學知識，科學性不夠。這兩者顯然都無法完整地實現家庭教育的功能。科學合理、充滿善意、溫暖和諧的家庭教育，往往決定了孩子的成人心智、成長水平、成才後勁和成功高度。為了我們共同傾注愛和關懷的下一代，為了我們共同期望的未來社會的棟樑之才，我們需要對家庭教育高度重視、不斷反思、探索總結、終身學習。

好父母不是天生的

總序

　　家長朋友們，教育是一項極為複雜、沒有常式的心靈事業，因為每個孩子和家庭的情況都有很多不一樣的地方。因此，在具體的教育過程中，希望家長朋友們一定要因人而異、因勢利導、順勢而為，針對不同的情況，適時更新教育理念，適時轉變教育觀念，選擇正確、合理的教育方式，才能達到較為理想的教育效果。

　　世界上有許多事情可以等待、可以重來，唯獨孩子的成長不能等待、不可重來。毫無疑問，家庭教育是一項極為神聖、永無止境的靈魂事業，讓我們共同堅守、共同努力，傾注關愛和熱情，提供氧分和空間，幫助引導孩子仁心向善、天天向上、揚帆向前、一生精彩，讓您的家庭真正成為愛的港灣和心靈的家園！

　　叢書由廖桂芳教授擔任總主編，由魏巍、鄧杉、鄭廷友三位副教授擔任副總主編，由一線優秀教師聯袂編寫而成。系列叢書編寫者中有大學生的人生導師，有中學班導師，有小學的辛勤園丁，還有教育培訓機構的培訓老師。我們透過講故事、找問題、給對策和提建議的方式，和每一位家長一起來為孩子的成長尋找合理的方向和適當的道路。親愛的家長們，沒有哪一條路是最好的，也沒有哪一種方法是通用的，但是我們的心卻都一樣———「放孩子們到寬闊光明的地方」。懷著這樣的願望，我們和您一起分享這套書，希望您的孩子有一個海闊天空的世界，伴著智慧和勇氣，去跨越，去成長！

前言

　　讓孩子成長，其實也是讓我們自己成長。這是我們在編寫這本書時最大的感受。當我們借助教育前輩的觀點和思維來構造自己觀點的時候，我們同時也是在釐清自己的成長軌跡。當我們這樣做的時候，卻發現，在自己成長的軌跡中，有太多無法彌補的缺陷，這既是先天不足的問題，也是後天殘缺的問題。然而，我們不能夠抱怨，所有的不足都是由許多因素組合起來造成的。儘管人可以在嚴酷的條件下頑強地成長、改進甚至完善自己，但是想要取得進步和提高的我們，不能滿足於現狀，而要為孩子造就一個更好的成長環境，讓他們更好地成長。

　　我們也認識到，要讓孩子更好地成長絕非一方的任務，也絕非朝夕可成的功業；相反，它更像是一項系統性事業，一項長久不懈的使命。在這個系統性事業中，家長、學校、政府和社會都作為重要角色出席。顯然，在孩子初期教育中，家長承擔著更多的責任和壓力，學校、政府和社會在這個時候也並非冷眼旁觀者，而是積極輔助者，事實上，沒有學校、政府和社會的輔助，家長的教育將事倍功半。不過，家長卻不能因為學校、政府和社會做得不好而推卸責任，甚至放棄家庭教育。況且，系統性事業中的任何一個方面都沒有推卸責任的理由。在這個長久不懈的使命中，我們可以遭受沉重的打擊，但是要勇敢地站起來；我們可以被生活中的瑣事纏身，但是要腳踏實地站穩腳跟；我們不僅要丟棄慾望的誘惑，還需要抓牢未來的希望。

　　如果我們希望未來更好，如果我們希望改善這個社會，那麼我們沒有理由不做好教育，沒有理由不將更多的精力投入到孩子的教育中來，沒有理由不關注孩子的點滴成長。還是用魯迅先生的話來激勵一下我們：「放孩子們到寬闊光明的地方去。」

　　本書由鄧美林、尹曉晴擔任主編，負責全書的框架結構設計，指導具體寫作，進行審稿、統稿、定稿；戴倩、張瑩、韓應彬、楊穎擔任副主編。本書共七章，各章的編寫者如下：第一章、第二章由鄧美林、尹曉晴、戴倩編寫；第三章、第四章由張瑩、黃亞編寫；第五章由韓應彬、羅二鵬、張利玲編寫；

第六章由郭志浩、胡金波編寫；第七章由楊穎、李立國編寫；全書由廖桂芳教授審核。本書參考文獻及全書的文字編排、整理、校對工作由陳思鐳擔任。

　　在此感謝每一位編寫成員，同時，我們也向每一位給予我們啟發的教育前輩致敬！

　　在寫作過程中，我們參閱或引用了有關專家、學者的專著、教材、論文和相關網站的一些觀點和材料，在此謹向這些文獻資料的作者表示衷心的感謝；出版社鄭持軍、杜珍輝同志對書稿的策劃、修改、優化提出了寶貴的意見和建議，在此一併表示感謝！

　　由於水平有限、時間倉促，書中難免有一些不足之處，敬請各位專家和學者批評指正，以期再做修訂。

編者

第一章 尊重孩子的天性

第一節 孩子的天性

一、孩子是「好奇寶寶」

孩子開始說話的時候,就會開始問問題,有些問題在父母看來是不屑於回答的,而有些問題則是父母不好回答的。聰明的父母會認真對待孩子提出的問題,但是有許多平時忙於工作的父母卻忽略了孩子提出的這些問題。不管是哪一類父母,都面臨同樣一個問題:面對孩子提出的這些稀奇古怪的問題,面對孩子的好奇心,我們做父母的究竟該怎麼辦,是選擇讓孩子「一邊待著去」,還是選擇「有問必答」呢?

典型案例

叮噹今年 5 歲,他一看見沒有見過的東西就喜歡去問媽媽。媽媽因為平時工作很忙,也缺乏耐心,總是不能很認真地回答他的問題,而且媽媽認為,男孩子是不應該這樣囉唆的,孩子現在還小就這麼囉唆,等長大了就會成為一個討人厭煩的人。有一天,叮噹看見一隻麻雀,就問媽媽說:「那個會飛的是什麼東西呀?」媽媽回答說:「鳥。」他又問她說:「那個東西有幾隻腳呢?牠用腳飛嗎?」媽媽一邊看電視,一邊答說:「兩隻腳,嗯,用腳飛。」叮噹又問:「可是媽媽,我也有腳的,我能飛嗎?」媽媽答說:「誰跟你說的,誰跟你說你有腳你就能飛啦?」叮噹無奈地說:「媽媽,你說鳥有腳就能飛。」媽媽開始不耐煩地說:「鳥有翅膀,你沒有翅膀,你飛不了!」叮噹還是不滿足,又問道:「媽媽,那翅膀是什麼呀?鳥為什麼有翅膀呀?」媽媽看電視看得正起勁,就厲聲回答道:「盡會呆問,鳥自然是有翅膀的,走開走開,我沒空。」

專家解讀

父母要掌握好好奇心這個「引擎」

好父母不是天生的
第一章 尊重孩子的天性

兒童教育家陳鶴琴說：「若小孩子不好奇，那就不去與事物相接觸了；不與事物相接觸，那他就不能明了事物的性質和狀況了。倘使他看見了冰，不好奇，不去玩弄，那他恐怕不會知道冰是冷的；倘使他聽見了外面路上的汽車聲，不跑出去看看，那他恐怕不會曉得汽車是什麼東西。所以好奇動作是小孩子得著知識的一個最緊要的途徑。」

所以，做父母的應當認識到，孩子有好奇心是件好事。甚至可以說，孩子成長的過程就是不斷滿足好奇心，獲得知識的過程。很多時候，父母們擔心孩子不愛學習，對學習沒興趣甚至討厭學習，但是，從孩子天生就好奇這一點來看，孩子天生就熱愛學習知識。很多時候，父母們想方設法讓孩子多學習、更用功地學習，但是，當父母引導孩子學習的時候，卻蠻打蠻幹，不管三七二十一，只要是父母認為好的，就強迫孩子去學習；只要是社會上普遍認同的，就讓孩子朝這個方向去努力，最後往往使得孩子在學習上吃力不討好，事與願違。這時候，父母們不妨想想，孩子的好奇心能夠幫上什麼忙。

孩子天生就有好奇心，而好奇心就像孩子的精力一樣，沒有人可以阻止它的釋放。如果孩子的精力得不到恰當的釋放，往往會做出許多出格的事情來，這一點讓父母們操碎了心。同樣地，如果孩子的好奇心得不到恰當的釋放，也可能會生出許多事端來。關注孩子的好奇心比關注孩子的一舉一動重要得多，因為孩子的一舉一動無非是在好奇心的牽引下造成的，所以，做父母的抓住源頭和原因比抓住枝節和結果更有意義。

好父母修煉

適當滿足孩子的好奇心

很多東西都是孩子沒有接觸過的，當孩子接觸到這些東西的時候，就會激起他們的好奇心。比如，當孩子看見電子手錶的時候，他們會去摸、看、聞，甚至咬，這時候，我們就不要去「搶」他們感興趣的東西，而是過去和孩子一起「玩」。

這個時候，父母要當起演員來，在孩子面前表演平時生活中這個東西的用處和意義。比如，媽媽走過去，拿起手錶戴上，爸爸在一旁問媽媽：「現

在幾點了,是不是該吃午飯了?」媽媽回答:「哎呀,現在是 11 點 45 分了,我們再過 20 分鐘就吃飯吧。」這樣,孩子就知道手錶原來是有這些用處的,慢慢地,他們以後也會模仿著爸爸媽媽的行為來使用手錶了。又比如,當孩子看見媽媽在做飯的時候,他們可能會跑過去玩一下水、捏一捏黃瓜、抓一抓肉,這個時候媽媽不要去喝斥、責罵孩子,而是要和孩子一起「玩」洗菜的遊戲。另外,對於不同年齡的孩子,父母要掌握好滿足他們好奇心的程度和範圍。比如,一個才兩三歲的小孩子,如果對媽媽切菜用的刀感興趣,就不能隨便教他們玩,而要等到他們稍大一點的時候,讓孩子多看看媽媽怎樣用刀來切菜、切肉又能夠恰當地保護自己不會被刀劃傷,讓孩子懂得刀很有用處但是也很危險,是不能隨便用的,然後再教孩子怎麼用刀切菜、切肉和做其他許多需要用刀的日常事情。

當孩子打破砂鍋問到底的時候,父母怎麼辦?

小孩子總是喜歡問「是什麼」和「為什麼」,而很多當父母的面對孩子提出這些問題的時候總是感到很苦惱。父母之所以苦惱,主要有兩個方面的原因:

其一,父母本身就沒有想過這些問題,不知道如何回答;

其二,有些問題的答案不適合告訴小孩子(在他們提問的年齡段)。

如果是第一種情況,父母不必感到苦惱,因為世界上有很多問題都是我們不知道答案的,當孩子問到這些問題的時候,正好也給我們和孩子一起思考問題提供了機會。我們與其喝斥孩子或者敷衍孩子,不如和孩子一起來思考這些問題。我們可以和孩子討論,這樣孩子會在討論中學習解決問題的方法,學習同他人一起探討問題的方法;我們也可以跟孩子說,爸爸媽媽還沒有想過這個問題,讓孩子自己去想一想,想到了以後告訴爸爸媽媽,這樣孩子在解決問題後會很有成就感。

如果是第二種情況,爸爸媽媽也沒有什麼好擔心的,同樣的問題可以有很多種回答的方式,即使同一個答案也有很多種不同的表達方式。比如很多孩子都喜歡問的一個問題是「我是從哪裡來的」,那麼父母可以告訴孩子,

好父母不是天生的

第一章 尊重孩子的天性

「你呀,是從爸爸和媽媽這裡來的」。這是最簡單的一種回答,而且也是事實。當然,還可以有更浪漫的說法,比如說:「爸爸媽媽在一起,但是光有爸爸媽媽還不完美,所以,你就來了呀,讓我們的家完美了。」這些回答都沒有涉及對小孩子還不適合的概念,等到孩子長大一些了,可以明白生理概念的時候,他們自然就明白了這些道理,而這個時候他們會發現,爸爸媽媽也確實沒有欺騙他們。

良性循環:好奇—滿足—好奇—知識—好奇……

對於孩子的好奇心,父母要適當地滿足,千萬不能一味地視之為洪水猛獸而加以抑制。同時,父母要認真對待孩子所有的好奇心,即使不能直接告訴孩子答案,也要想方設法透過別的渠道讓孩子的好奇心得到滿足。孩子在好奇心得不到滿足的情況下,很可能會誤入兩個歧途:

其一,孩子的好奇心逐漸減弱甚至消失;

其二,孩子自己透過不恰當的渠道獲得好奇心的滿足。

父母恰當地滿足了孩子的好奇心,就可以讓孩子保持對世界探索的積極心態。同時,還可以讓孩子獲得滿足好奇心的正確方法和成就感,並積累必要的知識。但是要達到後一個目標,父母就必須要在滿足孩子好奇心時,有意識地引導孩子進入知識的殿堂,不能只停留在膚淺的表面,也不能侷限在對問題的簡單回答上。比如,當一個孩子問爸爸說:「為什麼太陽總是從那邊升起來呢?」爸爸就不能回答說「太陽是從東邊出來的呀」,更不能回答說「太陽一直都是這樣的呀」。這時候,爸爸應該告訴孩子:「寶貝,太陽是從東方出來,然後在西方落下的,來,爸爸再告訴你呀,這邊是東方,那邊是南方,那邊是西方,那邊是北方,以後你要告訴爸爸哪裡是東方,哪裡是南方,哪裡是西方,哪裡是北方,好嗎?」這樣回答孩子以後,孩子自己就會去思索什麼是東南西北,然後去主動指認這些方向,等孩子熟悉了這些以後,再教給孩子別的更深入的知識。此外,父母也要注意,不能一次告訴孩子太多東西,要循序漸進,這是一個很好的方法。

成長小提示

1. 好奇心不是洪水猛獸。

2. 與其壓抑孩子的好奇心,不如利用孩子的好奇心來激發孩子學習的興趣。

3. 不要遏制孩子求知的渴望。

二、孩子的「玩耍世界」

爸爸媽媽看著調皮可愛的小寶貝,心裡滿滿的都是愛,孩子一天天長大,做父母的心裡別提多高興了。可是,當小寶貝在學校裡總是貪玩調皮,在課堂上坐不住、不守規矩,對與小夥伴玩耍的熱愛程度遠遠勝過對學習的熱愛程度的時候,爸爸媽媽怎麼想呢?面對這樣的問題,爸爸媽媽也許有很多疑問:孩子貪玩是問題嗎?孩子應該好好學習,家長應該嚴格要求。可是,萬一把孩子「管傻了」怎麼辦?隨他去吧,孩子就是該玩,愛玩的孩子身體好、精神好。可是,長此以往孩子養成壞習慣可怎麼辦?……困惑的爸爸媽媽們,當你們面對這些難題時,你們已經走向發現和認識孩子天性的第一扇門了,接下來我們就要面對問題,一起去尋找打開孩子心門的鑰匙,探索玩耍對孩子的意義,引導孩子更好地發揮潛力、創造未來。

典型案例

洋洋今年 7 歲,是爸爸媽媽的心肝寶貝,生活在小康之家,在爸爸媽媽的細心照料與呵護下,健康地成長著。

但是,最近一段時間,洋洋越來越不愛學習,越來越貪玩。先說每天放學回家做作業這件事,爸爸媽媽調查了一下鄰居家的孩子,他們做作業特別快,家庭作業一般一個多小時就能完成,但洋洋總是要寫三四個小時才能寫完。究其原因,是因為洋洋寫作業時一邊寫一邊玩,不知不覺地把寫作業的時間拉長了幾倍。

再說上課這件事,洋洋總是管不住自己,老師講課時不好好聽,總在下面搞小動作,擺弄擺弄這個,再擺弄擺弄那個,根本不知道老師講了什麼,

好父母不是天生的

第一章 尊重孩子的天性

等洋洋想聽的時候老師已經講完了。在洋洋的記憶裡，有幾次他在課堂上玩著玩著，老師突然叫到他的名字，讓他回答問題，他回答不出來，就只好滿臉通紅地站著。就連中午午休的時候洋洋也靜不下來，看班的老師留一些作業或是叫同學們睡覺，但頑皮的洋洋還是忘不了玩，坐在座位上也不老實，一會兒和這個同學說幾句話，一會兒又和那個同學逗幾句嘴，要不然就私下搞點小動作，因為這些「毛病」，洋洋沒少被老師批評。後來，老師好像和洋洋越來越疏遠了，以前老師還經常和家長聯繫，現在都不說了，由著孩子在那兒自己玩，這讓爸爸媽媽感到很困惑。爸爸媽媽很擔心洋洋這麼貪玩，將來會沒出息。

專家解讀

孩子普遍好動，父母要學會引導

根據發展心理學的觀點，從嬰兒到青春期，孩子的活動水平是一生中最高的，在這段時期內，他們總是顯得喜好各種活動，活動內容和形式也十分豐富，他們可以獨自玩耍，也可以找小夥伴玩耍。小孩子年齡越大，玩耍的花樣就越多，玩耍的內容就越豐富。例如，當小孩子長到一兩歲的時候，他們已經開始學著走路、說話，這時候的小孩子就喜歡在地上爬來爬去，模仿動物和大人的行為，如果在模仿的過程中有大人或者動物和他們互動，他們就會更開心。他們可以搬動自己的玩具，搬動椅子，拿著木棒當槍用，甚至把大人讓他們做的事情也當成玩耍。當孩子長到八九歲的時候，身體和智力兩方面都得到了很大的發展，這時候，他們的身體更強壯，知識更豐富，因此也有了新的玩耍形式和玩耍內容，與三四歲的孩子相比，八九歲的孩子更喜歡帶有競爭性的遊戲。

如果做父母的不讓小孩子玩耍，就違背了小孩子成長的天性，通常會遭到更強烈的反抗。運動可以帶來健康，玩耍可以帶來快樂，經驗可以積累知識。做父母的不能違背小孩子的天性，但也不能放任不管。做父母的必須知道，哪些事情可以控制和引導，哪些事情無法控制和引導，從而去控制那些可以控制的，引導那些可以引導的；而對於那些不能控制和引導的事情，父母們要多關注和瞭解，但不能強行干涉。

適當的玩耍有益於孩子的社會性發展、認知和身體發展

發展心理學家認為：玩耍不僅是孩子用來打發時間的事情，它對孩子的社會性發展、認知和身體發展均有幫助。在孩子成長的不同時期，玩耍對他們的意義是不同的。學齡前兒童玩耍的內容主要可以分為功能性和建構性兩個方面。功能性內容會涉及簡單、重複性的活動，在這種活動中，參與者的目的是保持活躍，而不是創造什麼物品。建構性內容會涉及一個最終目的——建造點什麼。建構性活動既可以檢驗孩子身心發展的情況，還可以讓他們學會如何與他人建立合作關係，因為，在某些活動中，孩子可以透過共享或轉借的形式進行互動，甚至與他人輪流進行某項活動，或發起競爭。

好父母修煉

既然喜愛玩耍是小孩子的天性，而玩耍體驗也能夠讓孩子獲得滿足感，那麼，爸爸媽媽們硬要強制孩子不玩耍並不是明智的做法。堵不如疏，爸爸媽媽們首先應當尊重孩子，然後讓孩子在健康的道路上成長，讓孩子的成長變得更有意思，讓學習更加有趣。

健康運動，健康玩耍，讓孩子充滿活力

父母不僅不能阻止孩子玩耍，還應準備適當的設備使小孩子得到充分的運動，同時，父母也要以身作則，做孩子的榜樣。現在提倡全民健身，應當說我們擁有一個良好的運動大環境，受此影響，孩子也會在有意無意間形成自發運動的意識，更何況，從孩子的天性來看，他們都是熱愛玩耍的，而運動在很大程度上就是玩耍的一部分。所以，父母要想讓自己的孩子熱愛運動並不是難事，這恐怕要比讓孩子熱愛學習更容易。為了讓孩子養成健康運動的習慣，父母首先要為孩子準備適當的運動設備，保證孩子能夠得到充分、安全、有益的鍛鍊。其次，做父母的要以身作則，積極投入健康運動的行列，因為在孩子眼中，父母無疑是自己最好的榜樣，如果父母光說不練，孩子即使被我們強迫著開始運動，也很難堅持下來，更難以養成健康運動的好習慣。

為孩子尋找適宜的夥伴

做父母的應該為自己的孩子尋找適宜的小夥伴，從而使孩子能在健康的環境下成長。「孟母三遷」的故事一直以來都是我們津津樂道的經典，但是，現實中的很多父母並沒有意識到友誼、社會環境對孩子成長的重要意義。當然，人無完人，父母不能要求孩子的朋友都是完美無缺的天使，每個人或多或少都有一些小毛病，如有些人性子慢、做事情比較拖沓，有些人脾氣不夠好，等等。儘管如此，父母在孩子夥伴的選擇上，也要發揮監督和引導作用，不能讓孩子沾染上壞毛病。所以，做父母的要為孩子尋找適宜的夥伴，這些夥伴可以陪伴孩子成長而不會讓孩子陷入壞習慣裡不能自拔。

讓孩子在玩耍中學習

首先，瞭解孩子內心的想法，父母應當知道孩子喜歡什麼。其次，引導孩子選擇他們喜歡的東西，幫助孩子在玩耍中設定一些具體可行的方案和短期目標，這些目標對孩子來說要難度適中：一方面有一定的挑戰性；另一方面又彷彿觸手可及。為了實現這些目標，孩子不得不瞭解一些必要的知識，由於有完成目標的挑戰和對成功的預期，孩子在瞭解知識的時候不會感到枯燥乏味；相反，他們將充滿鬥志，滿懷熱情地把這些事情當成愉快的活動。此外，在設定這些目標的時候，要考慮這些具體目標之間的連續性和漸進性，以便上一個目標的實現能夠為下一個目標的實現奠定基礎，而下一個目標也能為上一個目標提供引導。在這些具體目標的實現過程中，孩子很可能發現學習內容本身原來是如此令人著迷，他們將體會到成就感和學習的樂趣。

成長小提示

1. 父母要給孩子自由玩耍的空間，也要適當監督孩子玩耍的內容和過程。
2. 孩子不是機器，不能一直都學習，要勞逸結合。
3. 好習慣的養成一定要從細節開始。

三、孩子需要成就感

在父母看來，孩子做事情往往是東摸摸西碰碰，沒有什麼事情是有始有終的。但是，有時候，孩子卻因為父母隨意動了自己的玩具或者弄壞了自己

搭好的東西變得很生氣。父母不理解，其實這些看起來好像亂七八糟的東西和有始無終的事情，在孩子眼裡都是他的成就，都是孩子的心愛之物。然而，父母要怎麼對待孩子所謂的「成就」呢？

典型案例

星期天上午，石頭一個人在臥室裡搭積木，他搭好一個，剛過一會兒就把它拆掉，接著又搭一個，這樣一遍又一遍地重複著。爸爸一開始自己在玩電腦、打電話，後來看見石頭一個人在那裡玩，就走了過去，發現石頭把積木拆散丟了一地，爸爸以為石頭不會搭積木，就湊過去給石頭做示範，可是石頭卻不讓爸爸碰那些積木，爸爸無奈只好無趣地走開了。過了一會兒，石頭把積木搭好了，就來叫爸爸去看，可是爸爸卻只顧著看球賽，對石頭愛理不理，石頭垂頭喪氣地回去把積木拆了。電視播放廣告的時候，爸爸突然想起來應該讓石頭看書學習了，就大聲地喊石頭把書本拿出來念，可是石頭怎麼也不肯。球賽馬上要開始了，爸爸著急要看球賽，對石頭更加沒有了耐心，就把石頭的書本拿出來，放在石頭面前說：「如果今天上午不把該學的學習了，中午別想吃飯。」石頭哭著坐在地上，也不看書，也不理人，也不玩積木了，心裡充滿了委屈與沮喪。

專家解讀

孩子也需要成就感

孩子喜歡做事情，喜歡動手，儘管他們對很多事情還不是很懂，做很多事情還顯得很笨拙，但這只是其中的一個方面。另一個方面是，孩子喜歡透過做事情來獲得成就感。孩子喜歡做事情這一點，我們做父母的容易發覺，對於孩子喜歡成就感這一點，我們做父母的往往容易忽略。這是因為，孩子喜歡做事情是顯而易見的現象，而孩子關於成就的觀念與做父母的有很大區別。在父母眼中孩子做的事情都屬於「孩童世界」，「孩童世界」總是帶有一種「鬧著玩」的味道，父母往往不會把這種「鬧著玩」的成就當回事。但是，孩子往往挺在意自己做的事情，對他們而言，沒有所謂的「孩童世界」，

他們往往還挺較真的。所以，我們做父母的在面對孩子的時候，需要從孩子的角度來思考問題，要認識到孩子不僅喜歡做事情，同樣也喜歡有成就感。

孩子的成就感表現為多種形式

孩子的成就感是多方面的，甚至比大人世界裡所謂的成就感還要豐富，這一點做父母的一定要知道。對於孩子來說，他要獲得的成就可能僅僅是一種趣味、一種與他人共處時的愉悅、一個微笑、一個讚美，等等。當然，金錢的獎勵對孩子來說也是一種成就，只是做父母的要當心不要讓金錢的獲得成為孩子唯一的成就。

成就感的培養有益於增強孩子的學習動機

父母不僅要認識到孩子有這種獲得成就感的心理，而且要在教育孩子的過程中，運用好這種心理，讓教育孩子這件事情變得更加容易、更加有效果。

心理學家約翰·桑切克指出：「小學期間，孩子取悅家長的動機要多於取悅同伴。」家長對自己孩子給予充分的關注能夠培養孩子的成就感，如果家長把主要的時間和精力花費在關注孩子的學習方面，孩子的學習動機就會增強，孩子在學習方面也會取得更好的成就；相應地，孩子就會更加具有成就感，而成就感將促使孩子把事情做得更好，從而形成良性激勵機制。教育心理學研究者發現，在學習方面，家長充分瞭解孩子、為他們提供適當的挑戰和支持、給孩子營造一個積極的情感氛圍，這一類事情有益於增強孩子的學習動機。

好父母修煉

父母要適時、恰當地認同和鼓勵

大多數孩子天性是好動的，也是喜歡去嘗試各種事情的，這些事情或者是小孩子的遊戲，或者是家務活等等。大多數孩子，特別是獨生子女在家裡都是一個人獨自玩遊戲，自娛自樂。如果是這樣的話，父母儘量不要去打擾他，讓孩子自己體會遊戲的樂趣，自己去發現問題、解決問題，養成動手動腦自己做好事情的習慣，不要輕易走過去誇獎他，特別是當孩子的遊戲很簡

單又沒有遇到什麼困難的時候。但是，父母要隨時關注孩子玩的遊戲，當孩子的遊戲比較複雜而孩子在遇到困難時表現出了很好的態度，最終把問題解決了的時候，父母要適時地走過去，鼓勵或者讚美他。這樣，孩子既認識到了問題往往可以由自己來解決，又體會到瞭解決複雜問題的樂趣，而父母的讚美加強了孩子的這些感受。

此外，孩子在做好一件事情以後，通常要來向爸爸媽媽展示，很顯然，孩子這個時候是來討得表揚的。雖然孩子的心理就這麼簡單，但要怎樣滿足孩子獲得表揚的心理卻需要父母注意。如果每一次父母表揚孩子都只是說「好好、很不錯呢」這樣的話，孩子一開始還沒有感覺，久而久之，孩子就感覺你在敷衍他了，尤其在父母連孩子做的東西看都不看一眼就張口表揚孩子的時候，孩子是感受得到的。對孩子來說，父母總是很多方面的「專家」，也就是說，父母是在很多方面都有知識和道理的，父母如果只是一味地表揚說「好好、很不錯呢」這樣的話，孩子是感覺不出你在這方面有什麼知識和道理的。父母最起碼要知道孩子做的是什麼，然後說說孩子做的這個東西好在哪裡。比如，孩子畫了一幅水彩畫《爸爸、媽媽、我和小狗》給媽媽看，媽媽看了不僅要說「寶貝好乖呀，畫得真好」，還應該說：「喔，這是爸爸，戴了眼鏡，短頭髮；這是媽媽，穿著花裙子，留著長頭髮；這是寶貝，肉嘟嘟的小臉蛋真好看；這是小狗狗，長長的尾巴。」當媽媽這樣說的時候，孩子很可能會告訴媽媽這裡講對了、那裡講錯了，或者把媽媽漏掉的地方講出來，媽媽要表現得好像突然領悟了一樣，讓孩子覺得自己的媽媽就是朋友和知己，這樣比簡單敷衍的表揚好得多。

用恰當的方式激勵孩子去做他不太願意做的事情

有些事情孩子也許不是太願意主動去做，但是這些事情又是教育孩子的必要內容，所以，父母就要想辦法讓孩子去做這些事情。有的父母要求孩子去做這樣的事情，孩子會因為害怕父母而極不情願地去做，在這種情況下，孩子可能做不好事情，甚至會在做事情的時候發生意外。有的父母誘騙孩子，說要給孩子買一樣他平時特別想要得到卻一直沒有機會得到的東西，但孩子

做完這些事情之後卻沒有得到這些東西，父母為此卻找各種藉口。有的父母用金錢獎勵的方式給孩子做的事情明碼標價，等孩子確實完成任務以後兌現。

雖然這些方法都可以造成一些作用，但是這些方法實在不高明。當父母要讓孩子去做一些孩子不願意做的事情的時候，至少有以下兩種方式可供參考：

（1）和孩子達成一項協議：如果孩子去完成了這件他不願意做的事情，那麼孩子也可以要求父母去完成一件父母平時也不願去做的事情（當然，這些事情首先是要合理的）。比如，平時父母不願意帶著他出去野餐，當孩子平時提出要野餐的時候，我們表現出不感興趣、有壓力、牴觸，但是，如果孩子完成了這件他不願意去做的事情，父母答應他帶著他去野餐，而且野餐的食物全由孩子決定。當然，這一方法要起作用，前提是平時父母不能對孩子有求必應，否則，到時候父母根本沒有可以選擇的空間。這種方法的好處是可以讓孩子懂得，有些事情對於自己來說是樂趣，但對於別人來說卻可能是負擔，人是要懂得寬容的；其次，也可以讓孩子懂得，這個世界沒有什麼事情是絕對不情願或情願的，為了某些人（家人、朋友之類），我們也可以去做一些不情願但合理合法的事情，人是可以做出某些犧牲的；再次，還可以讓孩子懂得，別人為了你做了一些不情願的事情，同樣，我們也可以為了別人去做我們不情願的事情，人是要相互體諒和付出的。這些對人性的理解，是我們每個人都需要的品質。

（2）向孩子承諾，如果他完成了這件不情願的事情，就答應給他想要的一樣東西或者為他做一件事情（當然，這個東西或這件事情也必須是合情合理的）。而父母一旦承諾了以後，只要孩子完成了答應父母去做的事情，父母一定不能隨意食言，也不能用小伎倆欺騙孩子。比如，孩子要媽媽答應，如果他在一學期裡每天堅持認真寫一個小時鋼筆字，媽媽就要給他買一雙漂亮的皮鞋，媽媽答應了。儘管他不太情願，而且要堅持一學期對孩子來說的確不是容易的事情，但當孩子實現了自己承諾的時候，媽媽卻說當時沒有答應給他買皮鞋，而只是答應給他買鉛筆或者什麼都沒答應，此時，孩子就會感到被欺騙，會怨恨，甚至變得喜歡採取欺騙的手段欺騙別人。給孩子一些

承諾並且實現它，還有一個益處：讓孩子懂得，有時候，為了獲得想要的東西，我們不得不先去完成一些我們不太情願去做的事情。

讓孩子在過程中體會「成就感」

如果父母能夠和孩子一起做，孩子可能就會覺得那些他不情願的事情其實也不是不能忍受，甚至也不是表面上看起來那樣令人討厭。當孩子看到父母很投入地去做這些事情的時候，孩子也會在情緒上被感染，並且淡化他心中的牴觸情緒。比如，爸爸要求孩子每天練習一個小時鋼筆字，而爸爸也每天用一個小時來練習鋼筆字或毛筆字；爸爸要求孩子每天看兩個小時書，自己也每天用兩個小時甚至更多的時間去看書。如此這般，每隔一段時間甚至每天，爸爸都可以和孩子交流一些練字的心得，或者看書的體會，爸爸還可以和孩子討論一些觀點，這樣，本來對孩子來說是乏味和不情願的事情，卻變得豐富有趣起來，讓孩子也會逐漸自願去做這些事情，這是最好的結果。此外，這種方法還可以讓孩子知道，學習的過程原來不僅僅是機械地重複，還有思考和領悟。

成長小提示

1. 對孩子來說，成就可以是很簡單的一件事。
2. 不要忽視了孩子對成就感的體驗。
3. 借助孩子對成就感的心理需求，激發孩子的熱情。

第二節 尊重和引導孩子的天性

一、正面引導孩子

孩子一天天長大了，而父母的煩心事卻一點也沒有減少。孩子大一些的時候就會獨自去做很多事情，釋放自己的精力，有些事情是錯誤的，父母要批評他。可是，如果父母經常批評孩子，不僅會影響和孩子的感情，而且以後的批評和教訓對孩子的教育和約束作用也會變小，但如果不批評的話，孩

子做錯了事情又不能自知，也就無法改正錯誤，會越陷越深，這可真是讓人進退兩難啊！

典型案例

洋洋的媽媽接到老師打來的電話，說洋洋今天在學校裡隨便用同學的東西，用了也不歸還，不會與同學和睦相處。媽媽知道以後很生氣，洋洋一回家，媽媽先把洋洋狠狠地教訓了一頓，並讓洋洋保證下次不能再犯這樣的錯誤，還一邊嘮叨：「他怎麼就不像我呢，我上學的時候可從來就沒有被老師這樣批評過，還給家長打電話，真丟臉！」用過晚飯以後，媽媽又告訴洋洋：「樓下張阿姨的女兒學習好、人緣好，聽張阿姨說，開家長會的時候，老師常常表揚她，你還比人家大一歲呢，怎麼從來不會向人家學習呢？現在去給我寫作業，今天晚上寫不完作業就別想睡覺，這學期好好給我們爭口氣，在學校表現好一點，你聽到沒有！」

洋洋在學校裡已經被老師批評了一頓，回到家裡又被媽媽嚴厲訓斥一番，心裡很不好受，儘管媽媽批評了他的錯誤，但並沒有告訴他錯在哪裡？怎麼做才是正確的。洋洋很困惑，而媽媽用張阿姨的女兒來和他比較，讓他感到很沮喪，甚至在他心中埋下了自卑的種子。

專家解讀

經常給孩子一些積極的暗示

孩子雖然懂得的東西不多，他們的知識和理解力也不充分，但是，孩子通常有較高的悟性，對於很多他們不懂的東西和比較簡單的道理，只要有人給予暗示，他們就能夠明白。孩子得到暗示，會開動腦筋去思考，當孩子思考出結果以後，會為自己在思考上的努力和取得的成果而自豪，並且對於這個東西或這個道理感到親切，以後，孩子接受這個東西或道理就是自然而然的結果了。另外，如果想讓孩子做某些事情，而孩子並沒有這個想法，父母也不要強制孩子去做，更不能用命令的方式要求孩子去做，而要引導孩子，讓孩子慢慢地接受這件事情。相反，如果父母非要用命令的方式要求孩子做他不想做的事情，孩子會感到沒有自由，自己的愛好和創造力被壓抑；如果

孩子沒有妥協，而父母還不斷把各種想當然的事情強加給孩子，那麼孩子就會更加叛逆，甚至會自暴自棄，這就失去教育孩子的意義了。

不要吝嗇對孩子的讚美

從情感上來說，幾乎每個人都是喜歡被人誇獎而不喜歡被人指責的。那些誇獎我們的話，不管是真還是假，聽起來大抵總是順耳的；那些指責我們的話，不管有理沒理，聽起來總是惱人的。即使我們懂得「忠言逆耳利於行」的道理，可是，感性的傾向和影響是很強烈的，我們總是更容易接受那些肯定我們的觀點。孩子懂得的道理往往比父母少，更容易受情感喜好的支配。

我們做父母的要坦然面對孩子的各種天性，現代科學告訴我們，運用孩子的天性去做有益於教育的事情是明智的。如果父母不顧孩子的感受，總是責備、批評、阻撓孩子，孩子在情感和心理上不斷受到打擊，負面情緒一直伴隨著他，孩子很可能就越來越做不好事情。既然孩子喜歡獎勵和肯定，那我們做父母的就不要吝嗇給孩子獎勵和肯定。孩子被父母認可和肯定，情感和心理上受到鼓勵，負面情緒就會越來越少，往往能夠把事情做得越來越好。但是，父母在肯定和獎勵孩子的時候，要有根據，不能為了表揚而表揚、為了獎勵而獎勵。

好父母修煉

孩子做錯事情的時候，暗示他怎樣做是正確的

孩子出於無知和天真，免不了會做錯一些事情。父母看見孩子做錯了事情，往往會採取下面兩種方式來對待：要麼視若無睹，認為孩子就是寶貝，根本說不得罵不得；要麼大發雷霆，認為孩子簡直就是大笨蛋，懷疑孩子的能力。第一種方式不可取的地方在於，父母驕縱孩子，容易錯失教育孩子的好時機，孩子長大了會養成自以為是的性格；第二種方式不可取的地方在於，孩子由於害怕父母，暫時不敢做那些事情，但是，孩子內心是不服氣的，他不敢在父母面前做，可是他會想方設法在父母看不到的時候去做，甚至還會養成更加叛逆的性格，也可能會養成欺騙、偽善的性格。事實上，我們必須承認，孩子犯錯誤是很正常的事情，父母不能因為孩子是寶貝，就把孩子做

的所有事情都看成是對的；同時，孩子成長的過程是「漫長」的，父母需要有更多耐心。

當孩子做錯了事情的時候，較好的方法是暗示孩子怎麼做是對的。比如，有一天，爸爸發現孩子在撕一本剛買回來不久的書，於是爸爸拿了一些廢紙走過來，放在孩子旁邊說：「寶貝，幫爸爸把這些廢紙撕掉，這本書爸爸留著要看的，如果撕掉了，以後爸爸要看書的時候就沒有啦。」然後爸爸輕輕地把書拿過來，放到一邊，和孩子一起撕掉廢紙，然後把廢紙收拾起來丟進垃圾桶，再把書拿出來，翻看裡面的內容，很認真地和孩子看起圖畫來。此外，為了滿足孩子動手的心理，建議爸爸給孩子買兒童剪紙和繪畫工具，一方面可以防止孩子撕書，另一方面也可以培養孩子的性情。

不要總是用別人家的孩子來做比較，而要就事情本身來激勵孩子

有時候我們會發現，當一個人被誇獎，說他樂於助人的時候，哪怕他並不是很願意幫助別人，但是這種誇獎也會影響到這個人對自己的看法，並且在別人需要幫助的時候可能會表現得更加主動。這種心理也可以用來教育孩子。

可是，在我們的生活中，經常會發現父母為了讓孩子更加有上進心、更勤奮、把事情做得更好，就拿別人家的孩子來說事。比如，丫丫的爸爸為了讓丫丫更加努力學習，就說：「哎呀，你看看人家明明，每天不用爸爸媽媽管，自己很認真地完成家庭作業，還堅持每天看課外書，真了不起呀，我們家丫丫可真是差一大截呢，應該要努力哦。」這些話在父母看來是可以激發孩子去和別人競爭，從而達到促進孩子成長的目的，這種方法對一部分孩子的確會造成一些作用，但是，這種方法的負面作用遠遠大於它的正面作用。它會在孩子心中樹立一個無形的競爭對手，甚至讓孩子養成事事都和別人比較的性格，也可能會在孩子心目中形成心理障礙，這個障礙就是：鄰家的孩子總是更優秀。

如果要激勵孩子認真學習，父母可以採取正面激勵的方法。當父母發現孩子最近總是偷懶、好玩、不愛學習的時候，首先要瞭解一下孩子不認真學習的原因，然後告訴孩子，他曾經是做得很好的，而且以後也可以做得很好，

現在暫時沒做好,是可以改進的;同時也要讓孩子知道,我們有時候有些事情做不好是正常的,不能因為一件事情沒做好就垂頭喪氣、失去信心。比如,當媽媽發現孩子因為有幾道數學題沒有做好被老師批評了或者受了同學的打擊,在一段時間都不願意學習時,媽媽就把事情的原委告訴爸爸,然後爸爸配合媽媽,在孩子面前說:「嘿,我今天要讓彬彬幫忙算一算這個帳目,我每次算的結果都不一樣。」媽媽回答:「可是彬彬最近在數學上遇到困難了,他現在可能不太願意算數學了。」爸爸就說:「我們家彬彬是很會算數的呢,一定是他不想認真做罷了,以前都是彬彬幫我的,而且每次都算對了,我相信彬彬這次也會幫到我,是不是呀,彬彬?」孩子在心理上都是喜愛被肯定的,這和成人沒有什麼兩樣,這樣一引導,彬彬往往就會願意來幫爸爸的忙,而彬彬幫到爸爸以後,就又找回自信心了。

不要經常命令孩子,而要以平等的身份和孩子商量、對話

很多父母以為仗著自己對孩子的好,仗著自己是孩子生命的創造者,仗著自己是長者,仗著自己為孩子提供衣食住行所需等種種原因,就可以隨意命令孩子。其實,孩子需要父母,父母也需要孩子,雙方誰也離不開誰,如果說父母對孩子好,那麼也可以說孩子給父母帶來了不可替代的歡樂;如果說父母是孩子生命的創造者,那麼也可以說孩子是父母生命的延續者。因此,所有這些命令孩子的理由都是站不住腳的。孩子一來到世界上,就是一個完整的人,他應當得到平等的對待和尊重。

命令孩子有許多害處,這裡列舉兩個方面:

其一,孩子被命令去做他不願意做的事情,他會非常委屈,就會怨恨自己的父母,對於性格強硬的孩子,等他可以反抗的時候,他就會養成叛逆的性格,凡是被父母命令的事情,不管這個事情他喜歡還是不喜歡、應當還是不應當,他都不會去做,也可能讓性格軟弱的孩子在長大以後沒有獨立的人格,凡事都被別人牽著鼻子走;

其二,如果父母命令孩子去做事情而孩子並不去做,父母不懲罰也不生氣,那麼久而久之,孩子就發現父母的命令完全是一種形式,可以不去理會,

那父母對孩子來說就沒有了基本的威信，以後孩子就不會聽父母的話，父母要教育孩子就更難了。

當父母想要孩子做事情的時候，可以以委婉的方式和孩子商量。比如爸爸見彬彬在家裡待了一天，想要彬彬出去透透空氣，舒展身體，爸爸就和彬彬說：「彬彬啊，阿華怎麼今天沒來邀你去打球呢？」如果彬彬說阿華有事情來不了，這幾天都不打球了，爸爸就說：「爸爸要出去走走，今天我看到外邊花園裡有好多蝴蝶，可可和她媽媽還去池塘邊餵小魚兒了呢，我也想去看一看，你要不要和我一起去呢？」彬彬因為喜歡看蝴蝶，也喜歡餵小魚兒，就會跟著爸爸出去了。

成長小提示

1. 當我們要命令孩子的時候，嘗試著用暗示和鼓勵的方法來代替。
2. 學會換位思考，當命令孩子的時候，也想想自己被命令的感受。

二、懲罰孩子須得當

孩子做錯事情或者正在做錯事，如果不是很嚴重，父母只需要暗示、批評一下，讓孩子知道這件事情是不對的就可以了。但是，如果孩子犯了比較嚴重的錯誤，父母會擔心，僅僅批評和暗示可能起不到預期的作用。這個時候，父母就要考慮如何來懲罰孩子，讓孩子從懲罰中吸取教訓了。可是父母都愛自己的孩子，都怕懲罰孩子會讓孩子怨恨自己或者給孩子心裡留下陰影。如何懲罰孩子，對父母來說又是一個棘手的問題。

典型案例

歡歡看見媽媽在包餃子，就過來要用手拿麵皮模仿媽媽做事，媽媽見歡歡的手髒，就告訴歡歡說：「這個小孩子不能碰呀，碰了手會癢癢呢！」歡歡怕手癢癢，就不敢去拿了，可是歡歡閒不下來，看見陽臺上的綠蘿，就去給綠蘿澆水，媽媽又怕歡歡濕了衣服，也不讓歡歡去做。歡歡沒有辦法，就自己一個人到樓下去玩了。過了一會兒，有一個阿姨領著歡歡回來，對歡歡媽媽說：「你家孩子真不懂事，你看把別人的玩具車給弄壞了，該好好管管

了。」歡歡看著媽媽，很委屈的樣子，因為那玩具車是別的孩子玩的時候亂撞，不小心撞到歡歡的腳上，翻了一個跟斗，大概是把什麼地方的電路抖鬆了，玩具車就不動彈了，其他小朋友不給自己道歉，反而向大人告狀，因為媽媽沒有在身邊，擰不過大人才給領上門來的。媽媽不知道實情，連忙給人賠禮道歉，並把歡歡拉到屋子裡，覺得又丟臉又驚訝，歡歡從來也不曾犯過這種錯誤，還讓人家找上門來討道理，一時氣急，就狠狠地打了歡歡的屁股，歡歡被打疼了，又受了委屈，就大哭起來。但媽媽覺得這樣還不夠，還狠狠地教訓了歡歡一通，讓歡歡今天晚飯前必須認識到自己錯在哪裡，並且向媽媽承認錯誤，直到媽媽滿意才能夠吃晚飯。

專家解讀

有效施行對孩子的懲罰

孩子小的時候，還不知道哪些事情是可做的，哪些事情是不可做的，因為經驗和智力的限制，孩子不能很好地區分好壞、對錯、當與不當，所以說，父母總是要想辦法阻止孩子去做不好的事情，並且，在孩子做了錯誤的事情以後，要施以適當的懲罰。

父母在管教孩子方面，如果沒有原則和真正的執行力，結果往往會適得其反。尤其是當今社會，孩子顯得更加珍貴，父母禁止孩子去做的事情，孩子還是去做了，父母如若不責罰，就會讓孩子認為這些事情本來做了也沒什麼，父母只是嚇唬他，和他鬧著玩的。這種想法在孩子心理上刻下了烙印，孩子長大以後就變得任性、以自我為中心、自私自利。從行為主義心理學角度來看，如果我們想要孩子對犯了錯誤就會受到懲罰形成深刻印象，進而約束他們再次犯同樣的錯誤，父母就要在孩子的錯誤行為與懲罰之間、正確行為與鼓勵之間建立起某種牢固的關係。

別把懲罰當成目的

既然孩子免不了會做錯事情，父母就免不了要懲罰孩子，那麼，懲罰孩子就變成了父母必備的一項「技能」。懲罰孩子看起來很簡單，但是要找到合適的方式是不容易的。父母不要為了懲罰而去懲罰孩子，父母應為了孩子

能夠更好地成長而懲罰孩子。有的父母平時對於自己的孩子過於溺愛或者平時的行為沒有在孩子心中留下什麼好印象,當孩子犯了錯誤以後,他們指責、喝令孩子時,孩子卻不當回事。這樣一來,父母就會產生巨大的挫敗感,他們擔心這樣下去孩子就會成為脫韁的野馬,他們想要樹立對孩子的權威,於是就懲罰孩子,並把懲罰當成了一種任務或者目的。這樣做是不妥當的,父母一定要時刻記住,懲罰孩子僅僅是為了讓孩子從負面經驗中得到教訓,從而讓孩子把事情做得更好並逐漸形成健康人格的一種手段。

懲罰不等於打罵

在一些家長的觀念中,懲罰就是把孩子訓一通、打一頓,並期望透過這種方式讓孩子對受到的懲罰記憶深刻,以後再犯這種錯誤的時候,一想到曾經被痛打或痛罵的經歷就不敢做了。這種措施在孩子年幼並且父母在身邊的時候可能會有一定效果,但是當孩子逐漸長大或不在父母身邊的時候,這種懲罰的效力將逐漸減弱甚至消失。兒童教育學家塞爾瑪·H·弗拉貝格認為:「這種控制不良行為衝動的動機來自於外界,是對外界權威和懲罰的一種恐懼,而我們會發現,以此為基礎形成的是非觀非常不可靠。如果危險信號是由孩子對外部懲罰的恐懼而不是孩子自己的內疚感發出的,孩子就會找很多藉口。他可能只需要確信自己的不當行為不會被發現就行了。或者,經過估計快樂痛苦的風險,他可能先做了再說,即使以後會為此付出代價。」

另一種更壞的結果是,孩子可能會建立一個以接受懲罰來抵消自己「罪過」的循環——在付出代價以後,他們就可以毫無愧疚地再犯錯誤。孩子被打罵以後,身體上的痛苦減輕了他們的負罪感,如果這種負罪感是約束孩子犯錯誤的一股力量,被打罵的孩子受到這股力量的限制就變小了。懲罰需要的是一種積極效果,而打罵能夠造成的積極效果卻值得懷疑。當孩子犯錯誤以後,父母需要考慮更有效的懲罰方式,而不是僅僅停留於給孩子施以皮肉之苦。

好父母修煉

做父母的要清楚孩子可以做和不可以做的事情，對孩子的收放明確而有度

在這個問題上，我們做父母的都有基本的常識，但是，現代社會的變化實在太快，而不同孩子之間又存在個體差異，如果父母沒有不斷學習和認真觀察自己的孩子，連這一點常識也會變得貧乏。

一旦明確了孩子不可以做的事情以後，父母就不能違背這個原則，要做到言出必行。比如，孩子不能在公共場合大小便，即使孩子憋得很難受，也不能違背這個原則，做父母的應該提前考慮到這種情況，如果孩子還小，就隨身準備一些尿布，如果孩子大一點了，就提前找公共廁所，不能因為孩子憋得難受或者孩子苦苦央求就放棄原則。而我們也會在大街上看到，一些父母任由孩子在馬路旁邊、公園裡或者車站旁小便，這對孩子的成長是很不好的，也破壞了公共環境和社會文明。又比如有的孩子由於體質的原因，不適合吃糖，那爸爸媽媽就要給孩子講清楚為什麼不能吃糖，最好爸爸媽媽以身作則也不吃糖，不能因為孩子嘴饞就放任他，即使孩子已經把糖拿到手上了也要拿回來。

對於那些孩子可以做的事情，父母就應該愉快地答應孩子的請求，而不要吞吞吐吐、模棱兩可。比如，孩子要拖地，那就給他洗好的拖把，把家裡銳利的東西收拾好，讓他去拖地；如果孩子要洗水果，那就找來一個乾淨的盆子，再拿來一兩個水果，父母先給孩子示範一下，再讓孩子自己動手去洗。當孩子想要做某件事情（並且是孩子可以做的事情）的時候，如果不讓他去做，也許以後父母再想要孩子去做他也不願意做了，所以父母應該愉快地答應他去做，由於孩子沒有經驗，所以父母最好能夠為孩子做一些示範，不過最後讓孩子自己動手才是最重要的。

懲罰孩子之前要弄清事實、問明原因

有些父母天天打罵孩子，卻不見孩子少犯錯誤；而有的父母很少打罵孩子，孩子的能力卻能夠不斷提高。我們做父母的往往相信「孩子不打不成

好父母不是天生的
第一章 尊重孩子的天性

器」，但是這句話應當理解成：當孩子真的犯了錯誤，如果不受到懲罰就不能吸取教訓，以後長大了就成不了人才。

孩子犯了錯誤以後，父母可以直接問孩子是怎麼回事，並且要透過其他途徑對事情有全面的瞭解，找到問題的癥結。比如，鵬鵬有一天偷偷把同學的課外書拿回家據為己有，後來被同學發現後告訴了鵬鵬的爸爸，鵬鵬的爸爸把鵬鵬叫來問他為什麼要拿別人的東西，鵬鵬告訴爸爸說因為自己很喜歡這本書而自己又沒有，所以就拿來看看，本來是打算看了還回去的，但是心裡捨不得，就一直拖著沒有還，後來一不小心說漏嘴讓同學知道了。於是，爸爸就告訴鵬鵬說，如果要看別人的書，是要向別人借的，不能不告訴別人就拿來看，別人的任何東西，都要在徵求別人的同意以後才能使用，否則就是偷竊，而偷竊是不好的行為。爸爸要鵬鵬親自把書還回去並且向同學道歉，而且由於鵬鵬確實犯了錯誤，必須受到懲罰，這一週都不能看動畫片《湯姆貓與傑利鼠》（這是鵬鵬最喜歡看的），在此期間，要鵬鵬待在自己的房間，如果鵬鵬做到了，懲罰就結束，並且答應給他買一本他最喜歡的書。

最好的懲罰方式通常不是打罵

用打罵來懲罰孩子最簡單、最省事，卻往往不是最好的辦法，除非萬不得已，父母最好不要用打罵來懲罰孩子。

懲罰孩子有以下方法可供參考：

其一，在一段時期內，禁止孩子做他最喜歡做的事情，但是要把握好時間期限，不能過度懲罰而讓孩子失去了對他本來喜愛的事物的熱情；

其二，在一段時間內，要求孩子必須去做一件他最不喜歡做的事情；

其三，父母表現出冷淡、不高興，但不要讓孩子感到父母不愛他；

其四，給孩子講一個故事，在故事裡面有一個不好的角色做了類似孩子做的壞事，並且跟孩子說爸爸媽媽現在感覺自己的孩子就像故事裡這個壞蛋一樣。

成長小提示

1. 弄清孩子犯錯誤的原因，比簡單的懲罰孩子更重要。

2. 如果孩子真的犯了錯誤，不可姑息，一定要讓孩子從犯的錯誤中吸取教訓。

3. 如果能夠用別的方法讓孩子改正錯誤，就不要採取打罵的方法。

三、從做事的動機方面來引導孩子

最初，孩子做事情往往都是憑著本能，或者某些條件反射；等孩子長大一些的時候，他們也受到社會環境的影響，開始模仿大人的行為模式，開始出於好奇、榮譽、利益、虛榮心、同情心等等去做事情，可是孩子自己對這些動機還沒有概念，他們不清楚自己為什麼要去做這些事情，甚至還不知道有動機這種東西。因此，我們做父母的要時時刻刻留心孩子的行為，注意觀察他們為什麼要去做這些事情，並把孩子往好的方面引導。可是，孩子還沒有「好奇」「虛榮心」「榮譽」這些概念，父母也不可能用這些抽象概念去教育孩子，那麼，要如何對孩子在做事的動機方面進行恰當地引導呢？

典型案例

媛媛今年5歲了，有一天，她在學校看見一位同學穿了一身很漂亮的花裙子，回家就吵嚷著要媽媽給自己買花裙子。媽媽也不知道媛媛怎麼突然想要花裙子，猜想大概媛媛開始愛美了，懂得自己要打扮自己了，就答應週末去給媛媛買。週末了，媽媽帶著媛媛上街買了一條漂亮的花裙子，媛媛很開心，週一就穿著花裙子歡歡喜喜上學去了。過了沒幾天，媛媛又看見另一個同學穿著一雙漂亮的鞋子，回家又找媽媽要買新鞋子，媽媽也答應了。有一天，媽媽帶著媛媛在外面玩，媛媛指著一個小姑娘說：「媽媽，你看她頭上戴的髮夾真好看，我也要嘛！」媽媽這才發現，媛媛開始和別人攀比了，別人有的好東西她都想要，可是媛媛的要求也不過分呀，只不過是一件漂亮的衣服、一個別緻的髮夾，算不得什麼。可是媽媽又為難了，現在和別人比漂亮衣服，以後會不會什麼都和別人比，養成不好的性格呢？

第一章 尊重孩子的天性

專家解讀

孩子對動機的理解依賴其認知發展過程

發展心理學通常把人的一生分為嬰兒期、學前期、兒童中期、青春期、成年早期、成年中期和成年晚期。從嬰兒期到青春期,一個人在認知水平上逐漸走向複雜化和抽象化,對事物的認識也逐漸得到深化。嬰兒期的孩子也許只能理解一些簡單的現象,而青春期的孩子就可以理解一些複雜的現象及其原因。

根據孩子年齡的大小以及頭腦發育的程度,父母要為孩子指明適當的做事動機。當孩子還小的時候,他們受到情感支配的程度要比受到理性支配的程度深得多,情感的影響是具體、生動、強烈、直接的,它甚至不需要觀念的形成,也不需要邏輯論證。孩子自己不能夠判斷和區分事情的好壞,即使父母或者老師給他講一大堆道理,由於他根本沒有概念,他的大腦還沒有發展到能夠理解這些概念和它們之間邏輯關係的程度,這對於提升孩子的判斷能力也沒有多少幫助。但是,孩子能夠從父母的表情、態度、語氣、肢體語言感受到父母對自己的情緒是積極的還是消極的。當孩子發現父母對自己所做的事情表現出消極情緒時,他會減少這些事情發生的頻率,相反,他會增加這些事情發生的頻率。父母正是運用這種方式,來引導孩子把更多的精力投入到好的事情上,從而造成教育孩子的目的。

當孩子長大一些,開始對日常事物形成概念的時候,我們做父母的可以告訴孩子一些簡單的道理。孩子做事情的動機很重要,做同樣一件事情,如果動機不同,它的意義就很不一樣。有的人幫助別人是為了獲得好名聲;有的人幫助別人是為了得到別人的感激和祝福;有的人幫助別人是為了博取他人的好感;有的人幫助別人是因為這個人需要幫助而自己正好可以伸出援手;有的人幫助別人是出於公民的基本要求。當然,一個人做某一件事情的動機可能是複雜的,其中既有無私的、好的動機,也有自私的、不好的動機,但是,讓孩子懂得更多更好的、增加公共福祉的動機,對孩子的成長以及整個社會的發展都是有益處的。

好父母修煉

在孩子年幼的時候，可以用個人感情來引導孩子做事的動機

當孩子還很年幼的時候，如孩子 4 歲之前，是不能明白許多道理的，如果這個時候父母去給孩子講很多道理，孩子表面上似乎聽懂了，但其實很難理解這些道理的真正意義，如果父母一定要強求孩子懂得這些道理，會讓孩子和父母都痛苦。但是，為了增強孩子對事物的理解力，為了讓孩子區分事情的性質、明白對錯，父母是需要為孩子指明方向的。這個時候，我們做父母的可以藉用個人情感來引導孩子做事的動機。

比如：小坡拿著一支筆在家裡的牆壁上塗鴉，媽媽看到了，就表現出很傷心的樣子，並且告訴小坡說：「媽媽看到小坡把我們的家塗壞了好難過，媽媽沒有看到小坡在畫板上畫漂亮的花給媽媽，媽媽更難過，爸爸回來看見家裡的牆壁被小坡塗壞了也會皺著眉頭很難過。」這樣小坡因為和爸爸媽媽的感情，不願意讓爸爸媽媽難過就不會在牆壁上塗鴉而在畫板上塗鴉了。這種方式既可以讓孩子認識到事情的好壞，也可以讓孩子體會到對他人（首先是對父母）的同情和被他人喜愛，因而同情和被喜愛就是孩子的做事動機，等孩子長大了，這種動機在很多時候仍然是有益的。

當孩子大一些的時候，父母要用知識和道理引導孩子做事的動機

當孩子 4 歲以後，知識更豐富，爸爸媽媽就要漸漸減少用個人感情來引導孩子做事情的動機，代之以用知識和道理來引導他。這個階段，父母可以告訴孩子一些衛生方面的知識、一些生活的基本常識、一些和他人相處的簡單道理。

比如，媽媽看見小坡自己把地上亂扔的玩具和地上的廢紙收拾乾淨，知道這是小坡平時受爸爸媽媽個人情感影響而形成的好習慣，但這個時候媽媽也要刻意表揚小坡：「呀，我們家小坡真乖呢，知道玩具和廢紙亂扔是不衛生的，玩具亂扔容易絆倒人，廢紙亂扔是容易招引蟲子讓人生病的，看來小坡都知道呀，媽媽以後也要向小坡學習了呢。」這樣表揚小坡以後，小坡不

但心裡高興，而且還知道了把屋子收拾整潔不僅可以讓爸爸媽媽高興，還可以有更多的益處，在不知不覺中就學到了知識。

成長小提示

1. 注意孩子做事的動機，避免讓孩子養成盲目、魯莽和攀比等不良習慣。
2. 用好的做事動機去引導孩子、替代孩子那些不良的做事動機。

第二章 營造良好的家庭氛圍

▌第一節 父母是無可替代的「榜樣」

一、父母要齊心

父親和母親都希望孩子能夠更好地成長，望子成龍、望女成鳳大概是大多數父母共同的願望。但是，父母在教育孩子方面都有各自的想法，即使是夫妻之間，在教育自己家孩子的時候也會有分歧。有時候，夫妻之間為了教育孩子方面的一點小問題還會大吵大鬧，鬧得很不愉快。說起來，無論父親還是母親都容易自以為是為了孩子好，都認為自己的觀點和方式才是最好的，誰也不願意妥協，到頭來，吵架既傷害了夫妻之間的感情，也影響了家庭環境，並影響到孩子的成長。有的夫妻甚至認為，如果夫妻兩人感情好，在教育孩子上就不會存在分歧；也有的夫妻認為，要是只讓一個人來管教孩子就把問題解決了，就不會有爭吵了。關於夫妻間教育孩子的分歧這個問題，爸爸媽媽們可能很想知道：到底該怎麼面對這一問題呢？

典型案例

歡歡今年 6 歲了，媽媽聽說有很多同事的孩子都報了才藝班，培訓舞蹈、唱歌、樂器、跆拳道、書法、繪畫，而且其中大多數孩子都和歡歡同齡。媽媽還聽說，不能讓孩子輸在起跑線上。這天晚飯後，媽媽就把歡歡叫到身邊，讓歡歡在這些培訓內容裡面選一樣，可是歡歡平時喜歡踢足球，根本不想參加這些才藝班，歡歡對所有的培訓內容一無所知，媽媽講的東西對他來說簡直就像天書一樣。爸爸走過來，也沒有仔細問妻子為什麼要讓孩子去參加才藝班就說：「孩子不想去就不要報了，怪累人的，孩子還這麼小，讓他自己玩吧，我覺得那些才藝班完全是騙錢的，你看我從小也沒有上過什麼才藝班，也不比誰差呀！」媽媽一聽就說：「你看你，什麼都不懂，哼！現在哪個孩子不報一兩個才藝班啊？再說了，你還好意思說，除了一天到晚上班、喝酒、打牌，你還會什麼，我跟著你真是倒了大霉了！」夫妻兩個吵開了。關於孩

子要不要報才藝班這個事情卻沒了下文。第二天，爸爸趁著媽媽出去的時候，帶著歡歡去踢球，還準備了零食，說要是歡歡表現好，就獎勵他。歡歡踢了球，很高興，表現也很好，得到了爸爸的零食。歡歡說：「爸爸真好，哼！我都不喜歡媽媽了，讓我去受苦！」爸爸憨笑。

專家解讀

家庭和睦對孩子的健康成長很重要

父親和母親都是獨立的個體，都有自己獨立的想法，所以父親和母親的觀點不一樣也是情理中的事情，在對待孩子的教育上，自然也會有不同的地方。比如有的父親在教育孩子方面可能會更加強硬，而有的母親在教育孩子方面可能會更加溫情一些，如果父母面對孩子同一個教育問題時具有不同的態度和風格，則很可能會發生爭論和衝突。父母在教育孩子方面有不同的觀點和方式本來是正常事情，但是在孩子面前發生爭論和衝突，則會對孩子造成不良的影響。

孩子發現父母爭吵終究不是一件好事情，家庭和睦很重要，如果父母之間經常爭吵、發生衝突，顯然對家庭和睦是有很大妨礙的，這種妨礙一方面是在家庭的經營上，另一方面是在孩子的成長上。如果父母在孩子教育的問題上當面發生爭論和衝突，孩子就會因為父母對自己在教育觀點上的分歧而無所適從。因為孩子還沒有足夠的判斷能力，難以分辨父母說的到底哪一個比較合理，也無法從理智上決定選擇哪一種做法。

孩子需要父母的共同陪伴

幾乎每個孩子在感情上都有對父母的依賴，這種依賴就像成年人在感情上要有所寄託一樣，每個人都在尋求被他人關愛並同時去關愛他人，而孩子相對於成年人來說需要更多的照顧，感情依賴這一點在孩子身上體現得更加明顯。通常的情況是，誰和孩子相處的時間更多、對孩子更友善、更關注孩子的需求、更能夠滿足孩子的需要，孩子對誰就有更多的感情依賴。可是，誰與孩子相處的時間更多或者誰對孩子更好都不能保證這個人對孩子的教育就更為得當。我們今天看到，有些長者確實對自家的孩子很好，天天和孩子

相處,並且對孩子幾乎有求必應,可是在他們的溺愛下,孩子卻變成了自私自利、難以與人相處,甚至有損於社會的人。

如果父母花更多的時間一起陪伴孩子,就可以共同發現孩子身上存在的不好苗頭並及時進行干預。而且,父母共同發現孩子的問題有助於達成教育的共識,省去了很多不必要的解釋和爭論。父母共同的陪伴會讓孩子感到更加快樂和放鬆,孩子和父母之間的感情更容易達到平衡。此外,在父母的共同陪伴下,當父母其中一方出現教育不當行為時,另一方能夠及時察覺並糾正。

好父母修煉

父母應當在孩子面前保持一致的態度

父母有不同的觀點可以協商,但當孩子還特別小的時候,父母儘量不要在孩子面前協商,而要在旁邊協商好了以後再引導孩子去做事情。如果孩子還太小,父母在孩子面前協商,一方面,孩子等不及要去行動了,就會不耐煩甚至自作主張,結果把事情做砸了或者做了不適當的事情;另一方面,父母在協商時一旦爭吵,會嚇著孩子,孩子一哭鬧,亂了方寸的父母就容易滿足孩子的任性要求。

洋洋3歲的時候,在外面玩得累了,回來要喝果汁、吃糖果,但是,媽媽說:「糖果、果汁含糖量很高,吃多了要長蛀牙,今天洋洋已經吃過了,不能再吃了。」爸爸說:「孩子想吃就讓他吃好了,這麼小氣幹嘛。」媽媽聽了當然不高興了,媽媽不認為自己是小氣,是為孩子好,爸爸呢,也不讓步,就是認為這樣太小氣、太多慮。父母吵起架來,竟忘了孩子要吃糖、喝果汁的事情。洋洋就偷偷自己拿了果汁去喝,拿了糖自己一邊去吃,爸爸媽媽爭吵得竟不知道。這樣,洋洋以後也就學會了背著媽媽偷偷拿東西去吃,甚至拿別的東西了。其實,洋洋運動以後,體力消耗很大,而糖最容易變成能量補充體力,所以,爸爸媽媽這個時候可以讓洋洋吃點糖果、喝點果汁,但是,要洋洋答應吃了以後要去漱口刷牙,否則不讓吃。爸爸媽媽在孩子的教育問題上要有預先的考慮和商量,即使沒有預先考慮到,如果爸爸媽媽意

見不一致，也要一方先忍耐，等到事後再去商量，下次孩子再做這類事情的時候，父母就會有一致的態度了。

做母親（父親）的不應背著丈夫（妻子）去寵愛自己的孩子

很多母親（父親）由於和丈夫（妻子）教育孩子的意見不一致，對方要嚴厲對待孩子的時候她（他）於心不忍，可是又拗不過對方，只好暫且忍耐並接受了對方的觀點，但背著對方去討孩子的歡心，這是很不好的做法。如果父母表面一套背地裡一套，孩子長大了也去用這種把戲，會讓人討厭的。比如小坡要吃零食，爸爸不讓，爸爸認為零食沒有營養，吃多了會妨礙孩子的身體發育和健康，孩子不能多吃零食，要多吃飯，小坡要吃零食的時候，爸爸就嚴厲地說：「讓你吃飯時多吃飯你不吃，現在餓了又來吵，零食是不能多吃的，以後還要不要聽爸爸的話啦？」小坡怕爸爸，雖然心裡很不高興，但是只是嘴裡哼哼，一臉不快活地樣子，其實心裡根本聽不進去爸爸的說教，下次讓他多吃飯，他很可能還是不願意。媽媽在一旁聽到了，雖然不反駁爸爸，但是等爸爸出去或者不在小坡身邊的時候，媽媽就偷偷給小坡買零食吃，小坡知道了媽媽的脾氣，以後就不找爸爸要零食，而專門告訴媽媽，並且小坡在無形中產生了對爸爸的怨恨，而爸爸知道了以後也很生氣，一個家庭就不和諧了。其實，孩子小的時候，是吃不了很多正餐的，而孩子能量的損耗卻不小，所以，孩子會吃一些零食，只是在為孩子挑選零食的時候，要有嚴格的標準。媽媽沒有必要瞞著爸爸去給小坡買零食，爸爸也沒有必要完全像對待大人一樣對待小坡。

成長小提示

1. 夫妻不可經常在孩子面前針對孩子的教育問題進行爭辯甚至互相打罵。

2. 父母要對孩子的教育問題有基本的共識。

二、建立孩子的尊嚴

在父母的眼裡，孩子就是自己的小寶貝，父母當然疼愛孩子，孩子想要什麼東西，父母都要儘量滿足，為了孩子能夠更好地成長，父母要想方設法去創造更好的條件。這些想法大概是大多數父母都有的。關於對待孩子的尊嚴問題，我們做父母的往往容易把它忽略掉。父母在對待孩子的態度上，除了關愛、呵護以外，要不要有尊嚴？如果覺得孩子沒有尊嚴，常常高興了就把孩子當作心頭肉，不高興了就不把孩子當回事，有時候甚至把孩子當成「出氣筒」，那麼，孩子的心靈將會受到很大的傷害，這種傷害很可能會造成孩子的心理問題甚至心理疾病，到時候要糾正和治療就很難了。既然建立孩子的尊嚴是必要的，那麼，我們做父母的要怎樣建立這種尊嚴呢？

典型案例

佳佳生長在這樣的一個家庭：爸爸和媽媽只有佳佳一個孩子，平時對她關愛有加，可是爸爸媽媽平時相處氛圍並不好，爸爸脾氣不好，還經常對媽媽頤指氣使，媽媽大多數時候只好忍氣吞聲。佳佳經常因為爸爸和媽媽關係不好暗自傷心，可是爸爸並沒有把這當回事。爸爸平時也會給佳佳買玩具，還帶佳佳出去玩。有一天，爸爸的同事到家裡來做客，爸爸在同事面前誇獎佳佳，還讓佳佳給叔叔倒水。可是佳佳一不小心把杯子摔壞了，爸爸很生氣，當著客人的面訓斥道：「笨豬，這點事情都做不好嗎？」佳佳被爸爸突然轉變的態度嚇壞了，大氣不敢出，低著頭悶悶地站在那裡，眼淚已經止不住了。爸爸也不去管她，只顧和同事聊天。媽媽走過來把佳佳帶到一邊玩去了。佳佳後來就害怕起爸爸來，有什麼事情也不願意告訴爸爸，也不願意和爸爸去玩耍。爸爸覺得佳佳越來越叛逆，卻不知道如何是好。

專家解讀

孩子是和我們一樣的「人」

孩子的心靈是柔弱的，我們做父母的要特別小心呵護，如果孩子的心靈受到傷害，可能會留下很深的傷痕，這種傷害甚至會伴隨孩子的一生，所以父母不能掉以輕心。但是，呵護孩子的心靈不是溺愛孩子，事實上，溺愛對

孩子來說也是另外一種心靈上的傷害，因為溺愛讓孩子不能正常地成長，孩子容易養成一些怪癖，性情變得乖戾，等孩子長大以後，就容易造成心理障礙，甚至心理疾病。

兒童教育家夏洛特·梅森告訴我們：「我們應該實實在在地把孩子視為是和我們同樣的人，甚至應該更重視他們。」如何呵護孩子的心靈，讓孩子健康成長，最基本的是要把孩子看成一個真正的人，這個人是有尊嚴、有自我、講平等的個體。也就是說，父母不能對孩子呼來喝去，而要有尊嚴地對待孩子。父母要讓孩子懂得尊嚴並體會到尊嚴，而不是讓孩子只感受自己是父母的「寶貝」和「私有財產」。

我們要培養公民而不是子民

我們傳統社會的家庭教育理念認為，做父母的必須要使得子女敬畏自己。到了今天，我們需要反思、要借鑑、要變通，找到更好的教育理念。傳統社會與當代社會有很大的區別，傳統社會將普通大眾視為子民，受治於封建君主和王朝，效忠於朝廷和天子。在傳統社會裡，天下百姓最重要的品質是忠義和孝道，因此，傳統社會的家庭教育理念需要子女敬畏父母，晚輩遵從長輩。但是，今天我們生活的時代是公民社會，公民社會對普通民眾的要求有了新的定義：自由、平等、發展、正義、關愛等一系列新的概念，對人進行了重新詮釋，這種詮釋下的人不再是子民而是公民、人民。

父母需要認識到這種教育理念的根本變化，相應地轉變自身的教育理念：傳統教育理念裡面具有其可取之處的應當被發揚和拓展，傳統教育理念裡那些帶有時代侷限的內容應當被摒棄，孩子是面向未來的社會主體——公民社會需要能夠肩負責任的堅強主體，也需要勇於開拓和創新的個體。父母給予孩子一定的空間，尊重孩子的個體發展，讓孩子成為自己的主導；同時，父母要讓孩子為自己的選擇肩負起責任。要做到這些事情的基礎之一就是：把孩子看成有尊嚴的人，把孩子當成一個未來社會的公民而不是子民。

好父母修煉

夫妻之間要相互尊重，給孩子樹立榜樣

第一節 父母是無可替代的「榜樣」

在今天的社會裡，大多數的父親和母親都是要上班的。父親工作賺錢養家，母親往往也要工作賺錢，在孩子剛出生的哺乳期，大多數母親都在家裡照顧孩子，父親在外工作一天自然是辛苦的，而在家裡照顧孩子的母親也一點不比父親輕鬆，那麼，丈夫不能因為工作辛苦埋怨妻子，妻子也不能因為照看小孩太累埋怨丈夫，以免讓孩子總是生活在父親和母親相互抱怨的環境裡。而到了孩子更大一些的時候，母親就又要開始工作，很多家庭這個時候就把爺爺奶奶或外公外婆請過來幫忙照顧孩子了。父母上班回家都很疲憊，誰也沒有理由要求對方為自己端茶送水，當然，更不能要求長輩做這些事情。不過，如果夫妻之間相互體諒，主動給對方端茶送水，噓寒問暖，那是再好不過的事情了。

孩子是善於發現、善於模仿的，當孩子看到爸爸媽媽這樣做以後，他就知道自己以後要怎麼做了，他會在爸爸媽媽辛苦的時候知道體諒爸爸媽媽。比如多多看見爸爸給正在寫文案的媽媽倒茶水，媽媽也給正在看書的爸爸揉肩，而且他沒有見過爸爸命令媽媽或媽媽命令爸爸去做事情。等多多懂事一些的時候，他就知道像爸爸媽媽一樣互敬互愛，不會養成對別人頤指氣使的毛病。

要懂得尊重孩子

父母對待孩子是很呵護的，不管是出於孩子自己的原因，還是別人把孩子弄哭了，父母都是很心疼的。可是，父母對孩子「好」，不等於父母尊重孩子。有時候，父母對孩子特別溫柔，如果孩子做了一件讓父母認為很好的事情或者讓父母很有面子的事情，父母就特別開心，並且會狠狠地把孩子誇獎一番，而孩子也十分享受父母的誇獎。但是，有時候父母對待孩子又特別嚴苛，對孩子亂發脾氣，甚至把工作和與他人的怒氣都發洩在孩子身上，有些孩子會反抗，但會被父母教訓得更凶，有些孩子只是默默忍受委屈。

比如，小龍有一天主動給家裡來的客人洗水果，爸爸見了以後很高興，當著客人的面就說：「這孩子，平時沒有白教他，就是應該這樣嘛。」其實小龍本來是很高興為客人洗水果的，但是被爸爸這麼一說，頓時就感覺這些

都成了爸爸的功勞一樣，以後小龍就不再願意給客人洗水果了，可是爸爸不明白這個道理，反而來責怪小龍越長大越不懂事了。

又比如，有一天爸爸工作的時候和一個同事鬧了彆扭，回家看見小龍沒在寫作業，就不分青紅皂白教訓起來，其實小龍剛才是寫完了作業才和同學在社區裡玩耍的，卻無緣無故被爸爸教訓了一頓，很是委屈，可是父親不但沒有停止，而且越說越有勁的樣子，媽媽只好替小龍鳴不平，結果夫妻倆為了不明不白的事情吵鬧起來，搞得很不愉快。小龍也因為受了委屈，既害怕又怨恨父親。

尊重要發自內心，不可虛偽做作

有時候，妻子為了讓丈夫答應自己一些事情，就刻意對丈夫很溫柔，可是丈夫事前是不知道各種原委的，等到妻子提出要求才明白。這種方式在夫妻之間本來也不算壞事，有時候也是妻子向丈夫撒嬌、促進夫妻感情的一種方式。可是在孩子看來，就是先對人以禮相待，然後就可以向人提出要求，這是一個好辦法。等到孩子長大後，也用相同的方式去對待別人，別人一開始也不會覺得怎麼樣，不過做多了以後，就會讓人覺得虛偽而被他人討厭。這種人在社會上也是不少的，雖然原因不一，但家庭影響的因素是很重要的一個方面。

成長小提示

1. 夫妻之間相互尊重是營造良好教育環境的必要因素。

2. 尊重不是空洞的形式，而是與人相處的良好途徑，父母要和孩子融洽相處，要懂得尊重孩子。

3. 孩子不是玩偶，也不是機器，更不是寵物。

三、培養孩子誠實和信任的品質

父母經常會遇到孩子不聽話的情況，很多父母為了讓孩子乖乖地服從安排，就用誘騙的手段去引導孩子。孩子小的時候，是不能夠懂得許多大道理的，父母給孩子講道理，孩子不聽，哪怕聽了，也不明白，所以父母用一些

善意的謊言，編造一些故事讓孩子接受安排，也會有些效果。但是，當孩子發現了這些話是謊言，或者父母為了讓孩子服從安排對孩子許下了承諾，之後卻沒有兌現，就會讓孩子感到很委屈，感到自己受到最信任的人的欺騙。另外，父母有時候也會出於各種原因對孩子不誠實。看來我們做父母的很難做到不對孩子撒謊，但是，做父母的如果不對孩子真誠相待，等到孩子長大了，我們又憑什麼去要求孩子要真誠待人，憑什麼讓孩子去信任別人，憑什麼讓孩子取得別人的信任？我們要對孩子編造故事、講「善意的謊言」之前，要考慮些什麼呢？

典型案例

歡歡生病了，需要去醫院做檢查，可是，歡歡害怕去醫院，更加害怕醫生拿各種器械在身上擺弄，那些冷冰冰的器械是歡歡不願意接觸的。媽媽就說：「歡歡要是聽媽媽的話，乖乖地去醫院做檢查，做完檢查歡歡想要買什麼媽媽都給買！」歡歡不知道想要買什麼，可是歡歡有一次跟爸爸媽媽去玩水，看到別的小朋友游泳，覺得很好玩，自己就想要游泳，可是他自己不會游。所以，歡歡想要媽媽帶自己去學習游泳，就對媽媽說：「媽媽，我不想要買東西，但是我做完檢查想做什麼你都可以答應嗎？」媽媽為了讓歡歡去做檢查，好不容易找到了辦法，就一口答應下來。後來，歡歡做完檢查就要媽媽帶自己去學游泳，可是，媽媽因為工作忙，自己也不會游泳，就推三阻四地搪塞了過去。後來有一天，歡歡吵著要跟媽媽上街去，媽媽也騙他說：「你好好待在家裡，媽媽回來給你買好吃的！」歡歡當然不相信，媽媽無奈，只好又想別的法子，就說：「你看到那邊的警察叔叔了嗎，小孩子不准跟著媽媽上街亂跑的，要不然警察叔叔要把他抓起來！」歡歡也不聽，媽媽實在沒辦法，只好嚴厲地說：「再不聽話媽媽就要打人了！」歡歡感到很委屈，就哭了起來。

專家解讀

信任的品質對於孩子很重要

第二章 營造良好的家庭氛圍

根據愛利克·埃里克森的畢生發展理論來看，人的一生要經歷8個發展階段，每一個階段都包含一個任務，這些任務以危機的形式出現。其中，第一個階段是嬰兒期，它對應的社會心理階段包含的內容就是信任對不信任。信任的積極後果是愉快的感覺和最低限度的恐懼。由此可見，信任對於孩子來說是十分重要的事情，父母應當從孩子出生就開始培養孩子的信任品質，並在孩子的成長過程中不斷豐富信任的內涵。如果孩子缺乏信任的品質，容易在今後的人生中表現得情緒易於低落、缺乏安全感。當孩子進入小學階段，正處在需要透過勤奮的學習樹立自信心的時候，這些負面情緒和性格將會給孩子造成不良影響，如果孩子沒能在學習中體會勤奮帶來的回報和他人的認可（在這個階段，尤其是父母的認可），他們將變得自卑、怯懦。

父母需要與孩子建立信任關係

父母在對待孩子的事情上，首先應該知道，誠實的態度至關重要，漫不經心和戲弄孩子的態度絕對不可取。其次，父母還需要明確，偶爾採取帶有欺騙性質的方式和長期採取欺騙的態度對待孩子是截然不同的兩類事情，前一種情形在不影響父母和孩子之間信任關係並且沒有更好選擇前提下是可取的，後一種情形在任何時候都不可取。父親欺騙孩子說晚上次來陪他一起做遊戲，讓他聽媽媽的話去理髮，孩子去了，可是晚上父親回來完全沒有當回事，只讓孩子一個人在一邊玩，沒有主動履行自己的承諾，孩子來找父親陪他玩，父親就推脫自己有事情而不理孩子。這種欺騙很可能會對父親和孩子之間的信任關係造成負面影響，是不可取的。但是，父親為了讓生病的孩子吃藥，就把藥放在好吃的東西裡面，孩子沒有察覺就吃了，而且因為吃了藥，病很快就好了。父親為了孩子好才這樣做，它與第一件事情在產生的影響和效果上截然相反。

父母教育孩子的方式必然是多種多樣的，有時候用一些小技巧可能會有比較好的效果，但是，父母始終要以真誠的態度來對待孩子，不能夠把孩子當成寵物一樣逗著玩。如果父母答應了孩子的事情，最後卻沒有做到，對孩子來說，有許多害處。

其一，孩子會認為父母是「騙子」，說話不算數，以後也就很難再相信父母的話了；

其二，孩子認為言行是可以不一致的，即使說過的話也可以不做，那孩子也很容易學會欺騙他人；

其三，欺騙是一種好用的手段，可以很容易地讓別人去做事情，這樣等孩子長大以後，就喜歡用這種方法去對待別人。

因此，教育孩子的技巧是靈活的，但態度一定要真誠。不能出於炫耀自己在教育孩子方面很明智而欺騙孩子，更不能為了娛樂自己或者家人而欺騙孩子。

好父母修煉

做父母的要言出必行

如果做父母的想用激勵的方法讓孩子把事情做得更好或者去做某件孩子不是很喜歡但對他很有益的事情，父母沒有更好的辦法，就答應給他一樣他喜歡的東西，那麼，無論這個東西是什麼，父母都要儘量兌現這一承諾。

有時候，父母當時做出了承諾，可是過一段時間想想又後悔了，到頭來，孩子沒有得到父母承諾過的東西，這是不妥當的。如果父母沒有考慮好答應給孩子什麼東西或做什麼事情，就不要隨意地許下承諾。在父母許下承諾之前，父母之間最好能夠協商好，考慮這個東西是否適合給孩子，這件事情是否適合讓孩子去做，還要考慮這個東西或這件事情是否在父母和孩子的能力範圍之內。

有時候父母所承諾的東西在孩子實現目標的時候已經沒有或者買不到了，父母就把責任全部推卸到客觀因素上，也是不妥當的。當父母為孩子許下承諾的時候，事先就要考慮到這些客觀因素的變化以及怎樣來應對這種變化。當然，世界總是在變化的，沒有人可以完全把握住未來的事情，但是孩子不一定能理解這一點，所以，父母要麼準備好備用方案，要麼對孩子講清楚，如果在客觀因素不變的情況下，孩子把做事做好了，就兌現承諾。

第二章 營造良好的家庭氛圍

父母不能因為擔心、取巧而欺騙孩子

父母有時候捨不得責備孩子，但是孩子卻不時有些不合理的想法和要求，還經常不聽父母的話執意要做這些事情，父母沒有辦法，就欺騙孩子這些事情如何做不得，這種欺騙裡面往往還帶有恐嚇的因素。比如，彬彬晚上想要到外面去玩，母親擔心天太黑了會不安全，而且最近社區發生了一些偷盜的事情，新聞裡也報導有孩子被拐賣的事件。母親就騙彬彬說：「天黑了，外面有吃人的怪獸，會把你抓走吃掉的。」彬彬聽了以後很害怕，就不敢出去了，並且以為社區裡面真的有吃人的怪獸，即使白天也不敢一個人從社區樹木茂密的道路經過，而且一看到陰暗的角落就害怕。母親本來是出於安全的考慮說謊保護孩子，但是卻弄巧成拙了。聰明的母親會把新聞給孩子看，並且跟彬彬講一些安全常識，而不是一味地恐嚇他。

父母有時候也喜歡用取巧的辦法來哄騙孩子，避免孩子做錯事。比如，彬彬有一天要把硬幣扔到喝水的杯子裡去，父親不願意過多地解釋也不願責罵孩子，就把硬幣拿過來，說幫彬彬扔，結果父親把硬幣換成了冰糖，孩子不知道父親的把戲。但是，後來彬彬一個人玩耍的時候，就把真的硬幣扔進去了。孩子沒有可靠的分辨能力，如果孩子去做一些危險的事情，做父母的該禁止的就要禁止，不能欺騙或優柔寡斷。

用引導的方式讓孩子避免去做不適當的事情

做父母的為了避免讓孩子做一些不適當的事情，難免會責罵、喝斥、恐嚇、命令孩子，但是，做父母的如果經常這樣做，孩子就會懼怕父母，孩子尊敬父母是好的，而如果孩子懼怕父母卻是不好的。不過，除了採取這些方式以外，做父母的還可以引導孩子去做一些適合孩子做的、孩子同樣感興趣的事情。比如，歡歡晚飯後想要看電視，可是我們都知道小孩子最好不要看或者少看電視，爸爸就把歡歡最喜歡的積木塊拿出來，和他一起玩搭積木遊戲，歡歡忙著玩遊戲，也就忘了要看電視的事情了。如果歡歡還是不願意，一定要看電視，爸爸又把歡歡喜歡看的圖畫書拿出來，給歡歡講動物、植物，還可以給歡歡講故事，這樣一定可以造成比較好的效果。

成長小提示

1. 父母不可經常對孩子撒謊，哪怕是為了孩子好，「善意的謊言」也只是下策。

2. 如果孩子揭穿了父母的謊言，父母要坦率地承認錯誤，不可用一個謊言去掩蓋另一個謊言。

第二節 培養孩子為人處世的基本素質

一、心繫他人，學會分享

孩子長大了都要融入社會，這是必然的道路。社會是很複雜的，每個人都在做著不同的事情，當我們做事情的時候，需要顧及別人的感受，不能影響別人做事情，這樣社會才能夠正常地運行。並且，我們這個社會資源有限，人口數量龐大，很多社會資源都需要大家共同分享。父母懂得這個道理固然好，能夠用這個道理去引導、教育孩子就更好了。可是，很多時候我們會發現，孩子首先想到的是自己，看起來，孩子好像都是自私自利的，沒有分享的意識，可能這讓父母感到疑惑：是不是只有我家孩子太小氣、太自私，這樣長大了怎麼好啊？還有的時候，我們發現，孩子寧願浪費掉東西，也不願意把它們拿出來跟別人分享，這真是讓父母擔心：孩子是不是天生就有自私和無私的區別呢？孩子如果小時候很自私、不懂分享，我們能透過教育來改變他嗎？

典型案例

這天，歡歡家裡來了一位阿姨，是媽媽的朋友。媽媽跟朋友聊天，就讓歡歡在一邊玩耍，歡歡不高興，就去玩遊戲機，聲音開得很大，影響了媽媽和阿姨聊天，媽媽一開始說他，他也不聽，後來媽媽就露出生氣的表情，把遊戲機給奪了過來。歡歡不願意，哭嚷著還要玩。媽媽無奈，只好給歡歡拿出一塊蛋糕來吃。歡歡正在吃蛋糕的時候，阿姨說：「歡歡把蛋糕給阿姨分一塊好嗎？」其實阿姨並不是真的想吃蛋糕，只是想逗一逗歡歡罷了。歡歡

與阿姨是第一次見面，還比較生疏，就搖搖頭自己吃起來。媽媽又說：「歡歡，怎麼不聽話呢，媽媽生氣了哦！」歡歡還是不願意。結果媽媽只好尷尬地跟朋友說：「你看，這孩子，自私得很啊！」歡歡雖然還小，也懂得自私不是好的東西，歡歡知道媽媽在別人面前說自己不好，也就難過起來。媽媽不明白歡歡為什麼突然不高興了，還以為是自己沒有陪他玩耍，就說：「小氣鬼，媽媽就和阿姨聊一會兒，到臥室看電視去！」

專家解讀

心繫他人的品質需要父母的培養

「今日之孩童即他年之成人。今日之孩童不能顧慮他人的安寧，則他年之成人即將侵犯他人的幸福。現在我們，自武人政客，以至行販小卒，無論做什麼事，多數人只知利己，罔顧別人。推其原因，雖非一端，然他們當孩提之時，他們的父母不教以利己利人之道，亦一大原因。至於沒有受過教育的一般人們可以不必說了，就是受良好教育的學生，也常常有不顧慮別人安寧的事情。」雖然陳鶴琴先生說這段話的時候離我們的時代已經很遠了，但是，這段話所指出的人不能顧及別人的問題在我們今天的社會不僅沒有減少，反而還有增多的趨勢。因此，這句話在今天的孩子教育中同樣具有深刻的意義。

不過，陳鶴琴先生還說過，「顧慮別人的舉動，小孩子生來是不曉得的。小孩子有好吃的東西只知自己吃，有好穿的東西只知自己穿，要哭就哭，要笑就笑，並不能十分顧慮到什麼父母、兄弟、姊妹等等的安寧和幸福。做父母的在這個時候，應當教以顧慮他人的安寧，使他慢慢兒知道顧己顧人之道」。顯然，一個人要生存下來，首先要為自己考慮，這是自然的道理，如果一個人不懂得顧及自己的安危、自己的感受、自己的發展，最終是很容易被社會淘汰掉的。只是，每個人在顧及自己的時候，要懂得整個社會的要求和責任，給予他人和社會必要的顧及和關注。而在顧及自我和顧及他人、社會之間找到一個適當的分寸，以及找到顧及他人和社會的適當途徑，正是我們做父母的要幫助孩子一起完成的重要事情。

有些父母擔心,如果教孩子顧及別人,孩子會光顧著顧及別人而虧了自己,這在以後的社會中是沒有辦法生存的。其實父母這種擔心是出於對「顧及別人」的一種誤解。教孩子顧及別人不是要孩子以他人為中心,而是要教孩子學會心中有他人,心胸要開闊,在做事情的時候,要懂得考慮他人的感受,與他人友好相處,並得到他人的喜愛。

孩子需要學習的是真心分享,而不是作秀

比顧及別人安寧更進一步的是要學會與他人分享或共享。孩子並非天生就懂得分享,相反,孩子天生是要滿足自己的。孩子分享的品質需要父母來培養。給孩子的東西,孩子很自然地認為這些東西都是他的,父母要讓孩子把東西與別人分享,孩子通常是不大願意的。而有的父母為了要孩子和自己親,就逗弄孩子,要孩子把喜愛的東西分給自己一些,可是,父母得到了卻不用這東西,又還給孩子;有的父母為了顯示孩子大方,就在客人面前這樣逗弄孩子,就會讓孩子認為,這些都不過是一些把戲而已,都不是要把東西真的給別人,最後別人是要把東西還回來的。可是,到了真要孩子把東西分享給別人的時候,孩子因為習慣了父母的把戲,先把東西拿出去,可是之後卻沒有拿回來,孩子就不高興了。此外,孩子也可能會認為,既然你不是真的要這個東西,他就沒有必要把東西給你了。

好父母修煉

讓孩子從顧及父母開始

孩子小時候都是和生他養他的人親,所以,要教孩子顧及他人,首先可以從顧及家人開始。如果一開始就要孩子去顧及他不熟悉的人,那他是不會願意的。但是,如果讓孩子顧及爸爸媽媽、兄弟姐妹,他是樂意的,因為家人待他好,照顧他,孩子往往是受感情支配的,他和爸爸媽媽的感情深厚,他就樂意顧及爸爸媽媽的安寧和喜樂。比如,明明在屋子裡玩玩具,把玩具弄得叮噹響,媽媽在屋子裡面睡覺,這個時候爸爸就輕輕走過來,小聲對明明說:「媽媽睡著啦,我們不要吵醒她,讓她美美睡一覺,好不好呀。」一邊說,爸爸一邊還用手指一指媽媽的房間。明明想到媽媽平時對他好,又聽

見爸爸輕聲說話，看見爸爸輕手輕腳地走動，也就不再弄出叮叮噹噹的聲響來了。

孩子小的時候，家裡面是不容易來客人住宿的，孩子也不容易去相對安靜的公共場所，家就是教育孩子顧及別人最適合的場所。當孩子在家裡養成了顧及家人的習慣以後，等他長大了，要把這種顧及家人的習慣擴展到其他人身上，就容易得多了。

出於真誠的需要，讓孩子分享

孩子學著顧及別人，是孩子學會分享的基礎。所以，要教孩子分享，首先就要孩子學會顧及別人。就像教孩子顧及家人一樣，教孩子分享也是要從家庭開始的。父母不能無緣無故地、隨意地以逗樂的方式教孩子和自己分享東西。如果父母要孩子分享，那父母一定要出於真誠的需要。

但是，在家裡教孩子分享需要特別設置一些情景才容易實現。而且，教孩子分享的時候，父母的初衷和造成的效果很可能是不一致的。比如，父母本來是為了教孩子分享，讓孩子把手裡的糖果分一半給自己，父母也沒有欺騙孩子，拿到糖果自己也真的吃了，沒有把糖果給孩子還回去而讓孩子養成不良的性格。可是，父母這種做法在孩子看來卻很可能成為一種增進他們和父母感情甚至討好父母的一種方法。為了避免這種情況，父母在孩子能夠與自己分享東西的時候，最好把孩子帶到社區裡面，多與別的孩子共同相處，在和別的孩子共同相處的過程中來學會分享、體會分享的樂趣。

此外，父母不能僅僅讓孩子單方面的分享，這種分享其實更像是「孩子把東西交出來」或者「父母討要東西」的遊戲。真正的分享應當是相互的。所以，父母不僅要「討要」孩子的東西，也要把自己的東西拿來和孩子分享。當然，前提是父母要有屬於自己的東西，要讓孩子明白，父母也有私有權，不是任何東西都是任由孩子擺布的。

精神分享很重要

父母和孩子之間不僅有物質上的分享，比如分享一些糖果、水果、飯菜、器物，還有精神上的分享，比如好的故事、好聽的音樂。精神上的分享要比

物質上的分享影響更加深刻，但同時也需要爸爸媽媽花費更多的心血，在孩子身上投入更多的精力。比如爸爸每天晚上給孩子讀一個小故事，或者媽媽每天給孩子唱一首小曲子，父母也偶爾讓孩子給自己講一個小故事或者唱一個小曲子。這樣，父母就在更深入的層面上影響了孩子的成長，也可以讓孩子更好地體會分享的樂趣，開闊孩子分享的領域，讓孩子的心智更加寬廣，對分享的領悟更加深入。

成長小提示

1. 當父母發現孩子不懂得關心別人或不懂得分享的時候，不要急著責備孩子，要透過適當的方式去引導孩子。

2. 給孩子講一些自己的故事，把孩子當成朋友，與他們分享好東西。

3. 多花一些時間和精力去聆聽孩子的心聲，做孩子的聽眾。

二、同情心

我們也許會認為，同情心似乎應當是每個人天生就有的品質。這種觀點似乎有一定道理，因為我們在大多數人身上都可以發現同情心的存在。可是，我們也發現，很多人不懂得理解和體諒他人，自以為是、專橫跋扈。通常，做父母的不願意自己的孩子成為這樣的人，因為成為這樣的人將很難與別人相處，很難被別人喜歡，更別說取得成功了。孩子小的時候，通常被看成弱勢群體，而在爸媽眼中，孩子根本不需要什麼同情，因為孩子本身就是父母同情的對象。對父母來說，孩子能夠健康快樂地成長，能夠學習知識技能，就是再好不過的事情了。當孩子長大了，很多父母發現自己的孩子不體諒自己，自己的孩子蠻橫無理、專斷獨行、鐵石心腸，覺得是自己的不幸。然而，做父母的與其等孩子長大了讓自己悲嘆，倒不如認真思索如何來培養孩子的同情心。

典型案例

媛媛有一天和媽媽在公園裡散步，偶然看到一個一瘸一拐的孩子從面前經過。媛媛覺得很好奇，從來沒有看見人的腿長成這樣的，就湊上前去想要

看個明白。媽媽也由著媛媛跟著那孩子走。媛媛湊上去跟那孩子說話：「你能跑嗎？你的腿怎麼啦？」那孩子很害羞、自卑，低聲地說：「我跑不快，我的腿瘸了。」媛媛不知道什麼叫做「瘸了」，就大聲地告訴媽媽說：「他瘸了！媽媽！」那孩子被這樣一說，更加害羞和自卑起來，就走得更快，想要擺脫媛媛。可是，那孩子越是著急，走起路來越是瘸得厲害。媛媛的好奇心還沒有滿足，就追著那孩子跑，還學著那孩子一瘸一拐的樣子，覺得很好玩。那孩子真是恨不得有個地洞鑽下去，也恨媛媛一直跟著他、嘲笑他。媽媽也沒有當回事，任由媛媛去玩。那孩子雖然腿瘸了，力氣卻大，就生氣地把媛媛推開，讓媛媛摔到地上，媛媛哭了起來。兩方家長聽到哭聲也趕來了，鬧得很不愉快。

專家解讀

同情心是孩子建立與他人感情和關係的基本要素

發展心理學家提出了孩子的受歡迎行為和不受歡迎行為，受歡迎行為包括幽默感、友善或友好、樂於助人、讚美別人、邀請別人參與遊戲、分享、避免不愉快的行為、應允或給予控制權、提供指導等，不受歡迎行為包括語言攻擊、表達憤怒、不誠實、批判的或批評的、貪婪的或專橫的、身體攻擊、令人討厭或煩惱、嘲笑他人、忽視他人等。許多受歡迎的行為，如友善、樂於助人、讚美別人等都建立在理解他人、同情他人的基礎上；而許多不受歡迎的行為，如語言攻擊、表達憤怒、專橫、嘲笑他人等則表現出一個人對他人缺乏理解和同情心。

由此可見，同情心是建立人與人之間感情和關係的基本要素之一，對他人的理解、寬容、幫助和友善的態度都有同情心的作用。同情心對於家庭、社會組織來說，是至關重要的因素。如果沒有同情心，一個人看到別人受苦難，就會把這種苦難當成一件異常的事情來看待，當別人經歷苦難的時候，他們不僅不會去幫助他，反而會感到好奇而去取笑、愚弄他，並從中尋找樂趣。如果沒有同情心，社會秩序和公共道德就只能透過嚴刑峻法來維持，一旦存在法律疏漏的領域或者法律執行不力的地方，那種傷害他人的行為和群體衝突事件就更容易發生。所以，一個人要有同情心，才能做一個和他人建

立正常關係、維繫正常感情的人,進而,社會才能有正常的秩序和必要的公共道德,這樣,整個社會才能正常、平穩地運行。

同情心需要一點一滴地培養

做父母的不能過於相信人性本善或者人性本惡的觀點,而要把孩子當成一塊有待開發的土地來看待,父母可能在這塊土地上種上鮮花、水果和糧食,也可能在這塊土地上種上荊棘、毒草。所以,如果做父母的發現孩子長大一點的時候變得蠻橫無理,性格乖戾,不要說這孩子天性頑劣,而要想自己什麼時候給孩子種下了這些有害的種子,現在又該如何拔除這些有害的東西。如果我們做父母的發現孩子不能與他人相處,野蠻無知,不要說這孩子資質不足、朽木不可雕,而要想自己忘了給孩子播下有益的種子,現在又該如何補救。

父母最好能夠一開始就把孩子的同情心培養起來,而不要等到發現孩子缺乏同情心再來補救。因為補救的效果往往趕不上初始的效果。對於成人來說,餓了知道要吃東西,睏了知道要睡覺,看見好玩的東西就想要,摔倒了會疼,這些事情是再簡單不過了。可是,對於孩子來說,他一開始並不知道這些事情之間的關係,而只是一種生理上的條件反射,等到大一些的時候,才會慢慢明白這些道理,這是因為孩子對很多事情都沒有經驗,而他們在語言上的理解力也很有限。我們做父母的就要從這些事情上來引導孩子,讓孩子首先明白這些道理,然後再推廣到他人身上。如此反覆的引導,才能夠逐漸把孩子的同情心培養起來。

如果父母一開始疏忽了這一過程,到後來才發現孩子缺乏同情心,也是可以透過這種引導來開發他的同情心的,只是這一過程要更加困難。因為孩子愈大,在感知和偏好上面就愈頑固,不管這種偏好和感知是好是壞,已經被孩子深化在頭腦裡了,父母就要花更多精力、用更多工夫把這些不好的感知和偏好從孩子頭腦裡去除掉,這一過程當然會很漫長也很艱難。而做父母的在教育孩子的問題上難道能夠因為過程漫長、艱難而放棄嗎?當然不能。

好父母修煉

培養孩子的感知能力

既然同情心的基礎是我們對事情的必要感知，而孩子由於經驗和頭腦發育的不足，在這些感知方面還很匱乏，那麼，我們做父母的就應當首先從培養孩子的感知能力入手，而不要急於一開始就去培養孩子的同情心。如果父母一開始就要求孩子看到別人餓了的時候就要給他吃東西；看到別人睏乏的時候就要給別人休息的空間；看到別人摔倒了就不要去碰他的傷口，並且還要幫他緩解疼痛，那麼，只有那些悟性特別高、有過一些經驗的小孩子才可能理解這些事情。而即使悟性高的孩子，也是由於感知了自己餓了和吃東西之間的關係，感知了睏乏和睡覺之間、摔傷和疼痛之間的關係，才能夠得到這些經驗，進而才能夠理解這些事情的。

所以，父母不能忽略這些看起來似乎不用教導的事情。當孩子餓了、睏了、摔倒了的時候，他自己解決不了這些問題，會向父母尋求幫助，這個時候，父母要把孩子這種條件反射轉換成孩子的感知能力和理解能力。比如，阿波早上沒吃多少東西，還沒到午飯時間就餓了，他跟媽媽要吃的，媽媽可以問問阿波：「怎麼啦？為什麼要吃東西呀？」阿波就會告訴媽媽說自己肚子裡難受（阿波也許還不知道這是餓的表現，所以他不知道這叫餓）。媽媽就說：「看來我們阿波餓了呀，那餓了就會肚子很難受，餓了就想要吃東西啦。」又比如，阿波不小心摔倒了，磕到地板上，膝蓋鼓起一個包來，他就跑到媽媽面前來，像是要哭的樣子，還摸著鼓起包的地方，這是阿波表達痛的方式，但是阿波還不知道什麼叫痛，媽媽就說：「哎呀，膝蓋起包了，很痛的，不要用小手去摸它，媽媽給你敷上藥，包起來，過兩天就好啦。」媽媽這麼一說，阿波就知道摔倒起了包這種感受叫做痛，而痛是一種很難受的感覺，並且是要敷藥的。

把握好特殊的機會

雖然同情心是一個人品性裡最基本的要素之一，但是，卻不會隨時表現出來，最能夠表現出同情心的地方在於一些特殊事情上。比如看到別人受傷

的人容易表現出同情心，看到別人生病的人容易表現出同情心，看到別人生活艱苦的人也容易表現出同情心。對於成年人來說，同情心是一種基本品質，是應當一直在一個人心裡具備的東西，不是非要在這些特殊事情上才體現出來的。但是對於孩子來說，如果沒有透過這些特殊事情來引導，他自己是不知道有同情心這回事的。所以，要教育孩子，把握好一些特殊的機會是很重要的。比如，阿燦才3歲的時候，還不知道對於病人表示同情。有一天，媽媽生病了躺在床上，爸爸就對阿燦說：「阿燦，媽媽今天生病了不舒服，不想吃飯，也不能夠下床，她在床上很難過，你可以多陪陪媽媽嗎？」阿燦答應了。阿燦照著爸爸說的做了，他看見媽媽難受的樣子，自己也感到生病的難受；看到媽媽因為自己陪伴她而高興，自己也很開心，以後他自己生病了，媽媽和爸爸這樣對他的時候，他就更能夠感受到這種叫做「同情」的美好了。

不要用欺騙的方式博取孩子的同情心

像上面這種特殊的情況不是經常有的，於是有些父母就想辦法自己製造一些假象來培養孩子的同情心，可是這種帶有欺騙性質的事情是有害處的。比如媽媽為了讓孩子懂得同情別人的痛苦，就假裝摔倒了，孩子關心媽媽，自然就過去幫助媽媽，等孩子過去了，媽媽就站起來笑嘻嘻地誇獎孩子很乖，懂得心疼媽媽。這樣孩子以後就知道媽媽也會騙他，或者知道如果刻意去表示關心是可以博得別人歡心的。這種方式，與其說是在培養孩子的同情心，不如說是在試探孩子對母親的感情和培養孩子投機討好他人的伎倆。如果父母要培養孩子的同情心，就要知道雖然一些特殊事情能夠造成很好的效果，但這些特殊事情是不常有的，我們做父母的還應當用生活中的點點滴滴來慢慢薰陶孩子，而不能急於求成，更不能有一勞永逸的觀念。畢竟同情心是一種永恆的品質而不是一種突發的念想，更不是一種取巧的手段，不能因為培養孩子的同情心而讓孩子變得矯情。

成長小提示

1. 培養孩子的感官，讓孩子對事物具有必要的敏感。

2. 扮演一個強者，去照顧孩子，也要學會在孩子面前做一個弱者，讓孩子來扮演一個強者。

3. 帶著孩子去幫助別人，讓孩子多觀察，在行動中薰陶孩子。

▎第三節 增長孩子的經驗

一、讓孩子自己的事情自己做

我們教育後代，喜歡用手把手教的方式。這種教育方式在傳統農業社會也許是最有效的。但是，在今天這個講求創造性和面向未來的社會裡，這種方式還是最好和最有效的嗎？我們做父母的希望孩子能夠多開動腦筋、要有創造性，可是，當孩子最具有可塑性的時候，我們做父母的卻在教他們墨守成規、按部就班，教他們一味模仿、不許出錯，這難道不是南轅北轍嗎？孩子如果不親自去完成一些事情，就永遠不能夠學會這些事情。這一點似乎很多父母也明白，可是，要真正放手讓孩子去做事情的時候，我們做父母的卻又「前怕狼後怕虎」了。

典型案例

果果從小是一個活潑可愛的孩子，爸爸媽媽都很喜歡他。爸爸給果果買了一些簡單的積木等益智類的玩具，果果很快就會玩了。爸爸媽媽就很放心果果玩這些玩具。可是，果果有時候看到媽媽拖地，就想要自己去做，就對媽媽說：「媽媽，我也要做這個。」媽媽擔心拖把會蹭著果果的臉或眼睛，又擔心果果拖地不穩重會摔壞了東西，就不讓他去做。早上起來，媽媽就幫果果把被子疊好，把衣服穿好。有時候，果果要去餵金魚，媽媽也不讓。凡是媽媽覺得果果做不好的或者有任何一點不安全的事情，都不讓果果去做，或者自己替果果做了。漸漸地，果果開始學會偷懶，一有功夫就跑去玩遊戲，他知道自己不去做媽媽也會幫自己做了；果果還變成了膽小、呆滯的孩子，沒有小時候那種靈性了。這可讓爸爸媽媽犯難了。

專家解讀

父母應發揮孩子的主動性，培養孩子的創造力

根據教育心理學的觀點，孩子在童年期即從學前階段一直到小學階段結束，往往表現得喜歡動手做事情。父母應當把握住這一時期孩子的這些特點，給孩子一些自己發揮想像力、主動性和創造性的空間。隨著幼兒投身更廣闊的社會空間，和嬰兒期相比，他們遇到的挑戰更多。為了應付這些挑戰，他們需要主動地、有目的地採取行動。在這一階段，父母不可妨礙孩子去接受必要的挑戰，更不可阻礙孩子主動採取行動的激情。相反，父母只需要做一個旁觀者、監督者和導師，在適當的時候給予鼓勵和調整，在必要的時候給予幫助和克制，甚至在某些時候，父母還要刻意給孩子設置一些任務去完成，以激發孩子的主動性。

小學階段兒童的主動性將引領他們嘗試大量全新的體驗，他們的精力將轉向掌握知識和智力技能。而童年早期快結束的時候，兒童的想像力開始擴展，表現出前所未有的學習熱情。在這一時期，父母更要給孩子提供自我發揮和創造的空間，但同時也要時刻關注孩子取得的效果和成績，父母要防止孩子因行動的效果和成績不好而產生自卑感和挫敗感，如果父母發現孩子出現類似情況，要及時為孩子調整行動計劃和學習方法，把信心和熱情重新找回來。父母不能代替孩子去行動，更不能認為父母幫助孩子把沒有做好的事情做好就會造成良好效果，因為恰恰相反，這樣做通常會讓孩子感到更加自卑並對自身能力缺乏自信。

父母不應擔心過度

做父母的要麼因為擔心孩子受傷，要麼因為嫌麻煩，總是代替孩子去做很多事情。包括孩子可以自己完成且屬於孩子自己的事情，比如穿衣服、梳頭髮、洗臉；也包括孩子想做卻由於身體還沒有發育成熟而不能自己完成的，比如把衣服擰乾、騎自行車等。對於後面一類事情，如果孩子勉強要做，容易損傷筋骨、傷害身體，做父母的要幫助孩子去完成，也可以告訴孩子，等他長大一些的時候再去嘗試，但不可一味否決孩子的要求。對於前一類事情，

做父母的可以給孩子留更多的空間去嘗試,如果在這一類事情上面,做父母的仍然一手包辦,給孩子在成長路上造成的障礙就多於便利了。

讓孩子自己動手有益於增強孩子的體質、意志力和責任心

從孩子成長的角度來看,替孩子做事情有很多弊端,而讓孩子去做自己的事情則有很多益處。

首先,孩子的身體發育和成長需要不斷的嘗試和磨煉。不讓孩子去應對外界事物的考驗違背了自然要求,而孩子越長大就越需要獨立完成很多事情,對於在適當的年齡沒有接受外界事物鍛鍊的孩子來說,隨著年齡增長,他就越不能適應新的挑戰和磨煉,將要經受的挫折就比那些能順利完成自己的事情的人多,這些僅僅是違背自然要求帶來的一小部分不良後果,自然的懲罰會由於有的孩子越來越不會處理自己的事情變得更加頻繁和可怕。

其次,孩子的意志力發展也需要他們從小接受各種事物的挑戰。當一個人長大到20歲左右,就開始意識到意志力對於自己有多麼重要,但大多數人沮喪和苦惱的是,他們同時也發現自身的意志力是多麼不堪一擊。如果孩子從小就被培養面對各種困難、處理各種問題的能力,他們將在實踐的嘗試中不斷提高解決這些問題的能力,各種事物之間的相似性和能力的通用性將讓他們在應對陌生事物的時候不至於措手不及,他們的成功經驗也能夠幫助他們在應對難題時站穩腳跟,每一次成功都將增長孩子的自信心,而每一次失敗很可能也會激發孩子的鬥志和挑戰的熱情,毫無疑問,這兩點對於意志力的完善都是有益的。

再次,孩子的責任心需要透過具體的事情來培養。儘管我們從小到大被教育要有責任、有擔當、有使命感,但是,這些「高大上」的概念對於孩提時代的我們不過是一團霧水。長大以後,現實告訴了我們什麼叫「責任」和「使命」,於是我們在「責任」和「使命」的觀念前面加上了前綴──「現實」。當我們投入到社會生活中以後,我們讓這個社會變得更加「現實」了。可惜「現實」的不都是合理的,所以我們一邊「現實著」,一邊埋怨著、痛苦著。但是,如果讓孩子從小學會處理自己的事情,在具體事物中經受考驗和教導而不是向孩子填裝空洞的概念,孩子將在他們處理事情的過程中明白

其中的道理，他們很容易發現什麼是真正的責任和擔當，他們也能夠發現「使命」究竟是什麼意思。

最後，孩子在做事情的過程中可以培養自己勤勞的品質和踏實的精神。做父母的替孩子做事情的過程似乎顯得父母對孩子有無盡的關愛和幫助，然而正是這一過程讓孩子逐漸變得懶惰和無能，關愛最終變成了「傷害」。

好父母修煉

父母應當學會旁觀和忍耐

孩子出生不久的時候，筋骨還沒有長好，沒有力氣穿衣服，也不能自己吃飯，我們做父母的就替孩子穿衣服、餵孩子吃飯，把所有孩子不能做的事情都替孩子做了，這是自然的事情。但是，當孩子長到兩三歲的時候，孩子的手腳都有一些力氣了，可以做一些力所能及的事情了，自己也可以穿衣服、吃飯的時候，他卻因為習慣了父母給自己穿衣服、餵自己吃飯而不願意自己動手了。如果這時候父母強行讓孩子自己吃飯或者穿衣服，孩子要哭鬧，像是受了多大的委屈一樣。如果父母向孩子屈服了，孩子就很難學會自己做自己的事情，而且還容易養成不良性格，本來是自己分內的事情，卻認為理所當然該由別人來替自己做。

有時候孩子是願意自己動手做事情的，但是父母看著孩子做事情笨拙緩慢而不能忍耐，就替孩子去做，這樣孩子就容易養成懶惰的習慣。如果父母經常一邊替孩子做一邊還責罵孩子，那就容易讓孩子自卑。

所以，父母要在孩子兩三歲以後，學會放手讓孩子自己做自己的事情，而父母則要在一邊旁觀，在必要的時候給予指導，但不可動手代勞，也不可干預過多。父母還要學會忍耐孩子動作的緩慢和笨拙，當父母責備孩子的時候，不要忘了提醒自己，我們一開始學習做某件事情的時候，可能比孩子還要笨拙呢。

讓孩子自己的事情自己做，可以從這些簡單的事情入手：用勺子舀飯吃、拿起筷子並對準夾住東西、脫下沒有扣子的衣服、脫襪子、穿鞋、洗臉、用乾毛巾擦臉、飯前洗手、脫下褲子等。

第二章 營造良好的家庭氛圍

不講求快，而講求做到位

我們做父母的做的事情很多很熟練，當然做起來會很有效率，但是小孩子卻是開始學做事情，做起來當然是很慢的。當我們教孩子做事情的時候，不要害怕孩子做得慢，擔心孩子長大了會處處落到別人後面。孩子做事情的快慢當然會有差別，這跟孩子的遺傳基因、身體發育和環境的影響有很大關係，即使到了成年，有些人做事情麻利、性子急，有些人做事情緩慢、細緻。但是，做事情緩慢的人不一定就落在做事情麻利的人的後面，快慢不是主要的問題，結果的好壞才是最重要的問題。所以，父母擔心孩子會因為做事情不夠麻利而吃虧是不必要的。

當父母看見孩子做事緩慢的時候，要觀察他做得對不對，因為孩子做得慢，每一個過程都可以看得清清楚楚，每一個錯誤也可以暴露出來，這是改正孩子不良行為的最好時機。父母千萬不能一看見孩子做事緩慢就喝斥、催促，這樣做不僅不能夠讓孩子變得麻利起來，還會因為父母的喝斥和催促讓孩子本來做正確的地方也做錯了，本來能做好的事情也搞砸了。

孩子在把事情一步一步做到位，不僅可以讓孩子在熟練以後把事情做得更好，還可以養成孩子認真做事情的習慣。孩子能夠把事情做到位了，父母才可以適當地提高孩子做事情的效率，而這時候孩子已經比較熟悉做事情的步驟和技巧了，自然也能夠提高做事情的效率。否則，在孩子沒有掌握好做事情的步驟和技巧就要求孩子麻利起來，孩子是很難做到的，而孩子因為自己達不到父母的要求就不想去做那些事情，越是不想去做也就越做不好，越是做不好父母就越催促、責罵，孩子也就越喪失自信，並且還會怨恨父母，形成惡性循環。

讓孩子去做的事情不可太難也不可太易

父母可以根據孩子年齡的大小，給孩子安排適當的事情去做。不要給孩子安排他那個年齡還不能勝任的事情。相反，父母也要考慮到這樣一個原則：我們做父母的叫孩子做事情，目的是要讓孩子學會他原本不會或者原本還做不好的事情，而不是為了幫助父母。當然，孩子還小的時候，他做的有些事情可能會對父母有幫助，但這不是父母叫孩子做事情的主要目的。

比如對於三四歲的孩子，他早晨起來以後自己可以脫睡衣，只要給他解開最上方的扣子，他自己就能把上衣脫下來。夏季，可以讓孩子自己穿衣服。不要讓孩子穿扣子在後面的衣服，孩子自己扣不上，那孩子就會認為扣子是應該讓別人幫著扣的。夏天，孩子可以自己上衛生間，可以自己脫下褲子大小便。但不要讓這麼大的孩子自己削水果、切菜，也不要讓這樣大的孩子洗碗、掃地，這個年齡的孩子，做這些事情對他們來說還太難，可以等到他們長大一些的時候再教他們做。

成長小提示

1. 給孩子充足的成長空間，相信孩子能行。

2. 孩子暫時做不好自己該做的事情不要緊，父母要有耐心，給孩子一點時間。

3. 孩子越是做不好，越是要讓孩子自己去做，父母對孩子有信心，孩子對自己才會更有信心。

二、帶著孩子去見世面

外面的世界很複雜，子女很珍貴，我們做父母的都害怕孩子在外面遇到壞人，萬一有個三長兩短，對一個家庭來說是難以承受的。所以，父母們常常把孩子限制在家裡，或者很小的圈子範圍內，把孩子全面保護起來。可是，父母又擔心這樣的「包圍」會對孩子造成不良的影響，隔絕了孩子與外界的溝通和聯繫，讓孩子看不到外面的世界而變得孤僻。在這兩種擔心之間選擇一個好的平衡點，才是解決問題的方法。

典型案例

歡歡爸爸媽媽忙著工作，平時都是奶奶和爺爺陪著歡歡。以前，奶奶經常會帶著歡歡到街上去逛逛，但是最近奶奶看了很多拐賣兒童的新聞，就不敢帶著歡歡上街去了。爸爸媽媽每天工作回來都累了，也不願意帶歡歡出去玩，歡歡就只好每天待在家裡面，偶爾爺爺奶奶陪著到社區裡面逛一逛，也是被「嚴加看守」著的。爺爺奶奶陪著歡歡在社區裡面逛的時候，從來不讓

歡歡離開自己，也不讓歡歡去和別的小朋友玩，害怕把他弄丟了。爺爺奶奶的知識不多，歡歡提的很多問題也沒法回答。等歡歡到了上學的年齡，比同齡的很多小孩都要遲鈍一些，歡歡在學校裡也比較孤僻，難以找到朋友，學習也跟不上。後來學校老師只能找到歡歡的爸爸媽媽說明情況，希望歡歡能夠降級學習。爸爸媽媽很納悶，覺得歡歡什麼都正常，怎麼可能比不上別的孩子呢？爸爸媽媽根本不知道，歡歡到底哪裡出了問題，自己在教育孩子方面出了什麼問題，他們認為這一定是學校老師搞錯了。

專家解讀

家庭需要負起對孩子進行常識教育的責任

在當代社會，文明要比歷史上任何時候都豐富和多樣，很多知識都已經從以前的專門研究變成了常識，很多在 100 年前甚至 10 年前還沒有的東西在今天都走進了日常生活。學校是系統性傳授各種文化知識的地方，在學校裡面教授的內容都相對有系統而深入，對於常識教育問題，學校教育沒有足夠的時間來處理，尤其是在當今強調升學和考試的教育環境下，常識教育更加難以成為學校教育的正規課程。因此，絕大部分的常識教育問題只能由家庭來解決，父母自然是常識教育最重要的老師。我們做父母的需要透過帶孩子上街、讓孩子接觸更多的事物等方式來完成對孩子的常識教育。

好奇心是孩子增長見識的基本動因之一

對於大自然中的事物，孩子大多是好奇的，做父母的應當很好地運用孩子對大自然的好奇心，去引導孩子形成對大自然的瞭解。如果父母不注意方法只是一味地強求孩子去瞭解這個、瞭解那個，會讓孩子在瞭解自然事物的時候感到有壓力，而且不是出於孩子自身的興趣，硬是要他去接觸，他會反抗或者恐懼，到了最後，孩子就會厭煩學習這些知識了。同時，如果做父母的一點也不去引導孩子，孩子徒有好奇心卻沒有滿足好奇心的能力和途徑，到了最後，孩子因為好奇心得不到滿足而放棄理會這些東西，長大後，就會喪失探索性和創造性。所以，父母要重視對孩子好奇心的利用，不要強求，但也不要放任，最好是父母多注意觀察孩子的行為，看看孩子當下對哪些事

物表現出了最大的好奇心，然後父母再去引導他，對於那些孩子不感到好奇而又屬於常識的東西，父母也不可心急，因為好奇心只是學習知識的動因之一，也不是唯一的途徑，孩子也可以在環境中慢慢吸收這些常識。

建立人際關係的需要

社會事物、人際關係，對小孩子來說更多的是茫然和無知，而父母要在這些方面運用孩子的好奇心就不那麼容易了。對於人際關係和社會事物的理解，需要更多的感悟、經驗，所以，做父母的需要給孩子提供適當的人際關係訓練，讓孩子在這些人際關係實踐中去理解、去感悟。

好父母修煉

不可隨便禁止孩子去試探事物

孩子喜歡玩耍東西，隨便抓著什麼就拿來摸一摸、看一看、聞一聞，也不管這東西是什麼。比如孩子看見沙土就要玩沙土，看見雪就要玩雪，看見釘子就要敲，看見畫筆就要塗，做父母的擔心孩子衣服弄髒，或者擔心孩子有危險，就不讓孩子去玩。但是父母要儘量克服這種心理，不要過於擔心孩子，孩子要逐漸長大，一定會經歷很多磨煉，這是做父母都應該懂得的道理，但是，父母不僅要懂得這些道理，還要能夠克服自己的畏懼心理才行。要克服這種心理，做父母的就要學會旁觀，在一旁照顧而不插手，為孩子提供安全的環境，直到可以放心讓孩子自己去做為止。比如，小坡看見地上有積雪，就去抓雪來玩，還用舌頭去舔一舔，好像很新鮮的樣子。爸爸看見小坡在玩雪，也沒有去阻止他，就在一邊看著小坡玩，等小坡發現父親的時候，爸爸就走過去，還和小坡一起玩起雪來。後來爸爸又找來鏟子，給小坡堆起一個雪人，小坡覺得很好看，還給雪人起了個名字。和孩子一起探索、玩耍，不但可以親近自然，還可以增進父母和孩子的感情。

帶孩子到社區裡、街上、公園裡去看看

孩子是比較喜歡到熱鬧的地方去玩的。當孩子聽說要到外面去的時候，他可能很開心。孩子能夠動手去玩耍的東西很少，因為孩子的能力有限，而且很多東西對於孩子來說也是有很大危險的、不適合的。所以，要孩子增加

對外界事物的瞭解，最好的辦法是讓孩子多去觀察，觀察哪些事物能夠增加孩子的知識、開闊孩子的眼界。既然這樣，那父母就應該經常帶著孩子到外面去走走看看，既可以增長孩子的見識，又可以讓孩子高興，豈不是兩全其美的事情嗎？比如，可可有一天在家裡哭鬧得很厲害，爸爸媽媽拿他一點辦法都沒有，以為他餓了，但是給他吃的也不管用；以為他睏了，但是他也不睡覺；以為他要上廁所，可是他也不大小便。後來爸爸實在沒辦法，就抱著他到社區裡面去散步，可可一到社區就不哭了，很開心地東望望、西瞅瞅，完全忘了剛才哭鬧那回事。等到可可再大一些的時候，爸爸媽媽就帶著可可到街上去，看馬路上來來回回的汽車和行人，又一道成商場去買東西，這樣就不斷豐富了孩子的見識。

幫助孩子建立良好的人際關係

孩子到了五六歲能夠自己跑動的時候，就讓他到社區裡面玩，這樣，孩子就可以認識社區裡面別的小朋友，可以組成自己的同伴團體，在這樣初步的人際關係中學習與人相處。很多父母不放心自己的孩子到社區裡去和別的孩子玩耍，怕他們發生衝突，造成不良後果。但是父母如果在小孩子前期的教育上面做得好，五六歲的孩子應該已經具備了基本的與人相處的能力，他懂得尊重、同情、理解別人。在和爸爸媽媽相處的時候，孩子已經學會了怎樣去尊重家人、顧及家人、禮貌地對待家人，但是孩子還沒有在公共場所與人相處的時候體會過這些東西，還不能算真正具備了這些素質。畢竟社會是複雜的，在社會中各種各樣的人都有，如果孩子僅僅知道怎樣和爸爸媽媽相處，卻不會把這些方式方法運用到與他人相處上，那他還是難以融入這個社會。當孩子和小朋友或者同學相處的時候，就會發現每個小夥伴都有自己獨特的性格，他們的行為方式和說話的方式和家人是不一樣的，用對待爸爸媽媽的方式來對待這些小夥伴有時候是不管用的，孩子正是在面對這些衝突和問題的時候才能學會思考，學會去包容，學會把尊重、同情這些基本素質的內涵擴展開去，形成自己看待社會、看待生活的觀念。

成長小提示

1.讓孩子自己去觀察，不要時時刻刻都給孩子當「錄影機」或「放大鏡」。

2. 孩子就像小樹苗一樣，父母要防止他們扭曲變形，但無須杜絕他們接受風雨的洗禮。

3. 培養孩子自我保護的意識和能力，比時刻緊盯著孩子更重要。

第三章 培養孩子的社會交往能力

第三章 培養孩子的社會交往能力

　　人的成長離不開社會，在社會的大環境中，我們透過與他人的交往，發展自身的人際關係，理解和學習社會規範，並形成自己的行為準則，同時學習掌握生存的本領。在與社會互動的過程中，我們認識和承擔著不同的社會角色，在對角色的理解和擔當中，蒐集關於自我的評價，形成自我意識。孩子從出生到長大，作為父母的我們，很重要的一個任務便是帶領孩子更好地融入社會。

第一節 父母眼中的社會

　　父母眼中的社會，也將成為孩子心中的社會。父母的社會認知將會潛移默化地影響到孩子。面對成長中的孩子，我們給孩子傳遞著哪些關於社會的認知呢？

一、人生的起跑線

　　「不要輸在起跑線上」，如同一個沉重的枷鎖，束縛著我們對人生之初的看法。在這種看法下，成長如同一次又一次的競賽，向我們的孩子提出挑戰。在激烈的競爭和淘汰中，有的孩子的自信逐漸消失。我們似乎看到孩子在競爭失敗後的表情，體會到孩子痛苦的心情。於是，「不讓孩子輸在起跑線上」成為大多數父母的教育理念，為了讓孩子站在更高的起跑線上，父母們不惜付出很多精力和財力送孩子到各式各樣的才藝班或補習班去，從大腦智力開發，到超級記憶力訓練；從各式各樣的藝術特長班，到門類眾多的學習才藝班。似乎各種特色的才藝班，可以為孩子的成長保駕護航，讓孩子能夠在激烈的競爭中立於不敗之地。父母們的良苦用心能夠理解，畢竟，誰不希望自己的孩子能夠更加優秀，在以後的競爭中更有優勢呢？但是，各種各樣的培訓是否真的可以讓孩子贏在起跑線上，並且能夠贏得人生呢？這個都是不一定的。

第三章 培養孩子的社會交往能力

典型案例

媽媽覺得5歲的陽陽記憶力不是很好，剛剛教的數字，不一會兒就忘了，教過的詩詞，過一天又背不出來了，媽媽為此很著急。媽媽在逛街的時候，看到一個大腦開發的廣告，廣告中提到：根據科學的研究表明，人的大腦只利用了10%，其他的90%沒有用到。而兒童時期，特別是5～10歲，是大腦開發的關鍵期，也是記憶力發展的關鍵時期。一旦錯過，將對孩子產生難以彌補的影響，孩子在經過培訓後，大腦能夠得到更有效的開發，記憶力和理解力能夠顯著的增加。面對廣告的誘惑，陽陽媽媽如獲至寶，給孩子報了一個才藝班。但是，在投入了大量的時間、精力和金錢之後，孩子的記憶力似乎並沒有得到特別有效的提高。

專家解讀

關於大腦開發比例的問題

「人的大腦只利用了10%，其他的90%沒有用到」其實是對大腦利用的一種誤解。人的大腦在結構和功能上都很複雜。如果說普通人根本沒有用到90%的大腦，那麼一些腦損傷不是就不會給人帶來影響？畢竟按照概率來講，損傷的大部分會出現在那未使用的90%上，但實際上並非如此。透過腦照影技術，人們發現大腦功能有著相應的分區：當我們看見事物的時候，視覺皮層活動明顯；聽到聲音時，聽覺皮層活動明顯。因此，簡單動作可能僅僅使用了一小部分的大腦，但是足夠複雜的一系列活動或思維是需要動用大腦的大多數區域的，在各個皮層相互聯繫和支持下，共同完成訊息的整合。就像人不會在同一時間使用他所有的肌肉一樣，人同樣不會在同一時間使用全部的大腦。但從一個較長的時間跨度上來考察人腦的活動，比如一整天時間裡，人腦的絕大部分區域都會派上用場。

大腦發育關鍵期的偽命題

那麼，在成長過程中，是否有所謂的大腦發育關鍵期，對孩子大腦發育產生重要的影響呢？從發展心理學研究的角度，的確有關鍵期的說法。指的

是兒童在某個時期最容易習得某種知識和技能，形成某種心理特徵，而過了這個時期，有關方面的發展會出現障礙，且難以彌補。

例如：孩子4～6個月是吞嚥咀嚼關鍵期；8～9個月是分辨大小、多少的關鍵期；7～10個月是爬行的關鍵期；10～12個月是站立行走的關鍵期；2～3歲是口頭語言發育的關鍵期，也是計數發展的關鍵期；2.5～3歲是學規矩的關鍵期；3歲是培養性格的關鍵期；4歲以前是形象視覺發展的關鍵期；4～5歲是開始學習書面語言的關鍵期；5歲是掌握數學概念的關鍵期，也是兒童口頭語言發展的第二個關鍵期；5～6歲是掌握語言詞彙能力的關鍵期。

可以看到，關鍵期的提出，主要強調的是兒童幼年各種知識和技能的學習，以及相應心理特徵形成的重要時期。明確孩子的關鍵期，可以促使父母、教師注意選擇最佳時機，選擇合適的方法對兒童進行教育，並非指大腦發育的重要時期，更不是所謂的記憶力形成的重要時期。

其實，人類的大腦可以因為外在的環境需求而改變內在的工作分配。實驗發現，在技能學習方面，只要能夠堅持方法得當的訓練，大腦相應的區域就能夠得到改善和提高。所以，大腦是可以透過後天的學習得到改善的，其可塑性是終生的，人可以終其一生不停地重塑自己的大腦。

而所謂記憶力開發，就更談不上所謂的關鍵期了。進入大腦的訊息，先是形成短時記憶，在經過一定的加工和特殊編碼的複雜過程後，形成長時記憶，這樣才能在我們腦海中很好地儲存起來。適當地對孩子的記憶方法和策略進行指導，能夠有助於孩子更好地記憶。但是，記憶最關鍵的問題是如何把新的訊息與我們已有的知識產生聯繫。由於大腦不會浪費寶貴的資源去記憶不知道用在什麼地方的東西，所以記憶力並非是完全靠訓練得到的，更多的是需要孩子對記憶的東西產生興趣。

「超前學習」的起跑線

課外補習班，目前已經成為很多孩子假期的一個必備安排。而為孩子們選擇課外補習班，家長的理由主要有以下幾點：

第三章 培養孩子的社會交往能力

一是提前打好基礎。課外補習班能夠讓孩子提前學到部分知識，打下基礎，在正式上課的過程中，便能夠很快理解老師所講的內容，學習起來也輕鬆了。

二是查漏補缺。孩子在學校學習過程中，可能會遇到一些學習上的困惑和問題，有的家長不知道如何給孩子講解，有的是沒有時間，參加補習班可以讓孩子把不懂的知識再學習一遍，效果自然好些。

三是盲目地跟風。很多家長都擔心，周邊的孩子都參加補習班了，如果自己的孩子不去，那麼在學習上便會比其他孩子落後一些，這樣孩子學習的自信心會受到打擊，學習興趣也會下降。

四是假期這麼長的時間，如果不安排孩子學習一些東西，孩子在瘋狂玩耍中，知識會被遺忘，學習習慣也會受到影響，到開學的時候便會極為不適應，而在補習班無論怎樣，總是會學到一些知識的。

基於以上理由，課外補習班就擁有了良好的市場環境，而孩子快樂的假期也被各式各樣的補習和培訓所擠占。

誠然，在短時間內，我們可能會看到，提前學習的孩子在計算、識記方面可能更具有優勢，但那些沒有提前學習，而是在正式上課期間認真學習的孩子也能很快趕上來。

就現代社會對人才的要求而言，學習能力和創造力才是在競爭中處於較優勢的能力，這與孩子能夠記住多少和在學校中所學的知識沒有直接的關係。童年時期是學習能力和創造力培養最為關鍵的時期，孩子天生便具有好奇心，他們一來到這個世界，便開始了對世界的探索。孩子們在不斷觀察周圍的環境，為自己的好奇心找尋答案，父母很多時候會被孩子千奇百怪的問題弄得啼笑皆非，這正是孩子在學習的一個重要表現。有時候，孩子看一隻螞蟻都能觀察半個多鐘頭，這不是孩子好奇心的體現嗎？正因為有著這樣的探索興趣，孩子才能更容易地接受知識。孩子觀察螞蟻，這種在大人看來無所事事的遊戲，恰恰正是孩子學習的一個重要時機和方式。

盧梭在他的教育論著《愛彌兒》中提出一個「最大膽、最重要和最有用」的教育法則，就是在兒童的早期學習中，「不僅不應當爭取時間，而且還必須把時間白白地放過去」，而才藝班的做法卻恰恰相反，擠占了孩子本身的遊戲時間，用枯燥乏味的知識占據了孩子的時間。當面對這些反覆咀嚼的現成知識時，孩子本身的好奇心逐漸被統一的標準答案消磨，而學習興趣也在不斷地補習中漸漸消失。更令人擔憂的是，也許在強迫補習的過程中，孩子對學習本身會產生一種厭惡的情緒，這種情緒在不知不覺間進入孩子的潛意識，最終會導致孩子對某些學習內容產生牴觸，進而發展成厭學情緒。而厭學的情緒一旦產生，無論上多少補習班，都不會有什麼效果。

當我們利用補習班希望孩子能夠贏在起跑線上的時候，往往因錯誤的方法捆綁住孩子的雙腳，這樣的孩子又怎樣贏得精彩的人生呢？

所以，人生的起跑線應是順應孩子的發展，留給孩子足夠的時間，讓孩子自己去體會學習的樂趣。

好父母修煉

培養樂於動腦的孩子而非「聰明絕頂」的神童

孩子對於新鮮的事物有天生的學習欲望，但是這種天生的欲望卻不太經得起挫折的打擊。因此，父母需要關注孩子的學習欲望，在孩子沒有被挫折打擊之前，教會孩子一些應對挫折並勇敢探索的能力。解決這一問題的關鍵是讓孩子樂於動腦。孩子的大腦是活躍的，父母需要在適當的時候對孩子提出一些挑戰，這些挑戰包括智力遊戲、解決某些現實困難、正經的課程難題等等。孩子在尋求答案和解決辦法的時候，將會把精力集中起來，在較長的時間內全神貫注於一件事情，從而學會控制大腦的活動，並習慣運用大腦的活力來解決問題和進行創造。如果父母為孩子選擇的挑戰對孩子的能力來說是適宜的，那麼，大多數時候孩子是能夠讓問題得以解決的，並且在心理上不斷得到積極的暗示，強化孩子運用腦力的習慣。

但是，父母在培養孩子樂於動腦的習慣時，要預防陷入培養「絕頂聰明」的神童的誤區。給孩子提出過多的超過其能力範圍的挑戰和繁重的任務，可

能造成孩子生理和心理上的雙重傷害。個別孩子在某些方面可能具有獨特的天賦，但是這種現象不是普遍存在的，父母不能因為這些個別現象而想方設法將自己的孩子當成試驗品。尊重孩子很重要，把孩子的大腦活力激發出來，至於是否要在更加困難的問題上繼續前進，則應由孩子自己來決定。

毅力的養成

人生的起跑線很重要，但是不要過於看重人生起跑線的決定作用。能夠擁有一個更好的平臺和發展環境，一個人可以有更多、更好的資源可以運用，也可以有更多的選擇，從這一點來看，人生的起跑線是比較重要的。但是，一個人的發展是一個長遠而多變的過程，也是一個需要自我努力的過程。

父母需要為孩子做長遠的打算，在生活和學習中不斷培養孩子自身的毅力。根據孩子的能力偶爾給他設置某些具有挑戰性的困難，這些困難應當具有這樣的特點：解決的過程比較複雜，解決的時間比較長，花費的精力比較多，心理感受除了預期挑戰成功愉悅還可能有暫時止步不前的失落，等等。這些挑戰一旦開始，就要督促孩子完成，絕對不能半途而廢。

成長小提示

1. 要給孩子提供優勢資源，更要注重給孩子提供長久的發展動力。
2. 創造環境很重要，培養能力同樣重要甚至更重要。

二、富養還是窮養

富養還是窮養？「從來富貴多淑女，自古紈絝少偉男，窮養兒子富養女」。父母在孩子的教養問題上都在不斷摸索著，為了給孩子提供更好的物質條件，很多父母不辭辛苦，希望孩子能夠擁有更好的生活平臺，進而形成良好的生活品味，但優越的物質條件似乎也給孩子帶來了羈絆。我們究竟應該富養還是窮養呢？

典型案例

富養出來的公主病

羅先生和妻子最近感覺比較煩，10歲的女兒琪琪為了一個髮夾和自己鬧起了矛盾。原來，當女兒出生後，羅先生和妻子本著女兒要富養的理念，希望從小就把最好的給女兒，提高她的物質生活水平，增長她的見識。這樣她長大了才不會輕易被一塊「蛋糕」就騙跑了，也不容易上當受騙、被傷害。所以，雖然是受薪階級，羅先生和妻子對女兒較為溺愛，儘量滿足女兒的生活要求，孩子從小的吃穿都儘量挑好的，都是名牌貨。可是，女兒卻沒有向著自己所期望的方向發展。當學校要求買字典時，家裡本來有一本前年買的字典，女兒卻認為字典表面已經破舊，不願意再使用，堅持要求家長買本新的。有一次，一家人逛商場，女兒看上了一個價值400多元的髮夾，非要買。考慮到價格實在太高，而且女兒已經有很多髮夾，羅先生狠心地拒絕了女兒，沒想到女兒當即甩開他的手，憤怒地跑回了家。之後一週，女兒與父母搞起「冷戰」，直到妻子將髮夾買回來，女兒臉上才重新露出了笑容。「我感覺女兒的成長越來越偏離我們的初衷。」羅先生表示，他越來越感覺到，女兒身上出現了明顯的缺點，比如我行我素，以自我為中心，性格孤僻，容易受挫、抗壓能力弱等。

窮養下的叛逆兒

　　邱女士有一個讀國二的兒子，邱女士有著自己的育兒經——「兒子要窮養，就不能無休止地滿足他的需求」。邱女士的家境頗為殷實，丈夫經營一家小公司，她則在家全職帶孩子。邱女士擔憂，如果從小就讓孩子覺得自己的生活很舒適，那麼他只會坐享其成、任意揮霍、不懂奮鬥，養成驕奢的不良品性，所以在遇到孩子伸手要零花錢，或鬧著想要時下流行的玩具、衣服時，她常常都會嚴厲拒絕。「兒子不應該像女兒那樣寵得太厲害。」邱女士說，因為她的屢次拒絕，她感覺到孩子對她很有意見，很多時候都喜歡跟她對著幹，逆反心理也越來越強，現在感覺特別難管。

專家解讀

性別培養差異

富養女和窮養兒，體現了社會上對男性和女性的要求和角色期望有所不同。男性一般被寄予更多的社會期望，需要承擔更多的家庭和社會責任，同時也將面臨更多的壓力，所以覺得兒子需要經受更多的磨礪。而社會對女性角色的要求為溫柔友好，有合作能力和對別人的需要敏感等，因此女孩需要更多的呵護和氣質上的培養，讓其有溫良的氣質和豐富的見識。

正是因為如此，在教養孩子的過程中，應該重視兒子和女兒的個體差異。心理學研究發現，人在4歲的時候開始初步有了性別意識。自此以後，家長需要幫助孩子理解自己在社會中所扮演的性別角色，形成相應的性別角色認同，對孩子日後正常的社會交往、戀愛、婚姻和家庭生活都會有幫助。

所謂窮養兒，是重視對男孩子的挫折教育，讓男孩子從小在磨礪中形成堅強的意志，擁有獨立的意識，能夠積極面對所遇到的困難，能夠主動承擔責任。富養女，意味著賦予女孩子自信的力量，開闊她的眼界，目光更加高遠，並擁有理性思考的能力；意味著讓女孩子懂得美，懂得欣賞與鑒別，懂得自我保護，而不會被外界輕易誘惑。無論窮養還是富養，都體現的是一種品質的培養。若僅僅單純理解為金錢和物質的絕對匱乏或絕對充裕，那就實在過於片面了。

好父母修煉

富養，不是無條件的答應孩子的一切要求

愛孩子不是無條件地滿足孩子的要求，孩子總會產生各種願望，如果家長無原則地滿足他們，孩子會覺得自己的願望別人必須滿足，如果願望得不到滿足，孩子就會採取大哭大鬧等方式和父母「抗爭」，直到最後父母滿足了自己的願望。久而久之，孩子會變得自私、專橫，甚至不能忍受一點挫折和約束。當他們得不到想要的東西時就會非常失落，非常憤怒。同時，不斷膨脹的慾望又使得孩子變得更加挑剔、拜金和喜歡與人攀比，喜歡追逐物質上的享受，卻無法做到克制和理性，也會因為物質上的不足和與他人攀比上的失意令自己內心更加脆弱。

美國史丹福大學做過一個著名的「延遲滿足」實驗。實驗人員把一群四五歲的孩子帶到一個房間，發給一顆好吃的軟糖，告訴他們大人會離開 15 分鐘，如果在大人離開的時間內，沒有吃掉軟糖，就會再得到一塊軟糖作為獎賞。透過極具誘惑的軟糖實驗發現，有些孩子只等了一會兒就不耐煩了，迫不及待地吃掉了軟糖，是「不等者」；有些孩子卻很有耐心，還想出各種辦法拖延時間，比如閉上眼睛不看糖，或頭枕雙臂，或自言自語，或唱歌、講故事……成功地轉移了自己的注意力，順利等待了 15 分鐘後再吃軟糖，是「延遲者」。後來，等參加實驗的孩子到了青少年時期，研究人員對他們的家長及教師進行跟蹤調查後發現：「不等者」在個性方面，更多地顯示出孤僻、易固執、易受挫、優柔寡斷的傾向；「延遲者」較多地成為適應性強、具有冒險精神、受人歡迎、自信、獨立的少年。兩者學業能力的測試結果也顯示，「延遲者」比「不等者」在數學和語文成績上平均高出 20 分。

實驗說明，那些能夠延遲滿足的孩子自我控制能力更強，他們能夠在沒有外界監督的情況下，適當地控制、調節自己的行為，抑制衝動，抵制誘惑，堅持不懈地努力以保證目標的實現。因此，延遲滿足是一個人走向成功的重要心理素質之一。

盧梭在《愛彌兒》中對父母們說：「你知道用什麼辦法使你的孩子得到痛苦嗎？那就是：百依百順。」百依百順、有求必應對孩子是無益的。讓孩子學會等待與延遲滿足，才是一生幸福的基礎。

窮養，並非意味著簡單的拒絕

教養孩子，既不能毫無原則地答應孩子的一切要求，但對孩子的要求，也並非簡單地拒絕了事。適當的挫折教育能夠讓孩子學會堅強，但不加解釋的粗暴拒絕也會令孩子的情感受到傷害。同時，不加思索的拒絕很有可能讓我們忽視了孩子最直接的感受，若孩子的感受受到長期的否定，會令孩子感覺到無助、孤單、困惑與憤怒。

當面對孩子提出的要求時，父母需要有針對性地選擇鑒別。當孩子的要求合理且我們能夠做到的時候，沒有必要太苛求孩子。若孩子提出不合理的要求時，就需要父母運用良好的策略來拒絕孩子。

當孩子提出不合理的要求時，家長該如何拒絕

孩子在家人沒有滿足他的要求的時候，常常使用自己慣用的「武器」——哭泣、發脾氣、地上打滾等，令家長不堪其擾，他們或者向孩子妥協；或者惱羞成怒，對孩子非打即罵，以武力讓孩子屈服；或者唸唸叨叨、一番說教，孩子卻無動於衷。面對孩子提出的不合理要求，應用簡單的話語，簡明扼要地講清楚不能這樣做的理由，然後溫和而堅決地拒絕。孩子的哭泣和耍賴更多的是帶有情緒的發洩，家長要在一旁平靜的觀察或該幹什麼就幹什麼，耐心等待孩子情緒平息。

如果家長在孩子的哭泣中妥協，便會給孩子造成一個錯誤的印象，認為自己的哭鬧可以成為一種手段。孩子在和父母相處中會不斷試探家長的底線，若家長在孩子的哭鬧中處處妥協，孩子就會覺得只要遇到問題，哭鬧就可以順利地解決問題，這將對孩子的成長產生非常大的消極影響。在教育的方式上有一個重要的冷處理方法。若孩子過於哭鬧，不妨讓孩子自己待上一段時間，讓孩子知道，父母允許他們發洩自己的情緒，但不會答應他們不合理的要求。

成長小提示

1. 孩子窮養還是富養不是最重要的，重要的是對孩子進行精神層面的引導。

2. 孩子的快樂不會建立在禮物是否貴重上，最重要的是父母是否真正關注了孩子的內心。

3. 富養不是無條件的答應孩子的任何需求，窮養也不是簡單粗暴的拒絕。

三、社會是一個大熔爐

即使父母盡自己最大的努力為孩子創造了很好的生活條件，但是也不得不面臨這樣一個現實的問題：我們的社會正處於轉型期，一些社會現象和社會事件可能會對孩子造成傷害。當我們讓孩子更多地感受到生活的美好時，

還需要讓孩子知道社會還有陰暗面和危險，這樣，孩子才能更好地保護自己，適應社會。

典型案例

在小雯和媽媽去幼稚園的必經之路上，常常有小偷明目張膽地活動，媽媽帶小雯走過這個特殊地帶的時候只能裝著沒看見。小雯幾次想出聲提醒別人，都被媽媽阻止了，小雯很不解地問媽媽：「這些小偷多可惡啊，為什麼警察不來管管他們啊？」媽媽跟她解釋說：「小偷太多，警察太忙，顧不過來，咱們自己注意安全，別讓他們偷到就行了。」有時，在街上還常常看到路邊有乞丐，其中不乏兒童，小雯覺得他們很可憐，就想幫幫他們。可是，媽媽認為這些表面上的「行乞者」，其實大多有詐，特別是兒童乞丐，幕後都有黑手在操控著這些兒童，即使幫助了他們，也只能助長幕後黑手的歪風。但是怎麼跟孩子說呢？孩子能接受這樣的醜惡現象嗎？社會的不良現象會不會對孩子的行為和心理造成影響？過多的陰暗面介紹是否會令孩子缺乏安全感？在進入社會的過程中變得畏首畏尾？媽媽覺得很為難。

專家解讀

孩子需要從父母身上得到勇氣和力量

人們常用「赤子之心」來形容一個人的純真善良、宅心仁厚，而「赤子」主要指的是剛出生的嬰兒。孩子來到這個世界，是用最純真的態度對待他所看到的每一件事、每一個人。所以，作為家長的我們，十分希望守護孩子那份難得的純真。

可是，社會本身就是一個大熔爐，我們在感受到生活的美好時，也不能忽視社會中存在的陰暗面，它們有可能會讓孩子受到傷害。美好與陰暗如同硬幣的兩面，同時存在於我們的社會中。只有讓孩子更加全面地認識我們的社會，才能讓孩子更好地保護好自己。

由於孩子的社會經驗不足，加之父母和家人的細心呵護，因此，孩子很難理解複雜的社會現象，僅僅以簡單的對錯觀念來看待世界。例如我們在生

活中，可能會給孩子灌輸幫助他人的觀念，並採用一些獎勵的措施來強化孩子幫助他人的行為。因此，在孩子單純的道德觀念中，就會認為幫助他人是好的，沒有幫助就是不好的。兒童乞丐，就是需要被幫助的人。如果父母只是單純地制止，可能會讓孩子對自己的價值判斷產生懷疑，不知道幫助他人是對還是錯。

也許有的家長會擔心，告訴孩子太多社會的陰暗面，會造成孩子對社會的懷疑和膽怯，沒有了安全感。其實，孩子安全感的形成，主要來自父母，特別是父母在孩子出生後的前面幾年持續地關注與愛護，讓他感受到自己是被保護、被愛護的。這種感覺給予了孩子探索世界的勇氣與力量，同時能夠很好地幫助他們抵抗社會陰暗面傳遞的負能量。

好父母修煉

必要的提醒教育能夠增加孩子的生活經歷

在前面的案例中，面對兒童乞丐，家長不要強行阻止孩子幫助乞丐的行為，這是孩子願意幫助他人，心地善良的體現。所以，當孩子提出希望幫助乞丐的要求時，我們應該讚賞孩子的美好心靈，告訴孩子，能夠想到去幫助他人，這是很好的事情。同時，也可以平靜地告訴孩子你的擔憂，有的「乞丐」是靠騙取路人的善良和同情達到自己的目的，而他們背後還可能有剝削他們的人，然後把選擇權留給孩子，讓孩子決定自己的行為。

當然，孩子有可能會因為不理解而生氣，也有可能會問這些「乞丐」的爸爸媽媽在哪裡，這時，父母可以藉機告訴孩子：「他們可能是一些和爸爸媽媽走丟的孩子，被別人利用了，所以你一定要保護好自己，在人多的地方，千萬要牽著爸爸媽媽的手，這樣，爸爸媽媽才能更好地保護寶貝。」藉此增強孩子的自我保護意識。

當在報紙或電視上看到一些兒童上當受騙的事例時，一定要講給孩子聽，這樣可以從側面增加孩子的生活閱歷。同時和孩子分享做父母的此時的心情，告訴孩子如果他受傷了，父母會多麼地擔心焦慮，讓孩子理解。同時，可以採用角色扮演的方式，讓孩子學會自我保護。

教孩子尋求幫助

讓孩子理解，每一個人的能力都是有限的，面對未知的危險時，一定要學會找到可靠的人尋求幫助。同時告訴孩子他可以向哪些特定的人群尋求幫助，讓孩子記住家長的聯繫方式，以備不時之需。

反面教育要注意分寸

在和孩子溝通社會的陰暗面時，一定要關注孩子的心理變化和情緒變化，不可用一些恐怖的事來嚇唬孩子。在講解事情的時候，注意選擇合適的時機，並以相對輕鬆的語氣講出來。

必要的約束

當面對好奇心較重、喜歡「探險」的孩子時，需要對孩子的行為進行必要的約束，他如果要外出的話，要他向父母說明去向，並規定回家的時間。

成長小提示

1. 當孩子想幫助那些遇到的兒童乞丐時，既要肯定孩子助人為樂的行為，同時又可以透過適當的教育增強孩子的自我保護意識。

2. 父母持續的關注與愛護對培養孩子的安全感很重要。

第二節 孩子該如何去適應社會

一、人際交往，讓孩子邁出第一步

無論社會是危險還是安全，是競爭還是包容，孩子都需要掌握適應社會的能力，擁有足夠的能力和心理準備去面對社會的挑戰。因此，在告訴孩子這是一個怎樣的社會後，我們還需要告訴孩子，如何去適應我們生活著的社會。而適應社會的一個重要方面，就是幫助孩子建立良好的人際關係。

第三章　培養孩子的社會交往能力

典型案例

由於父母工作忙碌，莉莉從小由奶奶帶大。莉莉身體不是很好，在室外玩的時間長了，容易感冒發燒。為了讓莉莉少生病，奶奶便很少帶她外出玩耍。通常，奶奶讓莉莉待在家裡自己玩玩具，也很少和莉莉聊天。媽媽發現，莉莉變得越來越害羞與沉默，當家裡來了其他小朋友的時候，她不知道如何邀請朋友與她一起分享玩具。媽媽帶著莉莉在社區散步，莉莉拉著媽媽的手，希望媽媽帶著自己去認識新朋友，如果媽媽不去，莉莉就只會待在媽媽身邊，眼巴巴看著其他孩子玩耍，很少主動跨出交往的第一步。

專家解讀

人際關係是人們適應社會的重要支持系統

心理學研究發現：良好的人際關係，特別是親子、夫妻、朋友等關鍵人際關係的融洽，是影響人生幸福的重要因素之一。未來社會對人才的要求中，良好的社會交往能力是必備要素。因此，父母們都很重視對孩子人際交往能力的培養，教會孩子如何去建立良好的人際關係。

人際交往是人社會化得以實現的重要方式

孩子的交往水平，直接影響著其自身的社會化水平，在與他人交往過程中，形成自我印象，並透過訊息反饋，形成自我評價，進而更好地建構自我認知系統。積極的交往活動是孩子個性發展和完善的必要條件。兒童時期是孩子個性形成的關鍵時期，這一時期為孩子提供必要的社交幫助，有助於孩子個性的健康發展。

人際交往對孩子養成健康的心理有重要的作用

孩子人際交往的時間和空間越大，往往精神生活就越豐富，對他人情緒和行為的感悟性也可能更強。因此，人際關係好的孩子通常能較好地理解他人，並能較好地把握待人接物的分寸。而人際交往相對較弱的孩子，情緒和心理的變化較大，對自身行為的控制相對較弱，同時，其在與他人交往的過程中矛盾較多，並因此形成一定的交往心理障礙。

家庭關係是人際交往的基礎

家庭關係影響著兒童的社交能力。研究表明，在和睦家庭長大的孩子，能夠表現出強於同伴的責任感，即使面對脾氣較壞的同伴，也不會輕易發怒。在相處過程中，能夠使用提出建議或請求的方式與脾氣壞的小孩相處，而不是對他們進行批評，更不會用侵略性的動作達到自己的目的（比如搶對方玩具）。若繼續相處，家庭和睦的孩子甚至還能夠幫助脾氣壞的小孩控制自己的情緒，以達到與對方和諧相處的目的。而家庭不和諧的兒童，在社會交往中更容易表現出易怒和恐懼的情緒。

好父母修煉

重視嬰兒時期的照顧和看護

精神分析學者埃里克森在《童年與社會》一書中，將兒童心理的社會性發展概括為 8 個階段，這 8 個階段貫穿人的一生。其中第一個階段大約在出生後的第一年。這時，孩子最早的人際關係來自與母親的聯繫，需要母親適當滿足嬰兒的需求，以便他建立起對世界的基本信任感。

同時，在嬰兒幾個月到 1 歲左右期間，若母親或重要看護人與嬰兒能夠建立一種安全的依戀關係，對孩子 2 歲時的好奇心和解決問題的能力、3 歲時在幼稚園的自信心、5 歲時的移情和獨立性都有著重要的影響和幫助。但是這種依戀關係的建立並非對嬰兒進行簡單的照看（如餵食和換尿布）就能形成，而需要大量時間與嬰兒玩耍與交流，更重要的是與嬰兒交流的質量和敏感性。如及時回應嬰兒以微笑，生動的語言、語調，有效判斷嬰兒哭泣背後所代表的需求並適當地給予滿足，等等。

為孩子營造「休戚相關」的家庭關係

良好家庭關係的表現之一，就在於家庭成員之間相互體恤，樂於奉獻，共同承擔家庭事務。因此，父母應當讓孩子參與做一些家務事，使之與家庭融為一體。當父母發生爭執時，應儘量避開孩子。當孩子發現父母有爭執時，能與孩子及時有效交流，避免在孩子面前一味數落對方的缺點和錯誤。同時，適當的組織一些家庭聚會，能夠讓孩子感受到家庭成員之間緊密的關係。

第三章 培養孩子的社會交往能力

理解孩子的情緒，引導孩子表達自己的情緒

喜怒哀樂是人類基本的情緒。人際交往過程中，往往伴隨著情緒的產生和變化。因此，能夠理解並表達自己的情緒，同時感受和理解他人的情緒變化，有利於建立一種良好的人際關係。「察言觀色」「同情心」「同理心」都涉及情緒的理解。而孩子對情緒的理解和表達，往往來源於父母對孩子自身情緒的理解。

幼兒初期，由於語言和詞彙發展的限制，孩子不一定能夠很好地表達自己的情緒。當孩子面對憤怒、生氣等較為強烈的情緒時，往往透過哭泣、大吼大叫，甚至是打人、推搡他人等行為進行發洩。這時，父母需要冷靜，並透過語言描述孩子目前的情緒，例如「寶貝，我感覺你現在很傷心」「媽媽覺得你很生氣」「看來你對我現在對你的處罰很憤怒」。當父母用語言去描述和回應孩子時，既是向孩子表達你對他的理解，同時也有利於孩子情緒的發洩，更重要的是能夠幫助孩子釐清情緒產生的原因。例如，面對內向、害羞，沒有辦法參與到其他小朋友遊戲的孩子時，可以告訴他「寶貝，媽媽感覺你很想和小朋友一起玩，對不對？」「但是你還是有一點點擔心和害怕」「你能告訴我你害怕什麼嗎？」……

同時，對孩子情緒及時地回應，能夠加強孩子的自主感，找到比較有效的情緒表達方法。相反，則可能讓孩子養成過於壓抑自己情緒的習慣，長期的情緒壓抑可能導致孩子變得較為冷漠和自閉，進而影響孩子的人際交往。

為孩子交往提供必要的行為指導

如果說前三條建議是影響孩子人際交往的內在氣質，那麼面對人際交往過程中的挫折與困境，在表達自己的理解與安慰後，父母若能夠提供必要的行為指導，對孩子人際交往的改善往往有很好的促進作用。

例如，案例中的莉莉，在人際交往過程中表現出來的內向、羞澀，既可能是因為嬰幼兒時期與母親分離形成的不安全感，也有可能是因為她常常在家玩耍的成長環境，導致了孩子在人際交往中不善於表達自己和提出自己的

要求。當孩子面對同伴群體較為膽小害怕時，父母既不能一味遷就，任由他逃避；更不能責備孩子膽小，沒出息。較為恰當的做法是：

一、幫助孩子體會當下的感受。「寶貝，媽媽感覺你似乎想和其他小朋友玩，但是又有點害怕，你能告訴媽媽你在擔心什麼嗎？」正如前文所說，理解和幫助孩子弄清當下的情緒及其產生的原因，有利於情緒的疏導和安全感的建立。這樣的疏導可以使孩子覺得自己是被理解和包容的。

二、適當地給孩子鼓勵和建議。「要不然我們試著去找小朋友玩一會兒！媽媽會在這裡陪著你的」，若孩子擔心被拒絕，可以告訴他：「沒關係，我想他們不是不喜歡你，現在遊戲正在進行中，要不，你問問他們什麼時候你可以加入遊戲？」對於孩子而言，遭遇拒絕後可能會認為是自己不夠好，他人不喜歡自己，進而產生了一種畏懼心理。這時，幫助孩子從另一個角度看待問題有助於減緩孩子擔心被拒絕的心理壓力。

三、如果孩子特別內向和羞澀，父母也可以發掘其他孩子中那些活潑、外向，在遊戲中能夠主動承擔責任並照顧他人的孩子來邀請自己的孩子，與這些孩子進行交流與對話，看他們能否主動來邀請自己的孩子。一般情況下，面對邀請，孩子會有一種被需要的感覺，也比較能夠參與到其他同伴的活動中。

四、在家庭中，可以採用角色扮演的模式指導孩子的行為。我們發現，兒童時期的孩子特別喜歡各種角色的扮演。例如與父母交換角色，把家中的布娃娃當作孩子或身邊的人物，這是孩子理解社會角色關係的重要途徑，也是引導孩子人際交往的一個重要途徑。在角色扮演過程中，父母可以引導孩子如何加入同伴，如何邀請同伴一起合作，如何表達自己的意見，等等。

成長小提示

1. 在兒童時期給予孩子適當的社交幫助，有助於孩子更好地適應社會，並形成積極的自我評價。

2. 家庭關係良好的兒童能夠很好地應對衝突，並能採取適當的方式面對脾氣較壞的同伴並與之相處。

3. 對孩子情緒的理解有助於教會孩子用語言表達自己的情緒，能夠幫助孩子釐清情緒背後的原因。

二、規則，適應社會的必修課

自由是孩子的天性，愛是成長的養料。在愛與自由的育兒理念下，很多父母在給孩子無條件的愛和充分的自由中產生了很多的疑惑。是否給孩子自由，就意味著不能管教孩子？社會不是只適合某個人自己的規則，如果不幫助孩子樹立良好的規則意識，孩子在進入社會的過程中，肯定會出現很多不適應狀態。若要教孩子社會的規則，父母該如何做？

典型案例

小楊對兒子這段時間出現的行為感到擔心，孩子3歲，前段時間在幼稚園出現打人、忽然抓人臉的行為。最近，幼稚園的老師又反映孩子會把飯舀到其他小朋友的身上去，忽然拉扯其他小朋友的頭髮，有時當其他小朋友拿他的玩具時，他便向其揮舞著自己的拳頭。當小楊看到孩子不適當的行為時，制止了孩子的行為，但是孩子哭鬧不已，最近還接到其他家長的投訴，說他們的孩子被小楊的兒子欺負。面對這樣的情況，小楊覺得無所適從，不知道該怎麼辦。

專家解讀

教會孩子一定的社會規則和責任，是孩子進入社會所必須掌握的能力。我們給孩子愛，讓他自由地成長，但並非意味著對孩子的行為不加以約束。自由絕不是放縱，它與責任相符。當孩子較小的時候，對周邊環境的破壞力較小，在保護孩子安全的前提下，父母可以給孩子足夠的自由，讓孩子學習對世界的探索。隨著孩子的成長，破壞力相應提高的時候，便需要逐步引進規則，讓孩子對自己的行為負責。如何讓孩子按照社會規則允許的方式行事，這是父母面對的挑戰。

好父母修煉

針對孩子的年齡特徵進行教育

不少父母都有過類似的經歷：孩子 2 歲左右，突然變得喜歡「打人」、喜歡招惹或者攻擊他人、喜歡惡作劇，這是這個年齡階段普遍存在的情況。孩子兩三歲時，是身體和精神的一個飛躍期。由於行動力增強，孩子可以不再依靠父母的幫助行走，自我意識開始萌芽，能夠把自己和他人區分開。然而，他們還不能準確地理解他人的感受，更談不上對社會交往規則的理解，更多的是以自我為中心的意識體現。

所以面對孩子的不適當行為，僅僅說「不行、不可以」，並非是最好的方式。畢竟這時候的孩子不一定能夠理解這些字眼，同時也不能很好地化解因行動受阻而產生的負面情緒。最好的辦法是因勢利導，轉移孩子的注意力，用另外一件可以做的事情替代不可以做的事情。

例如，當孩子忽然拍打對面的一位女士時，可以握住孩子的手，問孩子是不是喜歡阿姨，或者問孩子是不是覺得阿姨很好看，或阿姨穿的衣服很好看等等。然後引導孩子，我們要先問問阿姨，能不能讓我們摸摸她的衣服。這樣，既緩解了孩子的情緒，也給孩子示範了正確的交往禮儀。

重視家中規則意識的培養和建立

孩子在外面如何處理與他人的衝突、如何化解受到挫折時的負面情緒，都需要在家裡跟父母多次練習，才能掌握其中的技巧和原則。很多父母常常在家中對孩子的教育較為寬鬆，認為孩子怎麼折騰都可以。到了外邊，出於對環境和面子的考慮，又要求孩子彬彬有禮、遵守秩序，這未免給孩子帶來混亂。所以社交原則的樹立，應該始於家庭，在外邊不被允許的行為，在家裡也不能大行其道。內外一致的社交規則，才能讓孩子更好的遵守。

在家中創立良好的生活規律也是孩子規則意識建立的重要保障

良好的作息時間，使孩子的生活更有規律，使孩子在生活習慣的養成上能夠形成較好的規則意識。同時，在樹立孩子的規則意識時，父母要以身作則，行為示範是培養孩子樹立規則意識的最好方式。

成長小提示

　　1. 規則意識是孩子從小就需要培養的能力，一定要給予必要的引導。

　　2. 在阻止孩子不適當的行為後，更需要正確的行為引導和示範。

　　3. 家庭是規則意識建立的重要場所，父母以身作則是樹立規則意識最好的途徑。

三、閱讀，開啟面向社會的窗戶

　　孩子不僅在學校裡看書學習，回到家裡還要完成各科作業，那是否還應該安排孩子的課外閱讀呢？有的父母心疼自己的孩子，想方設法幫孩子減輕學習的壓力，帶孩子去玩耍、旅遊等等，認為孩子在學習上已經夠辛苦了，不能在課外再讓孩子閱讀書籍；有的父母卻認為孩子在學校裡看的都是課本，真正的經典很少有時間閱讀，很多好書在課堂上也不能完整地閱讀，於是給孩子的課外時間安排了很多閱讀內容，以增長孩子的知識和素養。面對孩子的課外閱讀問題，父母到底應該如何解決呢？

典型案例

　　小可平時的零用錢，大部分都用來購買漫畫書了，常常一買便是幾十本，沒幾天就讀完了。雖然讀了這麼多書，他的作文水平卻沒有任何提高，語言和文字都很簡單。為了提高他的文字運用水平，媽媽建議小可閱讀一些作文書或者散文類書籍。可是，小可對這類書籍沒有絲毫興趣，買的作文和散文類書籍，往往只看了一兩頁，便拋在一邊，置之不理了。為了讓小可閱讀這些書籍，媽媽沒收了他的漫畫書，並強行要求只有把作文書看了後，才能夠看漫畫。小可雖然極不情願地答應了，但是作文書依然擱置在一邊，很少去看。然後偷偷地省下吃早飯的錢，又去買了漫畫書。媽媽說，孩子剛開始專心地看漫畫的時候，她認為至少孩子開始看書了，當有了興趣後，自然能夠把注意力轉移到其他的書籍上去，閱讀習慣自然會養成了。可沒有想到，現在孩子只看漫畫，對其他的文字書籍根本沒興趣。

專家解讀

閱讀是開啟孩子心靈智慧的鑰匙，是增長知識的有效方法。人們喜歡將自己探索和經驗的總結，凝結成寶貴的文字，閱讀這些文字，猶如站在巨人的肩膀上，讓我們可以在短時間內吸取他人的經驗，融為自己的背景知識。而背景知識的增加，既能夠加速孩子對知識的吸收和快速理解，同時能夠讓孩子在生活的困局中找到解決的方法和答案，緩和自己不適宜的情緒，增強自己的創造力。所以，從小培養良好的閱讀習慣，不僅有益於孩子在孩童時代的學習和進步，更將使他在人生的發展過程中終身受益。

好父母修煉

從圖畫閱讀到文字閱讀

當孩子能夠自己看書時，家長們認為孩子只要能自己看書便可，看什麼書並不重要，其實，這是一種誤區。

為孩子選擇合適的書籍，是養成閱讀習慣的一個重要環節，看漫畫不等於看文字書，文字在大腦裡的加工和圖畫在大腦裡的加工是有所不同的。漫畫主要以誇張和形象的圖像吸引孩子，所傳遞的刺激信號不需要複雜的轉換和互動。而文字，是一種抽象的語言符號，因此大腦對文字的加工，並非簡單的一個區域，而是多個區域相互整合，共同完成訊息的接收和處理。因此，孩子在閱讀的初期，可以用圖畫來吸引孩子，但同時，還需要家人引導孩子適當地進行文字的閱讀。如果孩子只習慣讀圖，那麼他的閱讀也只能停留在初級階段，希望由閱讀所帶來的智力成長也不會實現。

家長耐心的講述

其實，兒童低齡階段的「閱讀」來自於聽家長講故事。透過口述，父母將書中抽象的文字轉化為聲音訊息，孩子開始在大腦的神經中產生聯結，建構孩子的背景知識，從而理解父母所講的故事。但是，因為孩子並不能夠一次性掌握父母傳遞的訊息，所以他便會要求一直聽同樣的故事，從每一次的刺激中完成更多的神經聯結，並形成新的背景知識，最終達到對故事的理解。所以家長們需要有耐心去不斷重複講述同樣一個故事，每一次的閱讀都會增

加孩子大腦中神經迴路的聯結，當孩子徹底理解這個故事後，便會要求聽其他的故事。透過家長耐心的講述，孩子也完成了最初的閱讀習慣的培養。

讓孩子自己閱讀

當孩子成長到一定階段後，父母需要放手讓孩子自己讀書，這時重視孩子自己的興趣，投其所好，再加以一定的引導，以便培養孩子自己讀書的好習慣。

研究發現，在書籍的選擇方面，男生和女生偏好不同。女生偏愛小說，男生更喜歡真實世界中可以用到的知識類故事。觀察孩子的興趣，選擇合適的書籍，然後，在不經意間給孩子講述其中的故事，講到精彩之處時，停止講解，告訴孩子自己還沒有閱讀完，只有讀完了才知道，這樣，可以刺激孩子主動去翻書閱讀。在某些時候，為了使孩子對自己的閱讀能力產生信心，可以請孩子把閱讀的內容講給大人聽，並和孩子一起聊書裡的人和事。這樣，孩子閱讀的興致就會不斷增強。

但請家長們注意，鼓勵孩子講出閱讀內容，一定要堅持出於孩子自願這個原則。如果為孩子強行規定哪些篇目必須讀，並要求孩子必須把讀過的內容講給自己聽，這時我們的行為並非引導，而是變成強迫了，人的天性喜歡自由而非束縛。所以，當我們想要孩子接受什麼時，就去引導他；想要他排斥什麼，就去強迫他。

不要給孩子設定過多的目標

在培養孩子閱讀的習慣時，家長切勿帶有功利心，希望孩子讀所謂「有用」的書籍。例如，有的家長希望孩子只讀世界名著、著名散文等，對孩子喜歡的一些書籍持否定和禁止的態度。雖然在閱讀書目的選擇上，我們是需要給予孩子引導，但是，在更多的時候，還需要考慮孩子的接受水平和興趣所在。也不要計較孩子記住了多少，當只帶著識記的目的去閱讀書籍時，孩子的注意力便會轉移在識記部分，從而喪失了閱讀的樂趣和興趣。在閱讀時，孩子想到有識記的任務等著完成，便根本不想再讀書了。興趣一旦消失，閱讀的習慣也就相應地被扼殺了。

事實上，家長越少對孩子的閱讀提出要求，孩子透過閱讀掌握的知識就越多。蘇霍姆林斯基發現「人所掌握的知識數量取決於腦力勞動的情感色彩：如果跟書籍的精神交往對人是一種樂趣，並不以識記為目的，那麼大量的事物、真理和規律就很容易進入他的意識」。

為孩子創造良好的閱讀環境

最後，在閱讀習慣的培養上，為孩子創造一個良好的閱讀環境也是重要的。讓孩子擁有自己的書櫃，在培養孩子最初的閱讀習慣時，關掉家中的電視機，陪伴孩子共同閱讀，一起享受閱讀的時光。

成長小提示

1. 培養孩子的閱讀習慣，需要從小做起。

2. 閱讀的前提是「悅讀」，只有體會到讀書的快樂，孩子才會有主動閱讀的習慣。

3. 閱讀不是功課，而是習慣。

第四章 面對現實，步步為營

第四章 面對現實，步步為營

　　有人說「理想很豐滿，現實很骨感。」我們也常常說：「勇敢地面對現實。」似乎「現實」在我們眼中，意味著各種困難與挫折，意味著與理想之間有遙不可及的距離，於是，面對現實成為一種無奈的喟嘆。在孩子的教育中，似乎也存在許多「現實」問題，為什麼同樣的教育，我的孩子卻沒有比別的孩子發展得更好？為了孩子少走些彎路，我們做父母的苦口婆心地指導，為何孩子卻不能接受？當進入一個新的環境時，當孩子發現自己不如他人時，我們該如何幫助孩子調節心理上的落差……種種現實，讓作為父母的我們疲於應付，操心勞累。其實，現實是一面鏡子，反映著我們自身的行為和心態，如果我們能夠調節好自己的行為和心態，做出相應的應對策略，那麼，現實也會回報我們一個明媚的笑臉。

▎第一節　父母面對的現實

　　為什麼我的孩子獨自吃飯總是這麼難呢？為什麼我的孩子不能夠很好地獨立？為什麼我的孩子做作業會比其他的孩子慢半拍？為何自己的孩子這麼好動？面對自己的孩子，作為父母的我們，似乎每天都會因為孩子產生的問題而心力憔悴。其實，孩子成長的每一階段，都會存在一些所謂的問題，而這些問題，是孩子成長中的必然階段，同時也是需要父母面對的現實。

一、分離與孩子的安全感培養

　　當孩子呱呱落地，他便成了母親最為牽掛的對象。母親的哺育、撫摸都有助於孩子感受到無條件的愛與接納。可是，由於很多母親是職業女性，當孩子成長到一定的階段時，我們不得不面臨一個現實問題，我們每天都要和孩子暫時分離。於是，當母親出門前和孩子告別的時候，孩子的哭鬧成為眾多母親最頭疼的事情。

第四章 面對現實，步步為營

典型案例

當依依1歲左右的時候，離開孩子上班便成為媽媽和爸爸最為頭疼的事情。每天早晨醒來，依依便一直纏著媽媽，要媽媽抱，要媽媽給穿衣服，要媽媽餵飯，要媽媽講故事……根本不讓其他人插手，媽媽的早晨變得十分忙碌，既要照顧孩子的情緒，還要忙自己工作前的準備。當依依一看到媽媽穿鞋，便開始要媽媽抱，並且死活都不撒手，無論大人怎麼勸，都無濟於事。有時，只能將孩子抱到樓下社區的花園中，和孩子玩一會兒，而後，趁孩子不注意，趕緊離開，沒走多久，便會聽到孩子的哭喊聲。孩子那撕心裂肺的哭喊讓媽媽感到特別心疼。依依媽媽對寶貝感到十分內疚，自己下班回到家已經是晚上7點了，依依媽媽看到書中說，嬰幼兒時期是孩子安全感建立的關鍵時期，需要父母長期耐心地陪伴。因此自己一有時間都陪伴在孩子身邊，和孩子一同玩耍，照理說，孩子應該有足夠的安全感。但每次早上這種分離，會不會讓孩子心理受到影響，讓孩子有被媽媽拋棄的感覺呢？會不會對孩子安全感的建立產生不利影響呢？有時，依依媽媽甚至想為了孩子，辭去工作，等孩子再大一點的時候，另外再找一份工作。可是，夫妻兩人都是受薪階級，如果只有一方賺錢，那家中的負擔將會更加繁重了，面對這樣的現實，依依媽媽特別苦惱。

專家解讀

安全感的培養很重要

相信很多父母都經歷過和依依媽媽同樣的事情。每天早上的告別，如同一場災難，在孩子驚天動地的哭喊聲中離開。這種經歷，在孩子1～2歲的時期最為明顯，也讓父母們產生了一定的分離焦慮。父母們擔心：每天的分離會不會對孩子造成不利影響呢？會不會讓孩子沒有安全感呢？

什麼是孩子的安全感呢？兒童時期的安全感是孩子對世界和社會有最基本的信任，認為世界是美好的，父母（以及他人）是可以信賴的，我是被愛的，我的存在是有價值的。安全感的建立，是孩子成長過程中重要的保障，如同生命健康持續發展的地基。只有安全感建立了，孩子才能有更好的自尊與自

信，才能與他人建立信任的人際關係，才能更好地挖掘自身的潛能，從而獲得更好的發展空間。

有足夠安全感的兒童能夠積極主動地去探索未知的世界，樂於與他人建立良好的人際關係，並且能夠更加客觀地評價自己。在探索世界的過程中，不會因為外界的干擾，輕易放棄自己的努力。而安全感還沒有充分建立的兒童，總覺得世界是危險的，父母不愛自己，所以他們會花費更多的精力去索求父母的愛。

所以，在孩子幼年時期，幫助孩子建立安全感是父母最為重要的事。安全感建立的一個有效條件，便是長時間、高質量的陪伴和有效的關注。因此，父母應該花費大量的精力去陪伴幼兒期的孩子，避免給孩子幼年時期留下不好的影響。

恰當的分離儀式有益於安全感的培養

如果和孩子相處時間長，我們會發現，孩子因父母離開而大吵大鬧，主要表現在 1～2 歲的年齡階段。這個時期的孩子，產生分離焦慮屬於正常現象，這是孩子情感和認知發展的一個重要階段。孩子在襁褓時期，由於需要依靠父母的懷抱才能行動，這時他們認為自己和父母（特別是母親）是一體的。隨著孩子的成長發育，當他學會爬行，能夠自己探索世界，開始有了獨立的意識的時候。知道自己和母親是不同的個體，自己可以暫時離開母親，這種感覺既讓孩子興奮，同時也會伴隨一定的恐懼和焦慮，害怕和母親的分離。孩子渴望母親的愛護，這個時期的孩子，沒有建立長期和暫時的時間概念，他們往往認為暫時看不見的東西就是不存在的。所以面對和父母的分離，孩子會認為媽媽爸爸會消失不再出現，由此產生分離焦慮。因此，大人們的處理方法和態度對緩解孩子的分離焦慮至關重要。

好父母修煉

對孩子全心全意的照顧和關注

安全感建立的關鍵時期，便是孩子出生後的頭幾年。而建立的關鍵，便是來自孩子的養育者（特別是母親）對孩子全心全意的照顧和關注，特別是

第四章 面對現實，步步為營

能對孩子的反應做到及時可靠、始終如一，這樣才能讓孩子感受到世界是安全的，是可以被信任的。同時，也需要讓孩子在適當的自我規範中建立對自己的基本信任。有了這兩個基本的信任，孩子才能夠感受到自己的價值，明白自己能夠受到很好的保護，被人愛與呵護，從而發展出更好的生命意志力。

日復一日的道別和愉快的態度

當媽媽出門上班的時候，明確告訴寶貝，爸爸媽媽要上班去了，下班後回來一起玩，然後愉快地和寶貝說再見，轉身離開。寶貝一開始肯定會哭鬧，但日復一日的道別和爸爸媽媽愉快的態度，以及爸爸媽媽在固定時間的出現，會使寶貝能夠平靜地接受父母離開上班的事情。父母也需要向寶貝強調，分別雖然是令人難過的事情，但是爸爸媽媽一定會在固定的時間出現，同時，即使分別，爸爸媽媽依然愛著寶貝，一段時間後，孩子便能夠適應因父母上班而引起的分離。

不可用欺騙的手段

有時，為了不讓孩子在分離時哭鬧，大人們採取的做法，往往是讓其他人轉移孩子的注意力，然後趁他不注意趕緊轉身離開。這是最不合適的方法，會讓孩子產生被欺騙和被拋棄的感覺，使孩子變得更加警惕父母的離開，使上班的告別變得更加艱難。此外，有時為了讓孩子放開自己，父母也會對孩子做出許諾「媽媽回來給寶寶買玩具」等，這種許諾一旦沒有做到，孩子也會有被欺騙的感覺。

父母要放鬆「孩子需要我」的訴求

其實，孩子因父母離開產生的哭鬧更多是一種情緒發洩，並非完全忍受不了和父母的分離，事實上更多的時候，是父母忍受不了和孩子的分離。有時孩子的哭鬧如同撕開了父母童年時內心的一處傷口，讓我們認為這種哭鬧是被拋棄的一種感覺，從而更加內疚與自責，於是花費了更多的時間去撫慰孩子的情緒。孩子的狀態往往是成年人內心的鏡像，成年人的內心是什麼樣子，孩子便會是什麼樣子。由於父母忍受不了和孩子的分離，因此，孩子的

哭鬧也似乎滿足了父母內心的需求——孩子需要我。於是，父母採取很多辦法去撫慰自己的孩子，同時也滿足了自己內心的需求。

所以，在與孩子告別時，父母樂觀的態度和做法是幫助孩子度過分離焦慮的關鍵，同時也為孩子的獨立發展打下基礎。

成長小提示

1. 給寶寶多準備一些柔軟的玩具，柔和、溫暖的觸覺能夠一定程度緩解孩子的焦慮。

2. 可以和寶貝建立一個固定的告別儀式，擁抱寶寶，愉快地揮手再見。儀式化的程序，會讓寶貝知道，看到這個信號意味著爸爸媽媽必須去上班了，告別會比較輕鬆。

3. 告別後，愉快輕鬆地離開。

二、獨立的開始

如果說父母去上班是與孩子在家庭裡的告別與分離，那麼進入幼稚園，則是孩子離開父母，適應新環境的重要起點。

典型案例

女兒兩歲半的時候，小麗決定讓孩子去上社區的幼稚園。在以前就聽說過孩子上幼稚園有哭鬧的現象，為了讓孩子提前適應幼稚園，小麗便提前給孩子打了「預防針」，給女兒講了幼稚園裡有很多玩具，有很多小朋友可以和你一起玩，還有很親切的老師。在小麗的描述下，女兒對幼稚園充滿了憧憬，幾天後，小麗帶著女兒說說笑笑地走到幼稚園門口。進門的一瞬間，女兒笑容沒了，眼裡出現了淚水，而且開始往後退，小麗狠下心，拽著女兒的手往前拉，女兒卻使勁一屁股向後坐，同時大聲哭泣起來。

看看周圍，孩子們要麼抱著父母的大腿不鬆手，要麼在老師懷裡掙扎。小麗狠下心，把女兒塞給一位笑容滿面的老師，迅速離開。晚上接孩子的時候，孩子臉上依然掛著淚痕。一到家便縮在沙發上，一直叫嚷著不去幼稚園，

飯也不吃，水也不喝，一直僵持了一個多小時。孩子的奶奶有些堅持不住了，拿出零食放在孫女面前，孩子一看有奶奶幫忙，迅速把奶奶抱住，大聲哭喊道：「奶奶，我……不去……幼稚園。」痛苦的哭聲讓奶奶軟下了心腸，寬慰孩子道：「好好，不去幼稚園。」哄了大半天，孩子才停止哭泣，開始吃飯。

第二天，小麗堅持送孩子去幼稚園，但是孩子更加痛苦地掙扎，後來，幼稚園的老師反映，孩子到了幼稚園神情緊張，雖然不大哭大鬧，但卻一個人獨自坐在一旁偷偷抹眼淚，不讓摸不讓碰，也不和小朋友們玩，對老師也很排斥。回家後不怎麼吃飯，就連晚上也是噩夢連連。沒幾天，孩子就開始發燒感冒。奶奶開始堅持讓孩子待在家裡了，就這樣，幼稚園的學習變得「三天打魚兩天晒網」，已經半年了，孩子提到幼稚園依然十分抗拒。小麗也感到十分頭疼，為何自己的孩子上幼稚園就這麼難呢？

專家解讀

孩子進入幼稚園，無論對孩子還是對父母而言，都是一個全新的階段，標誌著孩子開始離開父母的懷抱，開始接觸新的環境。因此，對孩子和父母雙方而言，都會產生一定的壓力。

離開了自己熟悉的家庭環境，離開了熟悉的爸爸媽媽，進入一個陌生的地方，接觸一群陌生人，開始學習獨立照顧自己，對孩子而言，是一個不小的挑戰，這種環境的改變很可能會引發孩子的分離焦慮，產生一種不安全感。所以，初入幼稚園的一系列反應，是孩子面對陌生環境的防備，這是一種自我保護的本能，如果這種情況不能夠得到有效的處理，可能會造成孩子安全感的缺失，對孩子的發展產生不良的影響。

對父母而言，也是一次適應的過程，由於在進入幼稚園以前，孩子長時間和父母或親人在一起，度過了很多快樂的時光，相互之間也產生了彼此依戀的感情，當孩子進入幼稚園，便標誌著孩子獨立的開始，同時伴隨著孩子與撫養人長時間的分離。父母可能常常會坐立不安、心緒不寧，不知自己的孩子是否吃得好、睡得好、玩得好，是否受冷落、是否受欺負……同時，孩子入園初期的適應過程中，在心理和行為上產生一系列變化，如對父母的依

戀增強，行為有所退縮，有時較為沉默不語，或者反抗性增強，食量減少，甚至會產生夜驚、夜哭等現象，這些現象加重了父母的擔憂。於是，很多父母再也掩飾不住自己的擔心，不安、焦慮、依戀、抱歉等一系列複雜的表情統統呈現在臉上，一旦讓孩子捕捉到父母心疼的信號，就會讓孩子在進入幼稚園初期變得更加難以適應。

好父母修煉

孩子對幼稚園適應期的長短以及適應過程中不良情緒反應的強弱，與家長的行為和語言方式密切相關。那麼，家長該如何做才能幫助孩子度過入園適應期呢？

讓孩子提前有心理準備

幼兒對父母的感情依戀十分強烈，讓孩子未經適應便離開父母，會令孩子產生不安全感。因此，在孩子入園之前，可以提前帶孩子到幼稚園門口轉一轉，或者到幼稚園裡面看其他小朋友玩耍，讓孩子對幼稚園產生初步的熟悉。同時，給孩子描述一下幼稚園裡的生活，讓孩子對那裡充滿期待。

在家裡給孩子一定獨處的時間和空間

家長可以在客廳的一角，利用櫥櫃或桌椅隔出一個獨立的空間，讓寶貝體驗在視線範圍內沒有成人注視的狀態，獨自在那裡遊戲、看圖書等，培養寶貝的獨立能力，減輕他對成人的依戀感。

父母要調整好心態

在孩子入園期間，家長也要調整好心態，並且形成統一的想法。寶貝雖然小，但是對父母和親人們的情緒變化是十分敏感的。孩子因為對親人的依戀而不想去上幼稚園時，往往會有哭鬧的反應。家長們也容易因為孩子的行為和情緒變得心軟、動搖。一旦寶貝們覺察到家長們動搖的心態，便會強化他不去上幼稚園的想法和行為，所以，家長們一定要把握好自己的心態。當寶貝從幼稚園回到家時，鼓勵寶貝描述一下今天幼稚園裡有什麼好玩的，今天他最高興的事情是什麼，以此把握寶貝的情緒變化。對寶貝的點滴進步給

予適當的鼓勵。例如：「今天你只是到幼稚園門口時才哭了一次，真棒」「你是自己牽起老師的手的，太棒了」。

在幫助孩子適應進入幼稚園的過程中，不要用太多消極的暗示，例如「今天老師對你好不好？」「有沒有同學欺負你？」「幼兒園的

飯有沒有家裡的好吃？」，更不能用負面的詞彙，例如「你看，你在家不乖，就是要幼稚園老師來管管你！」「如果你再不聽話，我就不來接你了！」諸如此類的詞彙，會讓孩子感到幼稚園是一個恐怖的地方，進而更加抗拒與幼稚園的接觸了。

為孩子尋找夥伴

有機會的話，認識一些與寶貝同上幼稚園的孩子，並且創造機會讓這些孩子多接觸，讓孩子在玩耍的過程中相互熟悉。當有了玩伴之後，上幼稚園就並非一件難事了。其實，當孩子適應幼稚園後，便開啟了一個成長的新旅程。

成長小提示

1. 父母要積極應對孩子的負面情緒，當孩子出現負面情緒時，父母不能焦躁動怒，而要進行正確的引導。

2. 家長態度要堅定，以弱化孩子的抗拒心理。

3. 對孩子的點滴進步要給予及時的鼓勵，同時避免對孩子傳遞消極負面的詞彙。

三、家有「熊孩子」

家有寶貝，是一件讓父母都特別快樂的事情。但是，如果孩子的精力特別旺盛，每天調皮搗蛋，惹下一大堆的麻煩，那麼父母也會變得焦頭爛額。於是，這種精力旺盛、調皮搗蛋的孩子有了一個稱呼叫做「熊孩子」。面對家裡有個「熊孩子」的現實，做父母的該如何應對呢？

典型案例

4歲的豆豆聰明活潑，精力旺盛，經常闖禍。一次，媽媽帶著豆豆和平平玩耍，沒想到一見面，豆豆便給了平平一巴掌。平平的奶奶看到後，批評豆豆：「你怎麼打人啊」，媽媽也批評了豆豆。沒玩多久，豆豆便把自己包裡面的薯片拿出來吃，平平看到後，便過來拿。沒想到豆豆大叫一聲，並將平平推倒在地，平平委屈地大哭起來。平平奶奶生氣了，喝斥豆豆道：「你這孩子怎麼這麼欺負人，平平，我們不和愛打人的孩子玩，我們走！」

豆豆媽媽也感到十分生氣，直接批評豆豆：「你這孩子怎麼這麼小氣，不就是一點零食嗎，不分享就算了，怎麼還要打人呢？」沒說幾句話，豆豆放聲大哭，並把薯片狠狠地扔在地上，並對媽媽揮舞著拳頭。媽媽生氣地打了豆豆屁股，豆豆痛哭起來，小小的拳頭揮舞得更厲害了，院子裡迴盪著媽媽的喝斥聲和豆豆的哭聲。後來，豆豆喜歡打人的事在院子裡傳開了，經常有其他孩子的家長過來找豆豆媽媽理論，媽媽不斷賠禮道歉，她很疑惑，為何自己的孩子變得越來越衝動，也越來越暴力了呢？

專家解讀

孩子會用肢體的動作表達自己的喜愛

我們應該認識到，幼兒的「打人」，並非我們成年人心目中的暴力，它是孩子在特定成長階段的特殊行為。孩子開始打人時，作為父母的我們需要弄清楚孩子打人的原因。

有時，孩子會用「打人」的肢體動作來表達心中的喜愛。就如案例中的豆豆，見到平平的第一個巴掌，很可能不是打人，而是一種「打」招呼，是用行動表示「你好啊，我喜歡你！」。如果家長細心觀察，會發現有些精力旺盛的孩子會用肢體的動作表達自己的喜愛，而且喜愛的感情越強烈，肢體的動作便越豐富。這時的孩子，還不能夠站在別人的角度來體會別人的感受和情緒，他無法意識到自己表達喜歡的方式會令他人接受不了。

本能的自我保護

孩子打人還是一種本能的自我保護行為。例如案例中豆豆推平平的時候，他是在保護自己的薯片，當孩子沒有建立分享的意識時，他會認為自己的東西是不可侵犯的，別人是不能碰的。如果碰了他的東西，便是對他的一種侵犯，因此，孩子會用肢體的動作來捍衛和保護自己的東西。當孩子出手之後，他還沒有能力去預料後果，出手打人僅僅是出於一種本能。

需要被關注

有時，孩子打人是為了引起父母和老師的關注。由於孩子在某些時候感受不到父母的關注，認為父母不關心自己了，似乎自己的存在對父母而言是無所謂的。因此，孩子開始嘗試用自己的方式引起父母的關注，當他發現自己打人時，父母會看到他，即使面對的是父母的喝斥，但也讓父母看到了自己的存在。同時，自己的行為還能夠引發父母強烈的情緒反應，這對不受關注的孩子而言，是一種精神支持。

情緒的發洩

幼兒時期的出手打人還是一種情緒的發洩。例如，案例中的豆豆面對媽媽最後的批評時，大聲哭泣，並向媽媽揮舞拳頭便是最好的說明。當被平平奶奶指責時，豆豆更多的是感受到一種恐懼。但是，自己熟悉的媽媽也不能理解自己，幫著他人來批評自己，豆豆不能理解自己的行為到底錯在哪裡。於是，委屈、恐懼、憤怒等一系列複雜的情緒相互交織，孩子沒有能力處理這麼強烈的情緒，同時也缺乏用語言來準確表達自己內心感受的能力，最後所有的情緒只能化作直接的肢體動作，向自己最信賴和最安全的人發洩出來，於是有了打媽媽的行為。

可以說孩子打人的原因有很多，父母不能粗暴地把孩子打人的行為解釋為暴力，解釋為孩子的攻擊性，更不能簡單地給孩子貼上「愛打人」的標籤，這種標籤的暗示，反而會強化孩子的攻擊行為。

好父母修煉

找到孩子打人的原因，從而對孩子進行正確的引導

如果孩子喜歡用肢體語言表達自己的喜愛。就需要大人們告訴孩子，怎樣的打招呼方式是別人能接受的。帶領孩子和其他孩子握手，告訴孩子，輕輕的撫摸才會令別人舒坦。

如果孩子是因為保護自己的物品，父母需要冷靜地處理孩子的行為，可以告訴孩子，媽媽知道你不想分享自己的東西，不過你可以直接拒絕小朋友，打人的動作會傷害別人並讓別人討厭。同時，在平時的教育中，重視對孩子分享意識的培養，這樣孩子打人的行為便會逐漸消失。

如果孩子是因為得不到關注而打人的話，父母便需要反思自己平時的行為，是否在平時生活中忽略了孩子。

當孩子有著強烈的情緒反應時，父母需要冷靜下來。告訴孩子，我知道你現在很生氣，但是否能夠告訴我，你為何這麼生氣？當孩子受到其他人的批評時，會感到恐懼和難過，這時可以這樣告訴孩子：「聽到平平奶奶的批評，豆豆心裡很委屈吧，告訴媽媽，你為什麼要打豆豆呢？」父母的理解和撫慰能夠緩解孩子的情緒，同時也能夠讓孩子更好地意識到自己的情緒，從而更好地進行處理。

當孩子受到他人的指責時，父母也會感到沒有面子，這時的父母，首先需要處理好自己的情緒，不要讓自己的負面情緒影響到孩子。更不能對孩子大打出手，這樣只會強化孩子的錯誤行為，畢竟，孩子行為的產生，大多來自於對父母的模仿。

關注孩子平時的行為表現，不要讓孩子長期沉迷於網路遊戲，一些有攻擊性的網路遊戲會強化孩子的攻擊性行為。

用運動和規則代替暴力

有的父母會面對精力特別旺盛的孩子，精力旺盛的孩子往往會表現得更加頑皮。我們在發展心理學中發現，顯示一定的攻擊性是孩子社交發展的必經之路，孩子透過相互身體衝撞、摔跤扭打的方式，體現自己的力量，發現自己的強度和限度，增強自信心，從而發展自己的友誼。對於男孩子而言，扭打碰撞更為重要，因為男孩的天性和荷爾蒙的分泌，需要透過身體的衝撞

得到加強。所以，父母要適度容忍孩子表現出的攻擊性，因為這是孩子成長的一個重要階段。

面對精力旺盛的孩子，父母需要用適當的渠道讓孩子發洩自己的精力，運動便是一個最為有效的方式。給孩子找一個適合他的運動，讓他透過運動發洩自己的精力。同時，建立一定的規則對孩子進行約束，讓孩子明確什麼不能做，什麼能做，並嚴格按照規則執行，從而規範孩子的行為。最後，面對精力旺盛，攻擊性較強的孩子，家長還需要適當地保護他，不要讓孩子暴露在他人的指責之下，讓孩子感受到並非他本人有問題，僅僅是他有些行為需要改善一下，從而促進孩子健康地成長。

成長小提示

1. 參與運動是孩子發洩旺盛精力的有效渠道。

2. 給孩子相應的行為示範，告訴孩子與他人該如何打招呼。

3. 對於精力旺盛的孩子，有效的規則意識是約束孩子行為的關鍵。

四、孩子偷東西

有時，孩子會做出一些我們意想不到的行為，讓父母感到驚訝和難以接受，甚至會產生強烈的憤怒和焦慮，當面對孩子的行為不被我們接受的現實時，父母該如何做？

典型案例

不知從何時起，媽媽發現楠楠有拿別人東西的習慣。今天拿同學的一支鉛筆，明天拿別人的一塊橡皮，有時，也會把學校的玩具帶回家。為此父母特別苦惱，在孩子小的時候，給孩子講過許多次道理，可她拿別人東西的行為依然沒有停止。大一點時，父母開始採用體罰的方式，例如打手板、罰站，但是，楠楠拿別人東西的行為依然沒有得到很好的改善，而且，還有了撒謊的跡象。當父母在楠楠書包中翻出一些新鮮的東西時，孩子便說是同學送給

自己的，或者是自己在路上撿到的，直到父母戳穿真相，她才會哭泣著承認錯誤。

而且，楠楠的物質慾望特別強烈，愛買東西，也總是羨慕別人的東西，有段時間，楠楠拿別人東西的行為特別嚴重，甚至走到哪裡就會去拿哪裡的東西。而且媽媽發現，孩子很少意識到自己的錯誤，根本沒有意識到拿別人的東西是一種錯誤做法，面對孩子的行為，父母感到焦急而傷心，不知道如何戒掉孩子愛亂拿別人東西的習慣，並擔心如果孩子的行為得不到及時的糾正，長大後是否會產生偷竊的行為。

專家解讀

從兒童心理學的角度來看，孩子愛拿別人東西，主要有以下幾種心理：一是孩子有一種強烈的占有慾望，對自己感興趣的東西，充滿好奇心，而且很想馬上獲得。在這種好奇心的引領下，他便悄悄將別人的東西占為己有。二是孩子渴求得到父母的關注，有時，孩子選擇拿別人的東西，並非真正出於對東西的喜愛，而是藉自己的行為，索要他平時沒有得到卻又特別渴望的東西——父母的愛和關注。

當父母發現兩三歲的孩子，「拿」了他人的東西，一定不要過於驚慌，更不必有「偷」的概念，這個時期的孩子，沒有建立規範的道德觀念，從心理的角度來看，處於以自我為中心的時期，不能考慮到這是別人的東西以及別人的感受。更多的時候，孩子會認為，我喜歡的就是我的，我看到的就是我的。同時，由於孩子主要的生活環境是在家中，父母可以隨意拿孩子的東西，孩子也能夠隨意拿父母的東西，因此，孩子便會強化一種意識，我喜歡的，便可以隨便拿走。

這個時期，嚴厲的批評不一定有效，只能讓孩子覺得自己不被喜愛了，是個壞孩子，但至於壞在哪裡，孩子卻沒有概念，因而產生委屈的情緒。因此，面對這個時期的孩子，父母需要耐心反覆地向孩子說明，自己的東西和別人的東西之間的差別，幫助孩子建立所有權的概念，同時，父母需要以身作則地向孩子示範如何尊重他人的東西。當拿孩子的玩具時，需要徵求孩子

的意見,當然,在孩子碰父母的東西時,也要及時地告訴孩子,這是爸爸媽媽的東西,你拿之前,需要徵求我們的意見。同時,讓孩子有專門的地方放置自己的玩具,使孩子的玩具與父母的物品分開放置,並不時考考孩子這東西是誰的,幫助孩子建立所有權概念。

當孩子拿了別人的東西後,家長的處理方式尤為重要,既不能因為孩子小,認為他長大了便可以自己改正,也不能大驚失色,對孩子進行嚴厲的批評和體罰。面對孩子的問題,家長需要冷靜地處理,透過適當的引導,讓孩子樂於將自己內心的感受說出來,這樣可以瞭解孩子真實的想法。

隨著孩子長到5歲的時候,開始建立起一定的道德感,知道「拿」別人的東西是不正確的。但是這個時期的孩子缺乏自控力,當他對別人的東西產生好奇的時候,便會忍不住拿過來,面對成年人嚴厲的批評,孩子只能用撒謊的方式進行自我保護,避免自己受到更大的傷害。這時的家長面對孩子的謊言,既要揭穿他們,但是更要給孩子承認錯誤的機會和勇氣。

好父母修煉

父母需要反思自己是否給予孩子足夠的關注

如果孩子拿別人的東西是出於對物質的渴求,其實在某個方面,也透露出孩子沒有得到父母充分的關注。當我們在童年時期,沒有得到足夠的關注和愛的話,有可能會轉向尋求物質上的撫慰,但物質帶來的精神滿足是短暫的,造成他透過不斷的索取來填補內心的空白,從而引發一定的心理和行為問題。因此,當孩子對物質表現出強烈的占有欲時,父母需要反思自己是否給予了孩子足夠的關注。當孩子獲得進步,表現好的時候,我們是否給予了及時的表揚。如果只有當孩子犯錯,我們的視線才能集中到孩子身上時,孩子便會不斷地強化自己的壞習慣,以便贏得父母的關注。

淡化孩子的行為

面對孩子拿別人的東西,我們要淡化孩子的行為,只需要親切地告訴孩子「這不是你的東西,我們應該還給別人。你是一個懂事的孩子,我相信你

有能力做正確的事情」。在父母長期的堅持和引導下，孩子的偷竊行為就會得到改善。

成長小提示

1. 孩子拿別人東西，體現了孩子的好奇心和占有欲，同時也體現了孩子對父母的關愛與關注的渴望。

2. 父母不要輕易把孩子的「拿」與「偷」掛上鉤，而要耐心細緻地引導，幫助孩子建立所有權的概念。

3. 當孩子有一定的道德意識後，父母更需要控制自己的情緒，不要因為孩子的小錯誤就採取身體上的懲罰。

第二節 孩子面對的現實

在孩子成長的道路上，不僅父母會面對層出不窮的考驗，孩子同樣也會面臨很多的事情。這些事，對成人來講可能是不值一提的小事，但對孩子而言，卻是成長中的大事。只有我們更好的幫助孩子面對這些事情，孩子才能獲得更好的成長。

其實，無論是父母還是孩子，都會在成長過程中經歷很多不如意的事，我們會為此煩惱、焦慮、感慨現實。生活中每一個問題，都是成長的考驗，當作為父母的我們為孩子出現的問題感到頭疼時，我們需要知道一個觀點：孩子的行為大多都是正常的。無論在我們看來，孩子的行為有多麼荒謬，都是他們對周圍環境的一種反應。所以面對孩子的「異常」行為，其實只要父母用心改變我們自己的行為和心態，改變周邊的環境，孩子的行為也會獲得改善。所以，當面對不如意的現實時，父母不如停下來，反省一下自己，看自己能夠做出怎樣的改變，從而使孩子獲得更好的發展。

一、面對恐懼

很多事情如果父母處理不當，都會在孩子內心留下恐懼的陰影，如打針這一類事情便是如此。帶寶貝打針這件事，相信很多家長都經歷過。注射室

內撕心裂肺的哭喊，孩子痛苦地掙扎，都使家長們印象深刻。在寶貝成長的路上，可能會遇到很多類似打針的情況，作為父母的我們，如何幫助孩子應對這類情況呢？

典型案例

樂樂今天早上該去打防疫針了，小傢伙從起床就不開心，一直到媽媽說可以順便去買球才開始配合著穿衣服。有了他感興趣的事，孩子的行動自然就積極了很多，高高興興地出門了，剛到醫院門口，卻一改高興的表情。別彆扭扭地說「我不去打針！」抱他上樓，差不多就要哭了。還沒走到注射室，樂樂就開始哀求：「不打針，媽媽，我們不打針吧。」媽媽無奈，抱著他在注射室外面轉圈，並跟他講道理，但是孩子基本上是聽不進去的。等輪到樂樂打針時，媽媽抱著他到了注射的地方，孩子就開始拚命地哭著反抗。痛苦的哭喊聲驚動了整個注射室，媽媽抱、奶奶抱都沒辦法。醫生說「夾好腿和手臂」媽媽也只好心一橫把他夾住，樂樂卻仍然抗拒。一邊哭著一邊喊：「不打，不打！」身體還要往下溜。奶奶在一旁急得心疼死了。等到打完針抱樂樂出來，臉上還掛著淚珠，極其委屈地窩在媽媽身上，一動也不動，無論媽媽和奶奶說什麼他都不理。媽媽一陣頭疼，過段時間，又要打預防針，這可怎麼辦啊？

專家解讀

打針這件事，看似是生活中的一件小事，但在孩子看來，卻是一件令自己痛苦和害怕的事，如何幫助孩子克服這種恐懼心理，以積極的心態面對，這是家長們教育的關鍵。如果家長處理不當，可能會遷移到孩子生活中其他的事情上，面對畏懼的事情，家長不適當的處理會讓恐懼和痛苦無限放大，從而限制孩子的發展。

根據心理學的觀點，當一個人感覺受到威脅時，如果他沒有能力應對或沒有可依靠的資源來解決這一威脅時，他就會產生苦惱。對於孩子來說，這種情況十分普遍，因為很多對成年人並不構成威脅的事物對孩子都構成了威脅，比如一條普通的家養狗都會讓孩子怕得不行。孩子經常有害怕的事情，

這些事情正好給家長提供了許多瞭解孩子內心世界的機會，父母應當借助這些機會去塑造自己的孩子，而不是用看待成年人的態度去評定孩子面對恐懼時表現出的害怕、緊張與不安等情緒。

好父母修煉

家長要調節好自己的情緒

作為家長的我們，首先要調節好自己的情緒，畢竟打針對於孩子而言，是一件比較痛苦的事情，所以打針時孩子哇哇大哭，其實是很正常的現象。但家長們一看到孩子哭，便覺得十分心疼，情緒也有些焦慮。要知道，嬰幼兒時期的孩子對父母的情緒反應十分敏感，特別是 1 歲之前的嬰兒，他們透過對母親的情緒感知認識這個世界。所以一旦家長表現出焦慮、心疼的情緒，孩子便會覺得打針這個問題確實很嚴重，會加劇對打針的恐懼。因此，面對嬰幼兒時期的寶貝，父母要注意自己情緒上的控制。

用孩子能懂的語言向孩子說明

對於為什麼要打針這件事，要用孩子能懂的語言向孩子說明。可以用講故事的方式告訴孩子，例如「我們需要一種能量水晶，幫助我們變得更強壯」，或者「寶寶現在身體很不舒服，是因為在跟病菌作戰，我們需要一個住在針管裡的朋友幫忙，他會幫助我們一起戰勝病菌的」，適當的講解可以緩解孩子情緒。千萬不要認為孩子什麼都不懂，就什麼都不告訴孩子。

接納和認可孩子的痛苦

接納和認可孩子的痛苦，並對孩子面對的疼痛如實相告。不要為了消除孩子的緊張，就告訴孩子「打針一點也不疼」，當孩子認為父母是在騙他時，下一次打針便會反抗得更為強烈。同時也別強調「別怕」，這些詞彙會傳遞一些消極情緒給正在打針的孩子。我們需要讓孩子知道，打針感到疼，感到害怕是很正常的，是被爸爸媽媽允許和接受的。可以告訴孩子「是的，有些疼，媽媽知道了，媽媽在這裡。」這期間，千萬不要把孩子和其他孩子做比較，不要說「你看，XXX 都沒有哭」，這種話語，只能讓寶貝感受到父母的不接納。父母的認可和接納能夠幫助孩子更好地應對恐懼和痛苦。

激發孩子的勇氣

兒童的忍耐力是驚人的，只要我們能夠給孩子一個合適的心理預期，他們多半能夠承受一些看似很痛苦的事情。當然，在激發勇氣時，也要給孩子適當的退路，不要讓孩子為自己表現得「不堅強，沒勇氣」而感到羞愧。我們可以親切地告訴孩子「打針是有一點疼，媽媽覺得你是一個勇敢的小朋友，你試試能不能忍住不哭，能忍住就不哭，忍不住，想哭也沒有關係」。

不要採用哄騙或收買的方式

千萬不要用哄騙或收買的方式達到目的。比如，告訴孩子「不打針肚子就會爛掉」「打針後媽媽給你買玩具」等，這種方式雖然能夠暫時解決問題，但沒有真正消除孩子恐懼的心理。

在平時生活中，不要利用打針說事

平時不要用打針來嚇唬孩子，讓他做家長想讓他完成的事。比如，孩子不乖，不吃飯，就告訴孩子說「你不吃飯，就抱你去打針吧」。這樣，只會強化孩子對於打針的恐懼。

因此，即使是打針這件生活中的小事，如果家長處理得當，不僅能夠讓孩子從心理上接受打針這件事，減少在醫院打針的抗拒與掙扎，同時也能增得孩子面對困難的勇氣，讓孩子在困難面前保持從容鎮定，從而保護自己，減輕痛苦。

成長小提示

1. 通過幫助孩子處理好打針這一類讓他們恐懼的事，幫助孩子增強面對痛苦的勇氣和能力。

2. 用適當的話語激發孩子的勇氣，但又給孩子留有一定的餘地，不要讓孩子因為沒有勇氣而羞愧。

二、被拒絕的孩子

每個人在成長過程中都會有被拒絕的經歷，能夠坦然地接受他人的拒絕是人生中一個極為重要的素質。很多人忍受不了被人拒絕，認為被人拒絕便是自己被否定了，被他人看不起，因而垂頭喪氣、意志消沉或指天怨地、憤世嫉俗，讓大家敬而遠之，人際關係變得非常糟糕。所以，當孩子遇到被別人拒絕的情況時，父母該如何做呢？

典型案例

一天，朗朗從幼稚園放學回家後，不像往常一樣和家人們打招呼，快樂地訴說幼稚園裡的事情，而是眼中含著淚花，情緒低落地坐在沙發上，一言不發。接孩子的奶奶看著朗朗的樣子，心疼地說：「朗朗，不要傷心了，我們不要豆豆的玩具，奶奶給你重新去買一個」，可是，無論奶奶怎麼勸，孩子卻一直不吭聲。原來，放學回到社區後，朗朗看見自己的好朋友豆豆在玩新買的玩具槍，於是上前希望和豆豆一起玩。沒想到豆豆卻直接拒絕了朗朗，不讓朗朗碰自己的新玩具，他還和另一個孩子一起對朗朗「開槍」。朗朗一直都把豆豆當作自己最好的朋友，沒想到朋友今天這麼對待自己，頓時大哭起來。奶奶勸了很久，都沒能勸住，說帶他去買一把玩具槍，結果他傷心地說道：「不，我就要豆豆那把槍。」奶奶和豆豆商量把槍交給朗朗玩一會兒，卻被豆豆拒絕了，最後無奈的奶奶只能把傷心的孩子抱回家。

專家解讀

根據心理學的觀點，一個人心理的不成熟會表現為害怕被拒絕，如果一個人害怕被拒絕，很可能造成社會交往障礙，由於害怕被拒絕而不能邁出與他人交往的第一步，而害怕被拒絕也往往是自卑的表現。自卑情緒對孩子的成長有不可估量的負面影響，父母有必要從孩子小時候的行為入手，避免孩子形成自卑的性格，出於這方面的考慮，父母在孩子表現出害怕被拒絕的心理時，需要將孩子的心理歷練得更堅強一些。

當孩子被拒絕，特別是被好朋友拒絕的時候，孩子的心靈會被傷害，也會產生一種消極的情緒，認為朋友是不是不喜歡自己了。例如案例中的朗朗，

他堅持要玩豆豆的玩具槍，不一定真正喜歡那把槍，而是珍惜自己和豆豆的友誼，孩子不能理解，為何我和豆豆這麼好，豆豆卻不把玩具給我玩，要給別人玩，豆豆的「背叛」讓朗朗內心有著巨大的失落。面對豆豆這種情況，父母不要認為只是孩子之間的小問題，而要抓住這個機會讓孩子學會面對被拒絕，並讓孩子在承受被拒絕的過程中完善他的人際交往能力，鍛鍊他堅強和寬容的品質。

好父母修煉

理解和接受孩子的情緒

面對這種情況，家長需要理解和接受孩子的情緒，並用適當的語言來安撫孩子的情緒，孩子由於年紀小，語言詞彙並不豐富，所以無法準確說出自己的感受和情緒，這時，需要家長的理解和幫助。例如告訴孩子：「被好朋友拒絕是一件令人傷心的事情，寶貝現在很難受吧。」家長對孩子的情緒表示關注、理解和同情，能夠讓孩子較好地釋放自己的負面情緒。在這個過程中，一些無所謂的語氣是不能夠很好安慰孩子的。例如「不就是一把槍嗎？媽媽給你買更好的」「沒關係，我們去買一把」，這時孩子會感覺到自己的友誼沒有受到父母的尊重，會變得更加傷心。

同時，可以向孩子講述一下你小時候被拒絕的經歷，並說出你是如何克服的，讓孩子感受到，被拒絕不是針對他一個人，是生活中一件很正常的事情。同時，和孩子商量如何去處理這樣的事情。可以讓孩子拿著自己的玩具去玩，看其他小朋友能否參與，如果能夠參與，那麼孩子的拒絕僅僅是一時之間的情緒，並非意味著「背叛」了友誼。如果孩子被拒絕的時候，家長在場，可以用適當的方式轉移孩子的注意力，讓孩子不要一直糾結在被拒絕的物品上。找出孩子共同感興趣的活動，讓孩子一起參與進去，例如，如果兩個孩子都喜歡故事書的話，可以拿出自己的故事書，問小朋友們是否願意一起講故事。在孩子表示願意的意願後，希望別的孩子徵求自己孩子的意見。

在平時的生活中，家長也需要鍛鍊孩子能夠坦然接受他人的拒絕

在平時的生活中明確家中物品的所有權，當父母要拿孩子的物品時，需要徵求孩子的意見，同樣當孩子拿父母的東西時，也需要徵求父母的意見。同時，可以告訴孩子，你若不喜歡被人拿你的東西，可以明確地拒絕他人，但要說明理由。同樣，別人不喜歡你拿他的東西，也有權利拒絕你。這樣，孩子能夠坦然的拒絕別人，同時也能夠接受他人的拒絕。

父母可以提供幫助，但請把主動權交給孩子

當孩子間存在一定的矛盾時，父母可以和孩子一起商量解決的措施，但要把行動的主動權交給孩子，而非自己出面幫助孩子解決問題，因為這樣做不僅不利於孩子之間矛盾的解決，同時對孩子社交能力的發展也會產生一定的負面影響。

根據孩子問題的癥結，進行合適的指導

如果自己的孩子在參與遊戲的過程中經常遭到同伴的拒絕，那麼家長就需要反思自己孩子的問題。一般孩子經常被拒絕，主要出於兩方面情況：

一是孩子不喜歡遵守遊戲規則而被拒絕；

二是因膽怯、能力差而被拒絕。

針對這兩種情況，父母需要採取不同措施。

如果孩子是因為經常不遵守遊戲規則，或者在遊戲中搗亂而被夥伴們拒絕參加遊戲。那麼，父母首先應該讓孩子知道他被拒絕的原因，然後再明確告訴孩子，不遵守遊戲規則和在遊戲中搗亂是不受歡迎的，只有在遊戲中遵守遊戲規則，和小朋友們友好相處，懂禮貌、謙讓，這樣才能受到小朋友們的歡迎。同時，在家和孩子參與遊戲，觀察孩子在遊戲中出現的問題，進而進行及時的糾正。

如果是因為膽怯、能力差的原因被拒絕，可以給孩子選擇年齡較小，或者能力相同的玩伴進行遊戲。同時多給孩子鼓勵，增強孩子的自信心，告訴孩子「你剛才在遊戲中表現得很棒，我們為你驕傲」等。

其實，對於孩子的「被拒絕」，作為父母的我們，既不能覺得這是小事無所謂，也不能覺得大事不好而緊張對待。我們採取怎樣的措施應取決於孩子的反應，關注孩子的情緒，進行合適的指導，讓孩子學會坦然地面對拒絕。

成長小提示

1. 當孩子被拒絕的時候，適當的情緒安撫，及時的建議，能夠造成很好的作用。

2. 透過適當的引導，讓孩子明白，任何人都有權利拒絕自己。

3. 孩子如果在遊戲中經常被同伴拒絕，那麼父母要反思和觀察孩子的問題。

三、輸贏並非人生的全部

當孩子慢慢長大，隨著生活圈子的擴大，人際交往的深入，他們也會漸漸品嚐到生活中各種情感的滋味，比如成功的暢快，比如失敗後的難過等。同時他也將面臨更多的挑戰，從而產生更多的受挫、自卑、無力或迷茫等負面情緒。作為父母的我們，要讓孩子體會到，成長的路上並非一帆風順，只有積極面對挫折，才會迎來更好的人生。

典型案例

5歲的小海聰明活潑，學習能力強，經常得到大人們的誇獎。但媽媽卻發現，小海對於比賽的輸贏似乎過於執著，甚至有些輸不起。前幾天小海的表妹微微來家裡玩，兩個孩子一起玩五子棋，小海由於較為熟練，幾盤下來，都贏了妹妹，一時之間在那裡手舞足蹈、興高采烈。可是，下午他和微微一起跑步時，因為沒有微微跑得快，跑了幾步後，小海便不參加了，說沒有興趣，不想跑步。今天，院子裡幾個小朋友踢足球，由於小海隊中守門員的失誤，導致小海他們輸了比賽，憤怒的小海指著守門小朋友罵道：「就是因為你，我們才輸了，以後不要和我們玩了。」面對孩子這種爭強好勝的性格，小海的媽媽感到擔憂，如果孩子輸不起，該如何是好？

專家解讀

從兒童心理學的角度來看,好勝、輸不起,是一種正常現象。出於本身的成就動機,無論什麼事情,孩子總是希望自己能做到更好,自己比別人強,獲得周圍人的認可。可是因為孩子年齡小,各方面都不成熟,他並不瞭解自己的強項和弱項,在人前或是在集體活動中,一旦不如人,輸於他人時,他就會表現出不滿、不高興。

而孩子「輸不起」通常會有兩種表現:有的孩子為因為失敗便大發脾氣,用哭鬧宣洩情緒;有的孩子面對挫折、失敗,他會選擇逃避困難,比如輸了幾次後就放棄遊戲,不玩了。

孩子的好勝心理是一種正常現象,作為父母要善於併合理地利用孩子的好勝心去強化孩子的學習行為。例如:吃飯的時候,我們會說:「我們比賽一下,看誰吃得快」「誰是第一名」於是孩子會很認真地吃著碗裡的飯菜。當孩子自己學會穿衣服時,我們會告訴孩子和「媽媽比賽,看看誰是第一名」,這樣的例子,不勝枚舉。但是,如果孩子的得失心過重,每一次輸贏都讓他耿耿於懷的話,就會影響到他與別人和諧地相處。面對「輸不起」的孩子,父母需要費點心思,幫助孩子排除這種心理障礙,讓他逐漸跨越輸贏的問題,體會做每件事所帶來的各種情感經驗。

好父母修煉

父母需要端正自己的心態

孩子的成功會帶給父母們成就感。因此,當孩子取得成就的時候,我們會開心的稱讚孩子聰明、能幹,並給孩子物質上的獎勵。若孩子輸了,父母會指責孩子沒有按自己要求做,怎麼這麼笨。殊不知,這樣的方式會加強孩子對結果的關注,對輸贏的過度在乎。所帶來的後果,要麼使孩子過於爭強好勝,非贏不可;要麼會使孩子一蹶不振,不敢嘗試。

重視孩子負面情緒的體驗

第四章 面對現實，步步為營

在幼兒階段，父母們的教育手段以積極鼓勵為主，但還是要重視孩子負面情緒的體驗。當孩子因為失敗情緒低落的時候，父母要進行積極地鼓勵，幫助孩子樹立自信，正確地看待自己。例如，當孩子因為唱歌沒有受到老師的表揚時，可以告訴孩子「沒關係，媽媽很喜歡你的歌聲，我們不可能把每一件事情都做得很好，上次你的畫不是得到了老師的表揚嗎？只要我們努力，相信寶貝的歌也會唱得很好」。

增強孩子的抗挫折能力

首先，在生活中，父母不要總是利用「誰是第一名」的方式去鼓勵和強化孩子的行為。因為這種方式，也可能帶給孩子一些心理暗示，認為「一定要得第一名」，才會被父母喜歡，從而加強了對輸贏的在乎。和孩子做遊戲的時候，不要總是讓著孩子，適當讓孩子體會到「輸」的感受。

其次，學會放手，讓孩子自己去面對正常生活中可能出現的困難。當孩子遇到挫折時，父母不要立刻插手，不妨留給孩子自己面對失敗的機會。比如，孩子用積木搭一座高樓，可不巧，快成功時「樓」塌了，看著孩子沮喪的表情，父母儘量不要直接替他解決問題，可以和他一起討論，引導孩子去思考，然後讓他自己去尋找解決的辦法。孩子克服挫折的能力，常來自於遭遇過的挫折，當他受挫折的經驗足夠豐富時，就可以得到更多的成就感和自信心去面對困難。

最後，讓孩子參與同齡人的遊戲。遊戲是孩子獲得發展最好的手段，在遊戲中，孩子會經歷成功和失敗，這些成功和失敗的經歷能夠更好地讓孩子認識自己並發現他人的長處。透過遊戲，孩子會慢慢學會如何去欣賞他人，同他人友好相處，同時在同伴之間的相互交流和指導中，克服困難、解決問題，在集體中的這些磨練有助於提高孩子的耐挫力。

透過父母的引導和教育，相信孩子能夠在未來的日子，贏得起也輸得起！

成長小提示

1. 父母可以利用孩子的好勝心激勵孩子去動手學習。

2. 父母要引導孩子正確面對失敗。

3. 讓孩子知道，沒有一個人能夠把所有的事情都做好，因而沒有必要因為失敗而太過自責。

第五章 快樂地學習

第五章 快樂地學習

第一節 激勵孩子投入學習

一、不要讓孩子喊著口號上學

孩子是家長的希望，每個家長也都渴望自己的孩子成為優秀的人，「好好學習，天天向上」這是一句多麼常見而熟悉的口號，教室裡張貼、老師和父母的口頭禪，儼然這句話已成為孩子生活中最重要的內容，這句口號也成為孩子最重要的信念之一，似乎可以讓孩子對學習更加專注，也更加富於熱情。然而，在實際生活中，家長們會發現並不是所有的孩子都「好好學習，天天向上」，於是家長們以全知全能的角色出現了，不斷壓縮孩子的其他業餘時間，然而效果卻總是不明顯，孩子越來越叛逆，最終形成惡性循環。學習占據了孩子大部分的時間，讓孩子沒有閒暇時間來開展其他活動，興趣愛好被學習代替，家長也理所當然地認為學習才是孩子的正經事情，只要學習不好，其他的再好都是不務正業。

典型案例

磊磊今年上國中一年級了，是家裡的獨子，父母望子成龍之心急切，希望磊磊以後能成大器，對他寄予了殷切的期望。磊磊的父母相信透過嚴格地訓練，磊磊一定能達到他們的要求。從此，教育磊磊成為這個家庭重中之重的任務，父母經常給磊磊講學習的好處，告訴他只有好好學習才會有出息，才能得到別人的尊重，也才能有很好的工作和穩定的生活。

磊磊是個聽話的孩子，從此在學校裡，磊磊積極表現，在課堂上認真聽講，作業總是第一個做完，下課了也是待在教室裡看書，不願出去玩，其他同學想找磊磊一起玩，都被磊磊拒絕了，時間久了，同學們也都不主動再找磊磊玩耍。在家裡，磊磊也是利用一切空閒時間做作業和看書，很少看電視，從不玩遊戲。但是，最近磊磊偶然發現別的同學都有一門才藝，而自己除了學習就沒有其他的特長了。雖然磊磊還是一如既往地學習，但是他卻沒有以

前那麼高興，他看著別的小孩在外面玩耍，歡快的笑聲在空氣中激盪，而為了父母的期待，自己只能在房子裡隔著玻璃窗呆呆地看著他們，心中有著幾許寂寞，幾分渴望。

專家解讀

孩子可以好好學習──自發學習

小孩正處在學習的黃金時期，就像小樹成長一樣，處在一個非常關鍵的塑形期，不管是從孩子的特性，還是孩子的成長需要，教導孩子積極地學習都是十分有必要的。然而，家長們卻讓本性各不相同的孩子，硬性地朝著一個模式發展，讓孩子的生活失去了五顏六色的絢爛，除了學習還是學習。模仿是孩子最重要的學習方式之一，這是孩子的天性，好的事物就像磁鐵一樣吸引著孩子的注意力，這也決定了只要教育孩子的方法合理，學習就會成為孩子自發的一種行為。學習一旦成為孩子的自發行為，那麼孩子的學習就會變得輕鬆愉快，家長也會省心很多。

學習應該是快樂的，豐富多彩的

知識可以改變命運，知識也可以改變性格。學習是獲得知識的主要途徑，透過學習能讓孩子的視野更加開闊，讓孩子們知道更多神奇的事物，讓孩子得到更多的快樂，學習也會使孩子變得自信。我們經常會見到孩子向父母顯示自己新學到的知識，比如他今天新學了一首詩歌，就極想給父母背誦，希望獲得父母的表揚。然而，一旦父母對孩子的學習採取了強制要求，便會讓孩子覺得是為了完成父母交給的任務而失去樂趣。家長們都希望孩子能努力學習，取得好成績，努力學習在某種程度上被賦予了「吃得苦中苦，方為人上人」的意義，不斷地給孩子的學習增壓，要求孩子每天都要有所進步，透過物質的、精神的各種方式強化孩子的學習動力，但從不考慮這種方式有何價值或者是還有沒有更好的方式。孩子幼小的年紀卻承擔了過多的心理壓力，兒童教育越來越趨於成人化，以成人化的角度出發教育小孩，脫離孩子的生理和心理本性，但很多家長並沒有意識到這點，還把這個當作自己的驕傲。

養成良好的學習態度

第一節 激勵孩子投入學習

學習應該成為孩子的一種習慣,而不是追求某個固定的結果。父母總給孩子這樣的期望「這次考試如果得第一,爸媽就給你買變形金剛玩」「要是考上重點中學,爸爸就帶你去迪士尼」,慢慢地孩子便養成了沒有獎勵就不會有持久學習動力的習慣,讓孩子將學習目標功利化、物質化。在學校中,組織學生參加活動,經常會碰到學生這樣問:「老師,參加這個活動有什麼獎勵嗎?」當然也有相反的情形,經常會有家長對孩子的階段測驗結果不滿,對孩子大發雷霆,

「你怎麼這麼笨呢,你的腦袋都在想什麼呢?」「整天就知道玩,除了玩你還能幹什麼,學習都學不好,你說你將來能做什麼?」孩子要麼逆來順受、暗自傷心,漸漸地沒了自信;要麼心理逆反,破罐子破摔,偶爾反抗父母而沒得到應有的懲罰,便可能一發不可收拾,頂撞父母便成為孩子的家常便飯。實質上,這是家長將學習模式化、固定化、簡單化的結果。應當讓孩子學會在學習中得到快樂,在快樂中熱愛學習。家長不應該以「簡單粗暴」的方式對待孩子的學習,別人採用的教育方法不一定就是正確的,相反,家長應當透過引導孩子,讓孩子分享自己的學習收穫,享受學習帶來的樂趣,循循善誘,透過設置不同難度的任務,促進孩子主動探索,讓孩子在探索未知世界中獲得快樂。

好父母修煉

學習內容豐富化,形式多樣化

孩子的認識特點是感性的,只有生動活潑的東西才能引起他們的興趣和關注,枯燥刻板的內容容易讓孩子急躁。為什麼孩子喜歡看動畫片,就是因為動畫片用小孩子們能懂願聽的語言傳遞著豐富的內容,內容切合孩子的心智程度。根據孩子不同的年齡段,蒐集不同的學習內容,採用多樣有趣的學習形式,家長可以自己製作或購買一些學習的道具,比如圖畫、模型,給孩子進行介紹,引導孩子觀看科教節目,增加孩子對知識的熱愛和對周圍環境的興趣與瞭解。

共同參與,用親情陪伴助力孩子學習

家長和孩子共同參與學習小遊戲，比如一起玩成語接龍，陪同孩子邊玩邊學習。以心觀心，用孩子的視角看待事物，才能最切近孩子的成長心願。我們不僅要注重孩子的課本學習，也要注重孩子的實踐學習，「讀萬卷書，行萬里路」。也可利用當地的圖書館、博物館資源，「處處留心皆學問」，在參觀過程中，父母可以設置簡單的問題，引導孩子探索未知世界，開拓孩子的眼界和思維。

以親情關愛鼓勵孩子學習

古人云「己所不欲，勿施於人」，家長要求孩子好好學習，卻往往忽略了對自己的要求，沒有進行自我反思，自己對學習不感興趣，沒有學習的習慣，卻要求孩子「好好學習，天天向上」。總是用嚴厲的要求取代親情的呵護，冠以堂皇的名詞「為你好」，而孩子卻不買「為你好」的帳。父母常常以管理者和監護人的角色出現在孩子面前，對孩子要求嚴格苛刻，而自己總是隨意而為。比如，要求孩子關門學習時，自己卻在客廳看著電視節目高談闊論，試問，孩子的心裡會是怎麼樣的感受呢？

成長小提示

1. 給孩子創造學習的氛圍，循序漸進地引導孩子學習。

2. 家長也可以多問一問孩子「為什麼」，引導孩子進行思考和自我探索。

3. 父母要以身作則，營造和諧的家庭氛圍，給孩子學習創造條件和氛圍，不區別對待自己和孩子。

二、不要總是用比較來刺激孩子

「不比不知道，一比嚇一跳」，說明比較是很重要的，但是孩子之間卻流傳著「我們從小就有個敵人叫『別家的孩子』」的說法，說明父母將孩子與他人進行比較對孩子的傷害有多大。透過比較，確實能夠發現孩子的不足和弱項，有意識地改善孩子的不足。透過比較，父母渴望孩子能快快進步，但結果往往讓父母們失望，孩子不僅沒有變成父母希望的那樣，脾氣卻越來越急躁。孩子是需要鼓勵的，但是究竟應該怎麼樣去鼓勵小孩呢？這是一件

讓很多家長頭疼的事情，「鼓勵不足」，小孩學習興趣不足；「鼓勵過度」，又擔心使小孩產生自滿情緒。鼓勵是家庭教育中經常會採用的教育方式，但一定注意使用的方式方法要正確。實際上，很多時候家長並不是從孩子本身出發，而是將小孩放置在一個比較的環境中進行「鼓勵」，拿小孩與別的小孩進行比較，經常會出現這樣的情形：「小明，你看隔壁家的小孩學習多好的，人家年年拿第一，你怎麼就不好好學呢？」除此之外卻沒有採取任何有效的措施，當第二次、第三次出現同樣的場景時，小孩的反應也變得越來越激烈，甚至會變得憤怒。為什麼會這樣呢？主要是父母們運用了劣勢比較。俗語常說「人比人，氣死人」，每個小孩都不願和比自己優秀的孩子做比較。

典型案例

　　明明是一名小學四年級的學生，聰明伶俐，平時興趣愛好也很廣泛，學習成績在班級排在中上游。父母對明明非常關心，對他的學習、生活處處關注，生怕孩子在哪一方面落後於別人。學校裡，老師也覺得明明是一個聽話的孩子，雖然不是特別突出，但各方面的表現還是令人滿意的。

　　不過，明明最近心情變得煩悶了，情緒也越來越急躁了，越來越討厭學習，究其原因，原來是前段時間明明父母經常拿明明和叔叔家的磊磊做比較，現在明明覺得最刺耳的一句話就是「明明，你看叔叔家的磊磊年年都拿第一，你要向他學習呀」。明明對原本喜歡的學習也提不起精神，對父母的話，也變得不耐煩了。有時，還出言頂撞父母，明明的父母也越來越覺得明明處處都不合他們的意。

　　在學校裡，明明也變得越來越急躁，以往認真的態度不見了，作業潦潦草草，對老師的話心不在焉，對周圍的同學、朋友，尤其是叔叔家的磊磊，表現得不是很友好。老師找明明的父母交流了幾次，但是效果也不是十分明顯。明明的父母雖然也覺察到明明的變化，但就是找不出問題的根源在哪裡。這讓他們也很苦惱，一方面，越加強對明明的管教，明明的反應越激烈，脾氣越來越急躁；另一方面，順其自然，又怕長此以往明明會越來越差。

第五章 快樂地學習

專家解讀

隨意比較弊大於利

用孩子的劣勢和其他小孩的優勢進行比較，不僅不能造成鼓勵孩子的作用，相反還會打擊到小孩的自信心，長期如此會讓小孩產生厭煩和無所謂的心態。雖然我們經常說「不比較，就不能發現差距，不清楚差距，就不能進步」，但是作為小孩，對大人比較的目的和動機，他們並不很清楚。父母對小孩是充滿期望的，都希望自己的小孩是最棒的，但是如何才能使孩子成為最棒的，每位父母的選擇卻是不一樣的，從孩子本身出發，認識到每個孩子都是獨特的個體，因材施教是其他任何東西都不能替代的。

孩子的成長都需要鼓勵

泰戈爾說過：「讚美令我羞慚，因為我暗自乞求得到它。」每個人都希望得到別人的讚美與表揚，讚美會讓人產生興奮感，從而對某一事物產生更大的興趣。比如，一次塗鴉得到別人的鼓勵讚美，畫畫可能就會成為這個孩子的一個興趣，因為他在別人的鼓勵和讚美中得到了心理上的滿足感，從而給孩子賦予了更大的行動動力，這也就是所謂的「愛學習」。小孩總是順著自己的心性思考行動，沒有長遠的考慮，也不會考慮每一件事對成長產生的影響，這是由孩子的智力特點決定的。孩子做事情總是前三分鐘充滿熱情，三分鐘後就有可能放棄，對一件事情能否堅持到底，要看動力大小，而動力的來源之一就是父母給予的鼓勵。鼓勵方式非常重要，方式、方法得當，可以造成事半功倍的作用。事實證明，物質鼓勵也能造成一定的作用，但是長久來說不利於小孩的成長，會讓孩子形成看重物質回報的心理習慣。當然，適當的物質鼓勵肯定是不能缺少的。

俗語說「好孩子是誇出來的」，孩子需要外界的關注，需要別人的鼓勵和讚美，來滿足內心的情感需要，鼓勵和讚美會使孩子得到快樂，而快樂會讓小孩有學習和探索的動力，一般來說，快樂的小孩比不快樂的小孩更具有自信、樂觀、自制力。但是，鼓勵不宜空洞寬泛，要建立在具體的事情上，

比如「今天把房間收拾得很乾淨，你真是個好孩子」「今天和王叔叔主動打招呼，你真是一個講禮貌的好孩子」。

鼓勵讓孩子的行為更自覺

鼓勵，是孩子成長過程中不可或缺的一種「營養劑」，怎麼樣才能讓孩子吃上放心的「營養劑」呢？這是所有家長都應該思考的問題。然而在現實中，家長即使想對孩子說些鼓勵的話，卻不知從何說起，家長們大多想起了榜樣的力量，便不經思考地把這句話經常掛在嘴邊「孩子，你看人家年年拿第一」。榜樣的力量，可以讓小孩看到別人能做到的事情，他自己也能做到。鼓勵，也是想讓小孩充滿上進的動力。但是這句話的潛臺詞是「你怎麼就拿不了個第一呢？」這是否定小孩的能力，傳遞的是負能量，長此以往，容易使小孩形成牴觸心理，叛逆也就不遠了。小孩之所以會叛逆，很多時候就是因為他們從來沒有從父母那裡得到更多正向的鼓勵和讚美，而只將他們無謂地與別的小孩進行比較。

好父母修煉

用孩子的優勢激勵孩子

我們應該如何鼓勵孩子呢？一方面，我們應該儘量去發現孩子的優勢。人無完人，小孩更不可能做到面面俱到，樣樣讓父母滿意，所有的父母都希望自己的孩子是最好的，渴望看到孩子在同齡人中成為佼佼者，所以，父母有時候會過分關注孩子一點一滴的表現，過分地關注孩子活動中的每一個細節。在每個細節上都將孩子與同齡人進行比較，而不能真正地關注孩子自身的需求，學會鼓勵孩子，最重要的一點就是父母能從孩子自身發掘出可鼓勵的亮點。所以儘量地發現孩子的優勢，是聰明父母的首要任務。另一方面，我們應該掌握合理的鼓勵方式。鼓勵不是隨隨便便地亂鼓勵，不同的成長經歷需要不同的鼓勵方式，在孩子的認識中，經驗占據很大一部分，而來自理性思考的部分則是很少的。所以對孩子的鼓勵應以正向鼓勵為主，以孩子自身為出發點，落腳點也是孩子自身，鼓勵孩子發揮優勢，揚長避短。隨著年齡的增長，孩子慢慢地具備了自己的想法，有了自己的思考，作為父母，就

要理解孩子的這些想法，以孩子的心理為出發點，多與孩子進行溝通，瞭解孩子的想法，從而使鼓勵效果達到最大化。

儘量不要將小孩與其相熟悉的孩子進行比較

孩子的心靈是脆弱敏感的，有實驗證明，7歲的小孩就已經具備了聽「弦外音」的能力，所以，家長一旦有不滿就會被孩子察覺，會讓孩子自我認同感越來越低。榜樣對孩子的成長有時具有正面的意義，孩子也渴望自己成為父母心中的好孩子，而在兩個熟悉的孩子之間進行比較，往往產生的不是正向的激勵力量，而是傷害了孩子的信心。

成長小提示

1. 父母不能簡單地拿孩子的劣勢和別人的優勢去比較。

2. 要分析孩子的興趣愛好，針對孩子的優勢進行鼓勵。

3. 物質激勵和精神鼓勵雙管齊下，但是物質激勵不宜價值過高，也不宜經常使用，否則不利於孩子成長。

三、讓孩子在遊戲和學習之間掌握平衡

學習在我們生活中是一項必不可少的內容，我們透過學習獲得知識技能，提升修養，更重要的是學習是一種生活態度。然而人們常說「學海無涯苦作舟」「活到老，學到老」，好像學習並不是一件讓孩子感到快樂的事情，他們承受了來自家長和老師的壓力，學習使孩子感到步履維艱。孩子正處在玩耍的年紀，遊戲也是孩子認識世界的一種方式，對於遊戲大部分孩子都是樂於接受的，更有甚者痴迷其中。

在學習和遊戲之間，父母到底怎麼樣才能很好地引導孩子進行選擇呢？孔子說過「知之者不如好之者，好之者不如樂之者」，不管是學習還是遊戲，興趣是最重要的，如果沒有了興趣，即使是遊戲，也不能讓孩子沉醉其中。尼采有過這樣的一句話「遊戲——恰恰是充溢著力量的人的理想」，遊戲並不是一無是處，關鍵在於怎麼引導孩子正確地對待遊戲。讓孩子在遊戲和學習之間掌握平衡，那麼學習就不再是痛苦，玩遊戲也不會引來家長的擔憂。

典型案例

例一：2005年11月14日，年僅16歲的小孩胡彬在家服農藥自殺，雖被送到醫院搶救，但仍未挽留住這個年輕的生命。

對於該事件的原因，胡彬的家人、同學以及老師都認為是網路遊戲害了胡彬。胡彬喜歡玩網路遊戲，經常偷偷去網吧玩遊戲，有時為了不讓家裡人找到，他跑到離家很遠的網吧上網玩遊戲。然而，網吧老闆對於這一看法表示不認同，老闆稱，胡彬也不是第一個來網吧玩遊戲的孩子，至今還沒發生過類似的事情，胡彬在來網吧上網前就已經有一些異常了，對於一個16歲的國三學生來說，學習壓力過大也可能是其輕生的原因。

自從迷戀上網路遊戲後，胡彬花在學習上的時間越來越少了，就如胡彬對其母親說的，他已經管不住自己了，就是想玩遊戲，在學習中他得不到快樂，在遊戲裡他很快樂，很自由。

例二：韓軍，一名小學六年級的學生，平時活潑好動，喜歡玩耍，愛好電腦和手機小遊戲。在學校裡，韓軍表現良好，雖然學習成績不是很好，但是積極參與課外活動，比如有運動會或是歌唱比賽，他都會很積極地參與，同學們也都很樂意和韓軍玩耍，和同學們在一起時，是韓軍最開心的時刻。但是唯一讓老師和家長頭疼的就是韓軍的學習。這也讓韓軍本人感受到很大的困擾，感覺自己無法在學習、遊戲間把握平衡，他也漸漸認識到應該要將精力放在學習上，但是很多時候就是無法控制自己，寫作業時，總要伴隨著音樂，學習中一碰到難題，就想著出去玩會兒放鬆下，再回來做作業，但往往都是一玩到底，忘了作業這回事。

課堂上，剛開始的十分鐘，韓軍還能強迫自己認真聽講，對老師的講解還能跟得上，理解得了，過了這十分鐘，韓軍便漸漸地不耐煩了，感覺注意力慢慢地渙散了，心裡便只想著遊戲了，用課本在桌子前當著「城牆」，拿出手機，開始玩手遊，玩得不亦樂乎。

第五章 快樂地學習

漸漸地，韓軍一有時間就去玩遊戲，在家休息的時間也越來越晚了，雖然媽媽一直催促，但他總捨不得離開遊戲。韓軍的成績也有所下滑，他越來越不喜歡學習了，但就是沒有辦法去改變目前的狀況。

專家解讀

遊戲對孩子來說更具吸引力

知識就是力量，教育日益受到家長們的重視，孩子的學習任務越來越繁重，家長對孩子的學習期望也越來越高，不僅要求孩子學習好，還要求孩子能全面發展。現今，孩子的童年便被各種各樣的學習班所充斥，但是，家長最終還是發現，自己為孩子制定的各種各樣的學習內容，卻抵不過一個簡單的遊戲。只要一有機會，他們便鑽進遊戲的世界裡，而且，孩子之間的話題也總是圍繞著遊戲，學習總是離他們很遠的樣子。很多家長們想了很多辦法來促進孩子熱愛學習，卻收效甚微。

學習與電子遊戲

作為父母，我們是否曾記得兒時與夥伴玩耍時的情景，那時自己無憂無慮，也沒人強迫自己學習，父母只是用自己的生活閱歷影響著我們。如今，家長們卻對孩子處處管，時時管，按照自己的想法培養孩子，最可悲的是孩子已經喪失了自由嬉戲的時間，嬉戲在一部分孩子中是可望而不可即的。孩子的世界裡，應該有遊戲，玩耍是他們的主要生活內容。

電子遊戲具有很強的趣味性，從而得到孩子的喜愛，在遊戲中，孩子得到了快樂，遊戲中目標明確，而且層次分明，結構緊密，必須是全身心的投入，才能跟得上遊戲的節奏。同時，加入遊戲，也是孩子與同齡人進行融洽交流的方式，在同一群體中獲得了交流話題，特別是那些學習較差的學生，在遊戲上的投入，讓他們獲得另一種滿足感，從而使他們自身樹立起信心。

相對於遊戲而言，學校學習屬於正統教育，大多數家長認為這才是孩子的「正業」，而且家長們又把學習目標功利化、世俗化，與孩子的興致相去甚遠，甚至是強壓式地讓孩子學習。父母望子成龍心切，不自覺地就給孩子施加了巨大的壓力。強迫孩子學習，並樂於見到孩子在短期內有所提升，忽

視孩子態度或行為上的改變，只重視孩子的學習結果而忽略過程。學習是需要長期堅持的，短期內效果不易凸顯，不能很快得到展示，父母們應耐心看待孩子的進步。另一方面，孩子有著強烈的好奇心，但缺乏自覺意識，往往容易「三天打魚，兩天晒網」，缺乏持之以恆、鍥而不捨的信念，很多時候都採取了「現學現賣」的速成方法，卻很少深入地思考學習的價值。一旦碰到問題，便出現了「書到用時方恨少」這一捉襟見肘的尷尬境地。

好父母修煉

磨滅和扼殺孩子的天性是不對的，也是不能的，玩耍和學習是孩子最重要的兩部分生活內容，不可只取其一，壓制另外一部分。學習是為了讓孩子掌握更多的知識、方法和技能，瞭解更多的外部世界。父母卻固執地認為學習和玩耍是不能兼容的，玩耍占據了孩子學習的時間，使孩子沒有心思學習。於是父母們採取了強制措施，不斷限制孩子玩耍的時間，而不考慮玩耍在孩子成長過程中的重要性。美國兒童教育學者湯姆斯·阿姆斯特朗認為，讓學齡前兒童自由地玩耍比有計劃性的活動更為健康有益，應儘量讓孩子參與隨性玩耍。

我們應該正確地認識遊戲，瞭解遊戲的功能

做遊戲是兒童時代的嬉戲行為，占據了兒童的大部分時間。在遊戲中，孩子往往能很好地體驗外部世界，也鍛鍊了孩子的各種能力，促進了孩子智力的發育。同時，做遊戲也讓孩子在情感上得到一定的滿足，群體性嬉戲行為，也會鍛鍊孩子與人相處的能力。據一項科學研究證明，遊戲對人腦發育產生著積極的影響。遊戲具有保健作用，有研究證明，幼年的兒童一旦缺乏遊戲，會對其成長造成障礙。

加強引導，使孩子進行健康益智的遊戲

遊戲，對於沒有自控能力的孩子來說就是一把「雙刃劍」，作為家長也必須認真對待遊戲，不可一棍子打死。傳統的觀念認為，業「精於勤，荒於嬉」，所以很多家長都十分擔心孩子玩得太多，採取了「堵」的方式，而不是加以引導。一個快樂的成長過程對孩子來說是相當重要的，缺少嬉戲的童

年，對孩子來說絕對不是快樂的童年生活。作為父母，應該合理安排孩子的玩耍時間，防止孩子沉迷於電子遊戲。引導孩子進行適合孩子當前發展的群體運動，多參與戶外嬉戲活動。

將遊戲與學習結合起來

娛教性被認為是孩子學習中一個重要的特徵，學習不應該是枯燥乏味的，應該是孩子在學習中也能體驗到快樂。孩子就像是彈簧，你壓他越用力，他反彈就越有力，所以強壓式學習從長期來講，並不能給孩子教育帶來益處，因為這並不能培養孩子學習的主動性，也並不能提起孩子對學習的興趣。壓力式學習讓孩子在學習中始終處於被動的狀態，有種被逼著做事的感覺。從自由的角度來說，這也不符合孩子的發展。

成長小提示

1. 只要孩子在不影響成長的前提下玩耍，就不必去禁止。

2. 採取合理的方法，引導孩子選擇健康益智的遊戲，減少孩子接觸網路遊戲的機會。

3. 增加孩子戶外活動的時間，選擇豐富的活動項目分散孩子的注意力。

第二節 學習應當是愉快的

一、適量的作業和考試

做成一件事情，要具備兩個因素：

一是堅持的恆心；

二是科學有效的方法。

這樣不僅能取得成效，而且能事半功倍。很多年前，我們就在說「給孩子減負，給他們更多的自由空間」，但是眼下形勢依然嚴峻。適量的作業和考試，對孩子智力的訓練是必要的，鞏固促進了學習效果，也提升了孩子學習的自覺性和理解力。過量的作業和考試，讓孩子在題海中喘不過氣來，孩

子缺乏對知識的自主理解和感悟，疲於應付作業和考試，「這麼小的孩子卻背著一個這麼大的書包，看著都心疼」，但父母又表示了自己的無奈，不這樣，好像實在找不到更好的方法。

典型案例

小新，就讀於某高中，學習成績在班級裡始終保持在前十名，是家長和老師眼中的好孩子。但是最近，班導師發現，小新連續好幾天都沒有來上課，班導師把這一情況告知了小新的父母，小新的父母也不知道兒子到底在幹什麼，不過他們想到兒子最近以來是有些異樣：小新以前是很少向父母要零花錢的，可最近一個月，小新每天向父母要了十元左右的零用錢。

隨後，父母與小新進行了溝通，但是小新也只是告訴父母最近幾天的行蹤，其他的也不再說什麼，但父母看到小新的情況，猜到肯定還有其他的問題。在父母的堅持下，小新跟著他們來到了青少年心理學研究中心進行諮詢。在心理諮詢師的一番疏導後，小新說出了壓抑在心裡的話，原來小新今年是高三，學習壓力很大，每天都有鋪天蓋地的作業，每天中午時間要急急忙忙地做作業，晚上還要上自習，一直到十點多才能休息，而學校也針對高三學生專門制定了月考制度，每個月高三年級就要舉行一次考試，而小新在前兩個月月考的成績不理想，受到了老師的批評，高強度的學習節奏和壓力，讓小新倍感焦慮，身心疲憊，最終小新去網路遊戲中尋找慰藉。

專家解讀

過量的作業和考試會壓垮孩子

在當前的教育制度下，如何提高孩子的學習成績是家長和老師共同關注的問題，也是一直讓家長和老師頭疼的問題。在傳統應試教育的影響下，透過作業和考試來檢驗學生學習的效果，似乎是最為合理和常用的方法。由此引起這樣的現象：在學校，老師即使知道過量的作業對學生學習是不利的，卻也不得不給學生布置大量作業；在家裡，家長也一味地詢問孩子是否做完作業，或是要求孩子做儘量多的練習。在過量的作業和考試中，學生感受到的也只有巨大的壓力。

第五章 快樂地學習

作業和考試的初衷在哪裡

作業和考試是學習活動中必不可少的一部分內容，是對學習知識的練習和檢驗。溫故而知新，透過適量的作業和考試，增強學生對知識的理解，得到學習的樂趣從而帶動學生主動學習和探索。在學習中，我們經常會發現這樣的現象：當學生成功挑戰一道具有適當難度的習題，得到同學和老師的讚揚之後，其喜悅程度是最高的。而簡單重複的習題，卻可能增加孩子的負擔，使孩子感到厭惡。

「學而時習之，不亦樂乎」，這是令很多家長困惑的地方，為什麼古人能把學習作為一件樂事，而現在的孩子卻不愛學習呢，家長往往將孩子不愛寫作業的原因歸結為孩子懶惰，一旦出現孩子不做作業或是完成不了作業，父母和老師的反應往往是嚴厲的指責，卻不關注問題的癥結在哪。學習中不能缺乏練習，最好每練習一次孩子都能獲得新的感受，給孩子帶來「樂」。如果每練習一次只是讓孩子覺得還是原地踏步走，是簡單重複的練習，不能使孩子獲得新的感受，這必然給孩子帶來乏味和枯燥。因此，過量的作業和考試，只會增加孩子學習的負擔，卻不能造成促進學習的作用。

好父母修煉

探索適合孩子的學習方式

既然作業和考試並不能肯定地提升孩子的學習效果，這應該引起每位老師和家長的思考，是否應該繼續使用這一方式。孩子的智力存在差異，其學習方式也應該是有差異的，家長應該在孩子的學習中選擇適合孩子的學習方式，既提升了孩子的學習效果，又可以使孩子在學習中獲得快樂。家長，應該是最瞭解自己孩子的人，根據孩子的智力、耐力、興趣，讓孩子選擇適合自己的學習方式，家長大可不必時時處處地進行監督，只需要進行階段性的詢問即可。

不斷發掘孩子學習的興趣

興趣是最好的老師，把興趣帶入到學習中來，可以造成很好的效果。比如繪畫，可以帶入語文，繪畫練習能增加孩子對事物的敏感度，增強孩子的注意力，這些特質在學習語文時，是相當有益處的。

學習中要勞逸結合

學習主要是腦力勞動，沒完沒了的作業和考試，不僅增加孩子大腦的負擔，使孩子大腦長期處於疲憊狀態，同時，也增加了孩子的緊張情緒，給孩子製造了更多的壓力。在學習中必須要注重勞逸結合，不能一味地強制孩子做作業、做試題，儘量不要給孩子太大的壓力，應當儘可能地讓孩子自主安排學習與休閒時間，家長要給予孩子充分的信任，只需要在進度上予以把控即可。

成長小提示

1.將孩子從題海中解放出來，給予孩子更多思考的時間。

2.好的方法能取得事半功倍的效果，父母應幫助孩子找到適合他自己的學習方法。

二、讀「最好的」學校不如讀最適合的學校

學校是孩子學習和成長的重要場所，好的學校因其良好的基礎設施和過硬的師資力量，越來越受到學生和家長的追捧。許多學生家長很早便給孩子定下目標——考上最好的學校。甚至有一部分家長，不惜花費重金，也要讓孩子上最好的學校。然而，在此過程中，家長恰恰忽略了一個問題，最好的是否就是最適合孩子的，最好的是否就一定能培養好孩子。

典型案例

小梅今年剛剛進入當地一所很知名的高級中學，這個來之不易的機會，讓小梅和家長吃夠了苦頭。

小梅熱愛學習，學習成績一直不錯，小梅父母也十分重視小梅的學習和成長，在小學時就經常利用假期給小梅報興趣班，培養小梅的各種興趣和愛

好，聰明的小梅也一直沒有讓父母失望，不僅學習成績好，而且多才多藝，小梅成了父母的驕傲。

進入國三後，小梅的父母也隨著小梅的學習進度緊張起來了。他們一直希望小梅能考上當地最好的高中，為父母爭光，以後也能考個更好的大學。父母一直在小梅面前提這件事情，但是小梅卻有自己的想法，她認為自己雖然在現在的班級裡學習成績還不錯，但是要想考上當地最好的高中難度還是很大的，而且她覺得那所高中的環境氛圍並不適合自己，不想進入那所高中學習。父母的願望讓小梅越來越不自在了，終於小梅向父母表達了自己的想法，沒想到父母卻完全否定了她的想法，表示小梅還是小孩什麼都不懂。雖然小梅心裡一百個不願意，但她是一個聽話的孩子，也不斷地給自己壓力，好好學習，暫時放棄了自己的興趣愛好。透過一年的辛苦努力，小梅以險分進入了那所最好的高中，父母非常高興，但小梅卻在進入高中後陷入了煩惱。

能進入這所學校的學生都是學習的佼佼者，學校的教學進度也很快，小梅漸漸地發覺自己學習越來越吃力了，在班級考試中排名越來越靠後。現在小梅已經沒有時間繼續進行自己的興趣愛好了，也變得越來越不自信了。小梅的父母還沉浸在喜悅中，根本沒有發現女兒的變化。

專家解讀

最好與適合哪個更重要

人具有了追求的動力，才能促進社會的進步，好的事物，人人都喜愛，但是好的事物並不一定是人人都適合的。好高騖遠地追求最好的事物，脫離個人的能力基礎和興趣愛好取向，必定意味著過程更加艱難和痛苦。每個人的能力和追求是不一致的，有的人成功了，更多的人卻失敗了。人的成長應該遵循「快樂原則」，在追求某一事物的過程中，應該考慮是否適合自己的能力，是否能得到快樂，學生處於成長的關鍵時期，不管是智力發展，還是社會認識都處在一個快速發展階段。

最好的就是最適合的，這是人們認識上一個普遍的誤區。美國心理學家、經濟學家西蒙認為，人是有限理性動物，人的認識是有限的。所以在日常生

活中，人們要以「滿意原則」代替「最佳原則」，也就是說人雖然渴望得到最好的事物，但在現實生活中人們往往接受的是令自己滿意的東西。如此，不僅取得了令人滿意的發展趨勢，同時，也可以使人的快樂得到最大化。

選擇要以孩子的興趣和能力為基礎

作為家長，你瞭解你的孩子最需要的是什麼嗎？每個孩子的能力和興趣愛好是不一樣的，他們的需求也是各具特點的，家長不能以自己的要求來代替孩子的需求。

父母總是以全能的角色出現在孩子面前，為孩子規劃著一切，卻從不詢問孩子心中的意願，忽略了孩子的興趣和愛好。在這個問題上，父母經常做的就是，知道自己的孩子不喜歡搞藝術，卻硬要為他報各種各樣的才藝班。或者是明知孩子對某一課程沒有興趣，也堅持孩子必須學習某一課程。正如俗語說的「強扭的瓜不甜」，雖然孩子勉強達到了家長的期望，但並不符合孩子的意願，從長期來看，在不合適的環境中，孩子缺乏長期的動力，不利於孩子的發展。

學校的辦學特色和辦學理念很重要

學校是培養人才的平臺，每所學校具有各自的歷史風貌，形成了每個學校別具一格的辦學特色。家長在為孩子選擇學校時，不能只是看學校的社會名氣，應看到學校的本質。針對學校的辦學特色和辦學理念，選擇適合孩子能力和興趣發展的學校，更應注重校園文化氛圍，最好的學校如果不適合孩子的發展，對孩子的發展不能產生助力，相反會成為阻力，對孩子的發展產生不好的影響。

適合孩子的學校，才是最好的學校，否則再好的學校對孩子來說也可能是揠苗助長。正如孔子在對待自己的學生時，並沒有一味地要求學生學習自己認為最好的知識，而是根據每個學生自身的特點，對他們進行教育和引導，成就了有名的七十二弟子。

好父母修煉

正視孩子的能力，瞭解孩子的興趣

興趣是最好的老師，好學校能成為好學校並不是僅僅因為有良好的校園建築、基礎設施，而是因為有良好的校園文化氛圍和能夠因材施教的教師。

與孩子保持暢通的交流渠道

隨著孩子的成長，他們也形成了自己的價值觀，對事物有了自己的認識和看法，特別是在自己的事情上，孩子渴望透過自己來選擇發展道路，來體現自己是一個獨立的個體。父母應該用平等的心態來對待孩子，傾聽孩子的想法，尊重孩子的意願，給予孩子適當的引導和建議即可，因為在合適與否的問題上，可能孩子比家長看得更加清楚。

改變觀念，切莫盲從

為孩子選擇最好的學校，這是基於傳統觀念，受到簡單地以學習成績優秀、上好學校來評定學生的優劣的影響，越來越多的家長都為孩子選擇最好的學校，即使削尖腦袋也要把孩子送到最好的學校，其中不排除一部分家長是因為盲從而為孩子選擇最好的學校。作為家長應該改變自己的觀念，最好的不一定是最適合的，最適合的才是最好的。

成長小提示

1. 選擇學校，不僅要看學校的師資力量，更要注重學校的校園文化和整體水平是否適合自己的孩子。

2. 為孩子選擇學校，首先要尊重孩子的意見，與孩子進行溝通，讓孩子表達自己的想法，家長再綜合考慮進行選擇。

三、孩子表示：升學「鴨梨山大」

升學承載了父母和老師的期待，是孩子走向更高學府的必然路徑，也是對一個階段學習成果的測試，在某種程度上代表著孩子的學習成效。升學，不管是對孩子本身，還是家長來說，都是一件非常重要的事情。同時，升學

意味著競爭，幾家歡喜幾家愁，家長望子成龍，孩子也渴望進入好的學校，進入一個好的學習平臺。在現實中，升學給孩子帶來了很大的壓力，大部分的孩子都表示升學「鴨梨山大」。一方面，透過升學，才能進入更好的學校進行學習，孩子本身對自己就有要求；另一方面，升學承載著家長和老師的期望，孩子肩負的期望越多，承受的壓力也就越大。

典型案例

小李是一名高三住校生，今年面臨高考，他學習成績優異，始終保持在班級前三名，父母和老師對小李的期望都很高，父母非常重視小李的學習，全家都以小李為中心，為了能讓小李的營養跟得上，父母輪流著伺候他，希望他考一個好的學校。開始，在父母的鼓勵下，小李覺得信心倍增，學習也更加努力了。父母害怕小李有所鬆懈，時刻提醒小李，不能鬆懈，必須要考個好學校。

時間久了，父母的期望讓小李不再感覺到信心倍增和動力十足，而是感覺到自己肩負的期待已經轉化為極大的壓力了。小李已經把父母的期待完全烙印在心裡，時時都在提醒自己必須考上好學校，然而事與願違，近來他一直睡不好覺，腦袋裡總會浮現出父母的那句話——必須考上好學校。有時心裡刻意不去想這件事，但還是不由自主，慢慢地小李晚上失眠了，有時白天上課注意力也不集中，成績也出現了下滑，這給小李造成了巨大的恐慌，但他也沒敢把這情況告訴父母。

小李總是擔心自己的考試成績，尤其是一遇到模擬考試，心情就特別緊張，憂心忡忡，做試題時，總是擔心有什麼遺漏，反覆地檢查試卷，做下道題時，心裡卻仍想著上道題的答案，嚴重影響了做題速度。致使幾次模擬考試成績不理想，更加重了小李的壓力。因為升學，小李已經放棄了自己課餘休閒時間，班級同學出去打球運動的時候，小李也是在教室裡學習看書。

小李現在感覺自己越是用心用力去學習，學習成績越沒有明顯的提高，反而有所下滑，讓小李感到升學「鴨梨山大」。

專家解讀

家長期望越大，孩子背負的壓力就越大

人們常說，父母會把孩子看作另一個自己，自己有什麼未達成的願望往往就希望孩子能達成，會極力地要求或引導孩子向這個方向努力。可憐天下父母心，父母對孩子的期望值都很高，迫切希望孩子成才，從各方面給孩子創造條件，讓孩子成長。面對升學，父母總是傾力而為，頻繁地給孩子鼓勵，總是希望給孩子最大力度的支持。這種想法固然是好的，但是給孩子傳遞的這種迫切的訊息越多，孩子內心積攢的壓力也就越大，會讓孩子背負沉重的心理壓力，一旦超出了孩子所能承受的範圍，會讓孩子產生不自信，動力缺失，甚至嚴重到厭惡、叛逆，家長的期望也就會變成失望。承載了巨大壓力的孩子，也陷入了緊張的生活中，感覺壓抑鬱悶，甚至有時會表現出「神經質」，當與同學們玩耍時，心裡也在想著學習，這樣的玩耍實質上並沒有造成徹底放鬆心情的作用。許多實例表明，孩子的學習與玩耍搭配得越好，學習的效率就越高，換句話就是，學「習時全身心學習，玩耍時全身心玩耍」。

頻繁的鼓勵已經變質

很多家長在遇到這種情況時，會表示非常的不理解，認為家長給予孩子很多鼓勵，是為了讓孩子變得更加優秀，怎麼就變成給孩子壓力了呢？孩子的學習需要動力，而這很大一部分來自父母的鼓勵，鼓勵可以讓孩子充滿自信，塑造孩子自覺探索的精神，獲得情感上的滿足，從而產生巨大的動力。

當鼓勵變成經常性的提醒，這種鼓勵已經變質，在孩子的理解中，這已經演化為父母的要求，在孩子心中也由動力轉化為過度的壓力。作為家長，要懂得適可而止，順其自然，只要孩子付出了自己最大的努力，無論結果怎樣，都是一個圓滿的結局。

好父母修煉

孩子面對升學，本來自身就有一定的壓力，如果還面臨其他方面的壓力，孩子們更會感覺「鴨梨山大」。在升學期間，到底應該如何面對孩子，才能既給孩子減壓，又不影響升學呢。

及時溝通，適當鼓勵

孩子雖小，但也是一個獨立的個體，面對升學，孩子肯定也有自己的想法，父母要瞭解孩子心中所想，特別是對升學的想法。有的孩子會根據自己的希望以及自己的能力來確定升學目標，家長適時給予建議，但最後的決定權仍要放在孩子手中，不要強行要求孩子，否則只會是給孩子升學增加壓力。

對孩子升學期望要適當

父母對孩子有了期望，才會重視孩子的成長和關注孩子的教育。父母始終是望子成龍、望女成鳳，出發點固然是好的，但如果期望過高就不是一件好事了，應該保持一個適當的期望，讓孩子在努力的同時能看到實現的可能性，這樣既不會給孩子的升學造成壓力，也不至於讓自己太失望。

注重勞逸結合

升學期間，學習任務重，給孩子的身體和精神造成了很大的壓力。更有一部分孩子，為了考取好的學校，放棄了很多的休息時間，暫停了自己的興趣愛好，學習成了孩子唯一的活動。做成一件事情，需要兩方面的配合——必成的信念和科學的方法，大腦需要休息，過度的學習並不能提高學習的效率，要運用更加科學的方法。對孩子的學習要進行合理的安排，在緊張的學習中讓孩子得到休息，雖然學習時間會減少，但是學習效率提高，也會取得預期的學習效果，這對孩子來說不僅不會產生壓力，還會讓孩子在學習中得到快樂。

成長小提示

1. 父母首先應該調整心態，不要給孩子增壓，而要給孩子多點自由，讓孩子保持張弛有度的學習節奏。

2. 合理安排孩子學習時間，給孩子制定計劃，既有學習計劃，也要有休閒娛樂計劃。

第三節 幫助孩子建構關於學習的正確價值觀

一、把對知識的正確價值觀傳達給孩子

知識是一個社會發展成果的結晶，能夠指導人的社會行為，正如培根說過的一句話「知識就是力量」。如今社會已經邁入知識經濟時代，知識給社會和個人帶來巨大改變。古往今來，讀書多，獲得的知識越多，個人的成就可能越大，這已經成為社會共識。但隨著社會的發展，多元化已經成為一種趨勢，加上當前大學生就業難，就業起薪低，有一部分家長和學生就認為「知識是沒有用的東西」，在社會上能混才是硬道理。高昂的教育成本，渺小的教育回報，讓學生和家長產生了巨大的心理落差，尤其是看到並沒有接受更多學校教育的同齡人卻取得了更大的成就時，學生和家長便開始有了「知識無用」的錯誤價值觀。

典型案例

石磊，就讀於當地一所普通高中，下半年就要進入高三學習，但是家長發現，石磊並沒有一點的緊迫感，還是像以前一樣，經常出去玩耍，回家後也不見他做作業和看書，完全沒有受到高三緊張氣氛的影響。

一天吃過晚飯，石磊正要準備看電視，爸爸將石磊叫過來，要和他進行一次交談。說到關於學習的事情，爸爸問石磊最近學習怎麼樣，也詢問了石磊關於高考有什麼想法。石磊非常認真地給爸爸表達了自己的想法，他認為，現在學習沒用，就算考上了大學，在大學裡學的知識也沒有多大用處，出來之後一樣找不到工作，早點走入社會，奮鬥幾年就什麼都有了。再者，現在有很多大學生畢業之後從事的工作都與自己的專業不對口，學了四年的知識沒了用武之地。而且，自己辛辛苦苦學習三年，但是高考卻用三天就決定了自己的命運，這不公平，爸爸也沒有更好的理由來說服他。

專家解讀

知識真的是無用的嗎？

首先，讓我們先回顧下「知識無用論」的出現。「文化大革命」期間，知識分子階層被打倒，學生不願上學，知識無用被廣泛宣傳，這是「知識無用論」的開始。隨著經濟體制的深入改革，社會觀念悄然發生改變，衡量人價值的標竿漸漸倒向了金錢，尤其是近幾年，教育費用猛漲，就業低迷，出現了貧困學生負債讀書，中小學生輟學嚴重的現象，越來越多的高考生放棄高考，社會上也出現了一些「不讀書一樣賺大錢」和「讀了書照樣找不到工作」的言論。在學校裡，很多學生認為，專業課成績優劣與就業關係不大，學生也對學校教育產生不滿，認為學到的知識無用，人們終於發出了這樣共同的疑問──知識到底能否改變命運？

知識是有分類的，有專業技能知識，有普遍通用的社會知識，透過學習知識可以提升人的智商和情商。知識的獲取途徑也不同，有從書本間接獲得知識，也有從實踐中獲得知識；有學校教育獲得知識，也有自學成才獲得知識。知識是人類最寶貴的財富，在知識經濟時代顯得更加寶貴，這就是為什麼在數百年前就出現了知識產權保護法規，這也從側面證明了知識的寶貴。

社會的進步離不開人類知識的增加和創新，每一次知識的創新都推進了社會的進步。中國的四大發明、唐詩宋詞元曲、牛頓發現萬有引力定律、愛迪生發明電燈泡、諾貝爾發明炸藥等，這些都證明了知識具有強大的物質力量和精神力量。

沒有接受學校教育是否就意味著沒有知識呢？

透過學校教育是獲得知識最直接、最快捷的途徑，也是現今階段最常見的途徑之一，但並不是唯一途徑，現實生活也不乏自學成才的典型，沒有接受學校教育並不意味著沒有知識，他們也可以從其他途徑獲得知識，主要是必須具有一顆熱愛學習、善於學習的心，時刻保持謙虛的心態，「事事留心皆學問」說的就是知識的獲得可以在任何時間和地方。

好父母修煉

端正認識，端正心態，應以多元化的觀點衡量人

去除知識功利主義思想，古人說「書中自有黃金屋，書中自有顏如玉」，追求的也不過是金錢與美色，飛黃騰達是這些讀書人的願望。多數人都是從外部成就出發來談論知識的價值，很少有人從自身修養出發來談論知識，《大學》中有這樣一句話：「古之欲明明德於天下者，先治其國；欲治其國者，先齊其家；欲齊其家者，先修其身；欲修其身者，先正其心；欲正其心者，先誠其意；欲誠其意者，先致其知，致知在格物。」這句話最後的落腳點在「格物」，而格物就是獲得知識，即對事物的認識，從而才能誠意、正心、修身、齊家、治國、平天下。每位家長都希望孩子成為具有完善人格的人，而具有知識就是其中必備的一個要素，知識讓孩子對大自然和社會有了更深入的認識，知曉更多的道理，為孩子以後的發展鋪平道路。

引導孩子正確看待當前的社會現象，多以正面事例教育孩子

以功利主義的眼光對待知識的功用，可能會讓很多人失望，因為金錢只是成功的附屬品，當馬雲最早看見電子商務在中國所發出的曙光時，雖然面對嘲諷和挖苦，面對創業時的篳路襤褸，但他一直在用知識的眼光去看待社會發展，如今他成了中國電子商務第一教父，鑄造了一個巨大的商業王國。

家長要深入分析孩子所認為的「讀書無用論」的本質及其所說事例，與孩子進行正向交流。由於受到年齡和社會閱歷的限制，孩子對某一事物的看法相對來說都是比較淺顯的。對社會現象囫圇吞棗式的認識，使他們只看到了事例人物的光鮮面，沒有認識到任何結果都不是憑空出現，孩子認識上的假象，最終使孩子得出「知識無用」的結論。

成長小提示

1. 學習知識可以提升人的智商和情商，知識具有強大的力量。

2. 儘量引導和幫助孩子，讓他們做自己喜歡的事情，讓孩子養成學習的習慣與合理對待知識的態度。

二、讓興趣和恆心成為孩子前途最可靠的保障

　　什麼是最有前途的？興趣和恆心才是最有前途的，這句話的意思就是說，一個人能否取得成功在於對這件事是否有興趣和能否長期堅持。社會分工是社會發展到一定階段的必然結果，合作、協調是這個社會的主旋律。勞動沒有高低貴賤之分，各個行業是互相依賴的，隨著社會經濟的發展，新興的行業總被人們認為是最有前途的，新興行業對人才的需求比較迫切，這就是所謂的熱門職業。熱門職業意味著高薪、優越的社會地位，這也是大部分人的追求。很多家長便要求孩子必須選擇當前看來有前途的職業或技能。在家庭教育中經常會碰到這樣的事情，當家長告訴孩子為何要學習某門功課或是某種技能、才藝時，家長總會用「現在學習這樣最好，是最有前途的」這句話來解釋。比如，在當今社會中，「明星效應」十分突出，很多家長奔著這一最有前途的希望，要求孩子學習各種才藝，只為日後孩子更有出息。就像學習鋼琴，郎朗和李雲迪在鋼琴事業上獲得的巨大成功，讓許多家長看到了學習鋼琴的前途，他們並不關心學習鋼琴是不是辛苦，也不關心孩子是否愛好鋼琴，便要求孩子去學習。大量調查發現，大多數孩子因為缺乏興趣，很多才藝學習都沒能堅持到最後。對孩子來說，父母的這一做法，不僅打擊了他們學習的積極性，也給他們成長帶來了負面影響，使孩子否定了自己的能力。這對孩子的成長是不利的，卻被家長美其名曰：「這是為了孩子好！」家長應該靜下來想一想，所謂的前途重要還是孩子的成長重要！

典型案例

　　在經歷了一年的努力之後，小林終於得到了父母的同意，申請轉入歷史考古專業學習，小林的心情終於變得舒暢了。

　　這件事要從一年前的高考說起。小林在高考選擇學習什麼專業時，陷入了痛苦之中。小林平時喜歡看中央十套科教探索頻道，對歷史和考古非常感興趣，而且這個愛好一直從國中堅持到現在，自己也買了很多歷史書籍。歷史課，小林感到很愉快，沒有一點點的枯燥，在學習上也沒有什麼困難，學習感覺很輕鬆，成績一直很優異，小林覺得這就是自己的興趣和優勢，決定

高考填報歷史考古專業。但是小林的這一決定遭到了父母的反對，父母認為學歷史考古沒有前途，畢業以後就業面窄，堅決反對小林學習歷史考古，並要求他選擇熱門的經濟管理專業，認為這是個有前途、就業好的專業。父母強硬的要求讓小林在無奈之下選擇了父母理想的專業，但入學一年了，小林沒有感受到上大學的喜悅，和周圍同學的交流也很少，沒有感受到學習的快樂，鬱鬱寡歡，學習成績下滑很快，雖然沒有掛科現象，但是小林沒有絲毫的學習動力，輔導員老師找小林多次談話，但始終沒能扭轉小林學習上的困境。經過瞭解，輔導員老師知道了癥結所在，和小林、小林家長進行了多次溝通，小林取得了父母的支持，透過學校的測試，轉入了自己喜歡的專業。

專家解讀

到底什麼才是有前途的？

社會發展需要一個龐大的社會網路支撐，特別是隨著社會分工精細化，每個行業都被緊緊地交織在一張網中，每個行業都是不可或缺的。

當眾人都在做同一件事時，並不一定就是最有前途的，別人的成功並不意味著自己的成功，「經驗是學不來的」，把別人的成功歸功於外部環境，而沒有看到別人在成功中所付出的努力就去盲目跟風，沒有經過深思熟慮，沒有以孩子的興趣愛好為基礎，唯前途論，脫離了孩子的意願和志向。一方面，從小給孩子灌輸功利主義思想，使孩子缺乏對事物發展的長期規劃。另一方面，這違背了孩子的成長規律，興趣應該是孩子最好的老師，家長不顧孩子的興趣，強制或者盲目選擇，孩子本身就已存在反抗心理，同時又不得不承受父母的壓力，長此以往，孩子丟失了自我選擇的能力，會放任自我，形成依賴，任父母安排，但自身已經沒有了自信。唯前途論，是沒有經過思考，沒有深入的瞭解，前途其實已經是泥潭。前途應是未雨綢繆時的先見，應是堅持不懈、精益求精的結果。光鮮亮麗的前途，輕而易舉得到的前途那只是鏡花水月，任何前途的獲得都應是艱辛勞作、孜孜不倦地追求的結果。

社會是發展的，行業需求也是有變化的

當所有的人都想進入熱門行業時，熱門便漸漸變得平淡，最終也會成為冷門行業。對一行業缺乏興趣，沒有全身心的投入，試問，如何能在這一行業中取得如魚得水的發展前途。電腦行業，前十年的熱門行業，初興時，前途一片光明，隨著技術發展、教育普及，網路泡沫在陽光下消失了，大量的電腦人才找不到自己滿意的工作。

什麼樣的行業和人被認為是有前途的

有一群人幹著別人眼中「沒有前途」的工作，然而一旦成功，別人立馬就會認定這是一項有前途的工作，而不清楚為何會有前途。究其原因，不外乎機遇和堅持，精誠所至，金石為開，運氣加上堅持就會成功。所以從某種意義上來講，並不在於孩子選擇了什麼，而是在於選擇了怎麼做。個人的前途不是因為選擇什麼而有前途，恰恰在於自己是怎麼樣的人，自己怎麼樣去面對所選擇的事物。

好父母修煉

父母應理性認識，冷靜思考，明確孩子的需要是什麼

人是各具特性的，別人適合的自己不一定適合，別人能做成功的自己不一定能成功。成功往往是不可複製的。前途，就像是一盞明亮的燈，雖然耀眼，但容易讓人頭暈目眩。如何認定某個行業是有前途的？大多數的家長都是從別人的成功中看到事物發展的前途，缺乏理性認識，簡單地跟風，一刀切式地強迫孩子進行學習、選擇。鞋子是否合腳，必須要自己穿一穿才知道。孩子的選擇，應由孩子占據主導，父母可以進行引導，但是不能強硬要求，否則會引起孩子的反感。

給予孩子自主權，讓孩子選擇學習什麼，大家都熱捧的事情不一定適合自己的孩子。每個人生而不同，不同的家庭環境，不同的教育經歷，不同的性格愛好和智力水平，這些都會影響人未來的發展。孩子對事物有了自己的認識，有了選擇的權利，就應該鼓勵孩子選擇並堅持下來，培養孩子主動發展自己、完善自己的意識，家長應該肯定孩子的選擇，給予孩子信心。對孩子來講，適合自己的才是最有前途的，這件事上，家長首要關注的不應該是

是否有前途，而應該在於如何調動孩子的積極性。麥可喬丹，一個響徹世界各個角落的名字，他的家庭教育是值得借鑑的，喬丹和他父親就像是朋友一樣，他父親也從來不強迫他學習，用一個「賣掉三件舊衣服」的事情教導喬丹——人應該高貴地生活著，使喬丹相信只要努力就會成功。

尊重孩子的選擇

父母會從自己的角度出發為孩子進行選擇，孩子也會有自己的選擇，當二者的選擇不一致時，到底應該怎麼做呢？是父母作為全知全能的角色來反駁孩子，還是應該尊重孩子的選擇。教育案例說明，不加解釋地反駁孩子，會極大地傷害孩子的積極性，從而使孩子不願與父母過多交流，在孩子與父母之間架起一道無形的障礙。尊重孩子的選擇就是給予孩子充分的信任，父母與孩子之間的信任是很重要的。

成長小提示

1. 父母不能把自己的理想強加給孩子。

2. 培養孩子自我認識的能力，讓孩子發掘自己的潛力。

3. 引導孩子鞏固他們的興趣愛好，發展孩子的特長。

第六章 把握好管與不管的分寸

第一節 掌握管教的程度和範圍

一、不能無處不管，也不能處處不管

　　2009 年，一句「媽媽喊你回家吃飯」紅遍網路，這句話讓我想到了管教孩子的重要性，有的孩子整日流連於網吧，不願學習，也不願回家，對於孩子，父母的管教也不見效，讓父母倍感無奈。對於管教孩子，父母總有這樣的困惑：別人家的孩子，家長幾乎沒有怎麼管教，孩子仍很乖巧聽話、有出息；自己家的孩子被自己嚴格管教，時時都擔心，事事必指導，仍狀況百出。這些現象讓父母無所適從，如果不管教孩子，擔心孩子容易誤入歧途，比如沉溺網路遊戲等；如果管教孩子，又不知道怎麼下手，無法預知管教的效果。父母到底應該怎麼管教孩子呢？

典型案例

　　小明是家中的獨子，今年上小學六年級，父母把所有的希望都寄託在小明身上，也把所有的心血都傾注在小明身上。他們對小明的管教也相當嚴厲，不允許小明犯一點錯誤，一旦犯錯小明就要受到嚴厲的批評。

　　父母覺得小明正是按照自己的培養方式在成長。為了小明的成長，他們對小明的學習做了詳細的計劃，不斷給小明買課外輔導書，要求每天必須看多少書、寫多少字，週六、週日還要去上才藝班，從不允許小明玩遊戲，不能獨自上網，不允許小明申請通訊軟體，就連看電影，也必須有父母陪同。小明想和小夥伴們玩一玩，但父母經常都不允許。父母要求小明必須好好學習，各門功課成績必須在班級名列前茅，達到了父母的要求，就會給小明買很多東西作為獎勵，相反，則會讓小明做深刻的檢討。為了小明的身體健康，父母非常注重小明的飲食健康，從不給他亂吃零食，每次看到別的小孩津津有味地吃著零食，小明都很羨慕。

漸漸地小明嘗到了「偷偷」做事的快樂，可是，小明還是很羨慕別的孩子可以自由自在地生活，目前的生話讓小明感覺很累。

專家解讀

孩子的成長到底該不該管教

在「動物世界」中，我們經常會看到這樣的景象：獅子媽媽帶著小獅子去尋覓食物，教小獅子如何奔跑，如何捕獵，一旦小獅子的獨立能力達到一定程度，便被母獅子無情地趕出自己的領地，這就是動物世界的生存規律。孩子是天真純潔的，像一張白紙，孩子的成長除了先天遺傳因素外，更有後天的培養。疏於管教，放縱孩子，都不能很好地幫助孩子成長。管教孩子是一門藝術，管教過嚴或是疏於管教，都不利於孩子的成長。管教過嚴，把孩子看作自己的附屬品，沒有把孩子看作獨立的個體，挫傷孩子的積極性，會讓孩子變得依賴，失去獨立性，甚至會讓孩子產生嚴重的逆反心理，走上自暴自棄的歧途；疏於管教，就像小樹苗一樣，不經適當的修剪，又怎會長成棟樑之材呢？

管教孩子的法寶是什麼呢？

成才的道路有千萬條，每個家庭的生活環境又是不同的，教育理念和管教孩子的方式也是不一樣的，但都有一個共同的目標：為了孩子的健康快樂成長。那麼管教孩子的法寶是什麼？追求一個固定的管教方式，這肯定是不符合實際的，自己家父母應根據孩子的具體個性，找到適合孩子的管教方式，從而使孩子更好地成長。

好父母修煉

張弛有度，管教不宜過嚴或過鬆

大多傳統家庭都信奉「棍棒之下出孝子」，對孩子的管教，都是採取「嚴之又嚴」的方法，不聽話的孩子便要受棍棒之苦。然而，很多父母困惑了，棍棒之下往往出的不是「孝子」；相反，棍棒卻容易造就孩子的逆反心理，讓孩子變得更加倔強，時間久了，孩子也不再懼怕「棍棒」之苦，而孩子也

將「是否受苦」作為與父母間的一種博弈。若對孩子棄之不管，整天由著孩子自己的性子，漸漸地，當父母想要管教時，孩子卻再也聽不進父母的話了。父母要知道，「一張一弛，乃文武之道」，過嚴或過鬆都不是管教孩子的理想狀態。管教孩子，應該是父母和孩子雙方都積極參與的過程，而不是單方面行為，雙方要密切配合，父母要與孩子進行深入溝通，瞭解孩子心中能接受的管教方式。同時，父母要給予孩子更多自我管理的權限，不必事事緊逼，太嚴厲的管教讓孩子沒有思考的時間，孩子缺乏時間來主動地認識自己，也達不到理想的管教效果。

管教方式要符合孩子成長規律

父母的管教方式會給孩子產生影響，管教類型大致可以分為民主型、溺愛型、威權型、冷漠型。調查統計發現：民主型管教影響下的孩子認知能力、溝通能力較強，自信心強，積極性高。溺愛型管教影響下的孩子學習成績、溝通能力、動手能力、自我控制能力較差。威權型管教影響下的孩子認知能力、溝通能力較強，但從眾、自信心缺失。冷漠型管教影響下的孩子學業表現、溝通能力差，對人、對事漠不關心。孩子處在成長關鍵時期，可塑性強，父母需要針對孩子的性格特點進行管教，有的孩子好靜，有的孩子好動，必須針對每個孩子的性格特點進行不同的管教，張弛有度、揚長避短，充分發掘孩子的潛在優勢。

注重引導，管教是不僅要管，更重要的是要教

小孩子總喜歡問父母「為什麼呢」，很多父母的回答往往是單調的「什麼為什麼，就是這樣，你聽不聽我的」。孩子對外部世界充滿了好奇，「為什麼」代表了孩子對事物真相的探求，而父母強硬的回答讓孩子失去了好奇心，長此以往，會讓孩子就是有什麼想法也不願再向父母訴說了。這就是很多父母困惑的一個問題：為什麼我的孩子有什麼想法都不願和我說呢？父母要從自身進行檢討。管教要適應孩子的性格特點進行引導，管教孩子也意味著提高自身的修養，父母要學會「換位思考」，事前多看，事中多做，事後多想，理解孩子的心境，面對問題，用耐心給孩子更完滿的答案。

好父母不是天生的
第六章 把握好管與不管的分寸

成長小提示

1. 當孩子抱怨時，不應不問緣由就喝斥孩子，不應該抱怨，而應當與孩子進行深層次的溝通，明確孩子抱怨的原因。

2. 管教孩子，不能強求，要給予孩子充分的信任。

3. 時刻關心孩子的情緒和心理感受，耐心主動地傾聽孩子的想法。

二、預防孩子形成壞習慣

家庭環境的建設者主要是父母，家庭環境的使用者是父母與孩子，家庭環境包含方方面面，而不僅僅是經濟狀況。在家裡面，父母和孩子心情都是放鬆的，因為沒有什麼比家更讓他們感到親切。父母經常會說「沒事，這都是小事」「不就是吸煙嗎，不用這麼大驚小怪」。但是這些態度和行為日積月累，最後，父母們就會發現孩子在無形中也養成了相同的態度，很多孩子看著父母做什麼，便自己嘗試著做什麼。孩子的學習很大程度上來自模仿，他們對周圍環境很敏感，會以很快的速度將周圍環境反映到自己的大腦，再映射到自己的行為上，父母的一些習慣和認識，會悄無聲息地傳遞到子女身上。

典型案例

小靜，今年9歲，已是三年級學生了，她的學習從不用爸爸媽媽擔心，在家裡也是一個很聽話的孩子，但隨著小靜的成長，小靜的爸爸媽媽越來越感到困惑，不知道該怎麼去管教小靜了。

以前的小靜讓爸爸媽媽很放心，是一個乖巧聽話的孩子，作息時間也十分規律，早睡早起，每天晚上按時上床睡覺，即使是看著最喜愛的動畫片，只要一到時間，她也會立即去休息，第二天早早就起來，即使是假期，小靜也會保持早起的習慣。有時，爸爸媽媽覺得太早，便會要求小靜再休息一會兒。小靜的爸爸是一個喜歡睡懶覺的人，晚上睡得晚，白天起得遲，不上班時，經常是在家睡懶覺，很少帶小靜出去玩。最近，小靜喜歡看動畫片，跟著爸爸偶爾也會看得晚一點，父母也沒在意，覺得孩子偶爾這樣放鬆一下也

是沒有問題的，但是漸漸地他們發現，小靜睡覺越來越晚，有時，他們都已經休息了，小靜仍在看動畫，沒有一點要休息的意思。每次父母讓小靜休息，小靜都很不情願。因為這件事情，小靜和父母間的爭執也越來越多。

專家解讀

父母是孩子成長的老師，也是孩子心中的人生榜樣

家庭環境相對來說是一個封閉的系統，父母對於子女的影響是無時無刻不存在的，父母的一舉一動、一言一行，都會「無聲」地影響著孩子，日積月累，孩子的言行一旦定型便很難改變。每個孩子一開始都是單純的，有一顆赤子之心，最早接受的教育影響都是來自家庭和父母，父母在孩子的習慣養成上，扮演著至關重要的角色。父母在孩子心中是一個榜樣，孩子對父母行為的模仿，是孩子習慣養成的第一步，不管是好的行為還是不好的行為，孩子都會不加選擇地接受。

習慣的力量十分巨大。少年若天成，習慣成自然，當一件事或者一個模式固定下來便會成為習慣。一個好習慣，可以成就一個人；一個壞習慣，可以毀掉一個人。

好父母修煉

以身作則，給孩子展現良好的一面

家庭是孩子成長的第一所學校，父母是孩子的第一任老師，學生會注意老師的一言一行，孩子更會留意父母的一舉一動，所以父母必須注重個人修養。在有孩子的家庭裡，父母不能隨意而為，特別是當著孩子面。比如家長在孩子面前爭吵，不但會影響孩子的情緒，也會影響到孩子的處事方式。當孩子遇到不順心的事情時，就會採取爭吵的方式來解決，漸漸地，父母會發現孩子有時也會頂嘴了，這個時候父母們就要警惕了，問題不一定是出在孩子身上。父母要正視自己，在家庭中要為孩子樹立起好的榜樣，特別是在孩子面前必須學會克制，要以身作則，給孩子營造良好的家庭氛圍。

主動引導孩子培養好的生活習慣，給孩子制定合理的生活計劃

研究發現，父母一般擅長的技能，大多數孩子也都會傾向於擅長該技能，父母熱愛運動，孩子也會喜好運動，經常和孩子一起運動，既增加了父母與孩子間的感情，又培養了孩子熱愛運動的好習慣。以孩子的性格、興趣為基礎，給孩子制定一些生活計劃，提升父母和孩子的參與度。習慣是日積月累養成的，不是一蹴而就的，培養孩子好的習慣，首要的就是父母要有耐心，不要急於求成，不要對孩子施加過多的外在壓力。

及時制止孩子的不良行為

習慣一旦養成便很難改變，家長應該具有前瞻意識，未雨綢繆，一旦發現孩子的行為有所偏離，要在第一時間與孩子進行溝通，及時糾正孩子的行為。孩子都喜歡看電視，尤其是動畫片，父母應該給孩子做一些計劃供孩子選擇，而不能任由孩子想看就看，想看多久就看多久，長此以往會讓孩子形成做事隨意、拖延的習慣。當這種習慣嚴重時，要給予孩子適當的懲戒。父母對孩子的溺愛，是孩子養成好習慣的最大障礙，父母應該堅持原則，不能慣著孩子的習性，對孩子的要求要慎重，不能無原則性地滿足孩子的要求，要以是否利於孩子成長為依據。在孩子犯錯時，不能一味袒護，要指出孩子的錯誤，並讓孩子意識到錯誤的原因和後果，杜絕錯誤的再次發生。

成長小提示

1. 給孩子制定合理的成長計劃，培養孩子的自我成長意識。
2. 讓孩子羅列自己的好習慣和壞習慣。
3. 給孩子講明行為的利弊，使孩子從內心遠離壞習慣。

三、預防孩子形成不良偏見

偏見就像是魔咒一樣，一旦形成便很難擺脫，會給孩子的成長帶來很大的困擾，偏見是一副有色眼鏡，讓孩子看待世界的眼光發生改變。

典型案例

兜兜的母親最近很苦惱，兜兜一直是個很優秀的孩子，在家裡是媽媽的小跟班，在學校是老師的好幫手，與同學相處和睦。兜兜因為有先天性哮喘病，秋冬時節不能上體育課，引來很多同學笑話，她向老師請假，其他同學就說：「兜兜有很重的病，連體育課都不能上了。」兜兜聽到這些話，很傷心，不願意和這些同學玩，而其他同學也不願和兜兜一起玩了。

有一次，兜兜姥姥去學校看兜兜，在教室裡幾個學生就圍上來對兜兜姥姥說：「你們家兜兜上課老是做小動作，不愛學習，是壞孩子。」這句話讓兜兜很沮喪，姥姥眼中的好孩子變成了壞孩子，兜兜開始討厭這個學校，害怕和同學說話，整天回到家都是悶悶不樂，和以前的兜兜相比，簡直是換了個人。

為了徹底打開心結，兜兜媽媽來到學校，與兜兜的老師、同學交談，當兜兜媽媽問他們：「你們為什麼不願意和兜兜玩呢？」「為什麼說兜兜是個壞孩子呢？」，他們的回答讓兜兜媽媽很驚訝，「因為我媽媽說不要和有病的孩子玩耍」「媽媽說不好好學習的孩子就是壞孩子」。孩子的話讓兜兜媽媽進行了深入的反思，沒想到傷害兜兜的話竟然也是自己經常給兜兜說的話。

專家解讀

偏見，孩子成長的魔咒

人生多歧路，偏見就是其中的一條。偏見讓孩子迷失自我，對事物的認識發生偏移。偏見使孩子對事物的認識發生偏差，偏見的特點就是以點概面、以偏概全，用標籤代替對事物的深層次認識，使孩子形成簡單粗暴的認識方法，長此以往，使孩子缺乏對事物的探索意識。

灌輸偏見，會讓孩子自我意識缺失

在孩子的群體中，孩子們非常懼怕別人對自己用這些詞眼：黑、胖、髒、傻、矮。因為他們害怕別人瞧不起自己，具有這些特徵的孩子總是容易受到別的孩子的歧視。這些偏見可能就是來自父母從小的灌輸，「不要和髒孩子

第六章 把握好管與不管的分寸

玩」「長得黑不溜秋，一點也不好看」「這孩子長得真胖」。說者無心，聽者有意，孩子記住了這些話，不知不覺地就影響了孩子的言行，讓孩子形成偏見，漸漸地喪失了自我意識，過多依賴別人的看法。

好父母修煉

幫助孩子正確區分事物的差別

偏見產生的根源是沒有正確全面地認識事物，而偏見一旦在孩子心中扎根，便很難再改變。父母應該給孩子傳遞正確的世界觀，透過帶領孩子多去接觸多樣性的事物，用圖片等直觀的方式給孩子解釋事物的差異。讓孩子瞭解事物的多樣性，透過接觸讓孩子明白事物間的區別都是自然存在的，人各有所長、各有所短，沒有好壞之分。

及時制止孩子的偏見行為

孩子隨意的一句話、一個動作，可能是無意識的，但絕不是無緣由的，孩子會接收來自各方面的影響，不僅僅是父母、家庭，還可能是其他的孩子。當孩子出現錯誤的行為時，父母要及時制止，並仔細地分析原因，讓孩子對自己的行為進行解釋，父母對其中有偏見的地方進行糾正，使孩子從認識上改變這種偏見。「這個孩子學習不好就不是好孩子」這樣的話語，卻讓父母陷入了糾結，一方面，確實希望孩子學習好，透過各種手段讓孩子樹立這樣的認識——好孩子要好好學習；另一方面，隨著社會的發展，讀書並不是成功的唯一路徑，每個孩子的優勢是不一樣的，父母應該清楚地意識到這句話的不合理性。

教育孩子對別人要有愛心，有包容心

一部電影中有這樣的一個鏡頭：一個小男孩渴望融入集體的懷抱，和大家一起玩耍，卻被別的孩子歧視，不願和他玩耍，這個孩子很傷心，這時有一個小女孩走向這個男孩，拉起他的手，願意和他一起玩耍，小男孩變得非常開心，這就是愛心的體現。這個女孩沒有受別人偏見的影響，用包容的心，給這個男孩帶去快樂，同時，自己也變得很快樂。

成長小提示

　　1. 父母要對自己的言行負責任，要培養孩子正確的與人交往的方式，以此消除偏見。

　　2. 父母要以身作則，去除自己身上的不良行為。

　　3. 保持與孩子定期的交流，讓孩子對自身的言行做一個評價，進而達到自覺地反省的目的。

第二節 敢於讓孩子經受挫折

一、孩子總有跌倒的時候

　　生活中，誰都難免會遇到各種各樣的挫折，大人如此，小孩子也不例外。「老師，好熱，開風扇。」常愛抱怨對周圍環境不適的小靜說。「嗚……老師！我不會，你幫我……」每次一遇到困難就放棄的小翔哭著說。「媽媽，疼，嗚嗚嗚……」跌倒的小王哭泣著趴在地上說。現實生活中我們經常看到身邊的孩子一碰到挫折便放棄，一遇到困難便逃避或抱怨，心中不免憂心這些孩子將來長大會養成退縮、易放棄、耐性差的性格，而現實中的一些父母當孩子跌倒、受挫時，便急於挽扶或小題大做地疼惜，結果只會讓孩子養成這種錯誤的習慣，一遇到困難就找父母，而不是自己想辦法解決問題，他們一直生活在父母的襁褓中，不能茁壯成長。

典型案例

　　李某某 17 歲，是家裡的獨子，父母一直視為掌上明珠，爺爺奶奶倍加呵護，生活在富裕之家，在爸爸媽媽的細心照料和呵護下成長，並曾赴美國 shattuck St.mary's 冰球學校留學。

　　4 歲入選幼兒申奧形象大使；4 歲開始學習鋼琴，鋼琴九級；8 歲開始學習書法至今；10 歲加入少年冰球隊，多次參加少兒冰球比賽；連續兩屆榮獲「希望杯」青少年兒童鋼琴比賽二等獎、作品演奏獎；曾獲全國少兒鋼琴比

賽金獎、第八屆北京鋼琴藝術節優秀演奏獎；在父母和外人的眼中孩子很優秀、有出息。

小學時，每次李某某犯了錯誤，總能平安無事，父母總會出來幫其解決。在美國留學時，李某某曾因爭執將同學的蛋白粉換成洗衣粉，2011年9月6日，因與人鬥毆李某某被收容教養一年，2012年9月獲釋。2013年2月21日，李某某因涉嫌輪姦被再次拘留，以強姦罪判處李某某有期徒刑10年。

正是父母一直的庇護，使得李某某一直犯錯，如果父母在孩子小的時候就能對他進行很好的管教，也不至於如此，正如主持人董路所說：「小李上的是中關村三小——無數家長希望孩子能上的小學，然後是大學附中——無數家長希望孩子能上的高中，隨後是美國留學——無數家長希望孩子能去的地方，最後是拘留所——所有家長都不希望孩子去的地方。」

專家解讀

孩子總有跌倒的時候

現在的寶寶有一個普遍的特點：任性、倔強、心理脆弱。許多家長生怕孩子吃苦遭罪，當起了孩子的「保護傘」，由於家長的嬌縱、溺愛，我們的孩子很少有「苦」「難」的磨練，他們個性非常的脆弱，往往經受不住一點點困難和挫折。殊不知，這種過度的保護對孩子非常不利，會剝奪孩子自立、自強的機會。作為家長，應轉變觀念，正確對待孩子成長過程中遇到的挫折，父母應引導和培養孩子在不同情境下戰勝挫折的應變能力，使孩子有勇氣面對困難，有機智應付困境和有能力解決難題。

在成長的道路上，每一個孩子都會跌倒，只要每一次跌倒後自己爬起來，他就會站得更穩，走得更好。所以當你的孩子不小心跌倒時，請不必過於驚慌，而是嘗試多鼓勵和正確引導，讓孩子學會自己爬起來，然後別忘了再送給孩子一個肯定和鼓勵的擁抱！

挫折能讓孩子更快地成長

人生，有成功的高潮，也有失敗的低谷，正如一位哲人所說：「人生沒有永遠的贏，也沒有永遠的輸，而人的抗壓能力，往往是在失敗中鍛造出來的。」因此父母要正確看待孩子的挫折教育，要讓孩子從小就知道什麼叫「失敗」，等他長大以後就能坦然面對失敗；孩子從小就在困難中摸爬滾打，長大以後他才能披荊斬棘，乘風破浪；孩子面對失敗、面對挫折，百折不撓，勇敢地去解決問題，無論結果如何，這種「較量」會讓孩子的思維更活躍、應變更靈活、行動更敏捷……家長要正確看待挫折教育的價值，對於孩子來說，經歷的挫折越多，他往往越堅強、越有韌性，他的心智就會越早成熟起來。

好父母修煉

　　人要學會走路，也得學會摔跤，而且只有經過摔跤，他才能學會走路。所以每位家長都應告訴孩子「無論何時，跌倒了要儘量自己爬起來」。父母如何對待孩子的挫折教育，直接決定了孩子未來能否勇於面對失敗或困難。

正確的教育態度，是孩子成長的關鍵

　　有一個試驗是觀察中美日三國的父母面對孩子跌倒時的處理方式，從中我們可以看出父母的教育態度對孩子的成長，對於孩子能否勇於面對失敗造成了至關重要的作用。在中國，孩子不小心跌倒後，家長多半是趕快跑過去扶起孩子，給孩子拍掉身上的灰，安慰孩子不要哭。在美國，小孩跌倒了，父母都不去幫忙扶起來，他們會告訴孩子「自己站起來」。

　　日本媽媽聽到孩子的哭聲，就過來把他扶起，既沒有安慰孩子，也沒有責備孩子，而是鄭重其事地說：「孩子，你再重新走一遍！」「不經歷風雨，怎能見彩虹」，家長與其為孩子遮風擋雨，還不如讓他們從小接受暴風雨的洗禮，因此當孩子跌倒、受傷或受挫時，不要急於伸出援手，讓孩子嘗試自己爬起來去面對，父母要扮演的角色是一位鼓勵者、一位陪伴者，適時給予孩子口頭鼓勵，有必要時可以協助他們找出解決方法。讓他們跌倒後學會自己爬起來，一個從小嬌生慣養、溺愛過度的孩子，在困難面前就很容易跌倒，跌倒後也不會自己爬起來。敢於交鋒和抗爭者，即便跌倒也會爬起來，最終

成為命運的主人和事業上的成功者。因此，掌握正確的教育方式是教育孩子成長的關鍵。

挫折是孩子成長必經的過程

愛迪生面對一次又一次的試驗失敗，不是氣餒、放棄，而是一如既往地堅持，尋求解決問題的方法。孩子一生的道路上肯定會面對各種各樣的挫折，父母不可能一輩子守護在孩子身邊，為他們披荊斬棘。

「授之以魚，不如授之以漁。」這句話同樣適用在孩子的教育中，替他解決問題，不如幫助他們學會面對挫折，教給他們解決問題的方式和方法。現實生活中，當孩子遇到挫折時，父母首先要做的是讓孩子自己先嘗試去解決問題，當孩子挫折感嚴重時，要強化他們的自信心，然後告訴孩子可以怎麼做，或者分析大人的行為模式，讓孩子明白這樣做有哪些優缺點，讓他實際面對的時候，有充分的心理準備，這樣即使不是一帆風順，孩子也不至於太難過，或留下心理陰影。

成長小提示

1. 當孩子遇到困難時，家長應該用鼓勵的話語來激勵孩子，並且讓孩子獨自面對問題和挑戰。

2. 家長要學會和孩子坦率地交談，幫助孩子樹立信心、戰勝困難，多和孩子推心置腹地討論遇到的問題。

3. 孩子的年齡越小，我們給予他鼓勵的方式就越要多元化，這樣他才能從感官上得到最大程度的接受。

二、幫助不等於包辦

這裡我想起一位母親，想起她給遠行的兒子寫的一封信，那一句「你注定要成長，而我要退到幕後」令人難忘。這位母親明白，愛是為了更好的分離，所以，她放飛孩子的同時又給了他單飛的力量。這個世界上，所有的愛都以聚合為最終目的，只有一種愛以分離為目的，那就是父母對孩子的愛。父母成功的愛，就是讓孩子儘早作為一個獨立的個體，從你的生命中分離出

去，以他獨立的人格，面對他的世界。心理學認為，沒有分離就沒有獨立，沒有斷乳就不能成長。終有一天，父母要退到幕後，把舞臺讓給孩子們。為了孩子在這舞臺上的精彩展示，我們一定要捨得放手！

典型案例

小李今年 10 歲，是家中的獨子，父母的心肝寶貝，爸爸媽媽從小李一出生，就給他做好了人生的規劃，希望小李能實現他們年輕時候沒有完成的夢想。

小李剛出生的時候，媽媽就去書店買幼兒教育的書籍，並對父親說：「我們可不能讓我們的孩子從一出生就輸在起跑線上。」上幼稚園的時候，為了讓孩子上最好的學校，媽媽就去報名處排起長隊，為小李選擇了收費較高的特長班，把兒子的日常生活安排得滿滿的。

小學一年級，媽媽又給小李報了各種才藝班，不是奧數，就是英語，不是鋼琴，就是繪畫。有一次，小李對媽媽說：「媽媽我可不可以不學習鋼琴啊，我不喜歡，週末能不能帶我去海洋公園玩啊？」媽媽沒有在意孩子的疲憊和無助，只是說：「孩子，咱可不能輸在起跑線上啊，其他小朋友都在學習呢，咱可不能落後啊！」

為了讓孩子在其他方面無憂，父母給小李請了個保姆，每天照顧小李的日常生活，從穿衣到吃飯，從上學到睡覺，都做了嚴格的規定。久而久之，小李養成了依賴父母的習慣，小李的性格也變得任意妄為。

當小李稍微長大點，父母就開始盲從所謂的「教育趨勢」，幫孩子擇校，讓孩子出國留學，追逐熱門專業。父母總是過分擔心孩子，天氣稍微變冷就要給他多加衣服，太陽光線強就不讓孩子出去晒太陽，一點小雨就要開車去接送孩子，受到父母的影響，小李經常找各種理由，稍有不適就請假不去學校，在家躺著不起床。

專家解讀

幫與不幫

好父母不是天生的
第六章 把握好管與不管的分寸

對於中西教育，很多人喜歡拿中美父母對待孩子跌倒後的行為做比較，大部分家長現在主張不扶也不哄，「勇敢一點，自己爬起來！」理由是不能讓孩子變得太嬌氣，要培養孩子的獨立能力，他一跌倒你就扶，這點小事都要幫忙，將來怎麼在社會上立足啊！也有人主張孩子現在還小，扶不扶，沒有必要上升到那麼高的理論高度。事實上大部分家長將重點集中在了「扶與不扶」的表面上，而沒有看到後面很重要的一個環節——人家是怎樣鼓勵安慰孩子的。

第一件事就是安慰，要及時給予孩子擁抱和鼓勵。「啊！寶寶真勇敢！疼嗎？來讓媽媽看看！嗯，抱抱！親親！」

第二件事就是總結並鼓勵重試，當他放鬆了緊張的情緒，就立刻跟他一起總結摔倒的原因，「我們來看看剛才為什麼會摔呢，是不是沒踩穩，沒事，待會兒陪著你再試試，我們是勇敢的孩子，再來試試！加油……」所以問題的關鍵不是我們扶與不扶，而是我們應該怎麼扶、怎麼幫助孩子找到更好的解決挫折或者難題的方法。

好父母修煉

父母不能以愛的名義傷害孩子

在現實生活中許多父母對孩子寄予了太多的希望，傾其所有給孩子創造優越的物質條件，包辦代替，再苦再累也不怕，為的就是讓孩子有更好的未來，能夠出人頭地，以至於因為自己的「愛」把孩子害得「體無完膚」卻渾然不覺。父母要明白我們可以幫孩子做事，幫孩子做決定，但是永遠不能代替孩子成長，我們不能準備好一切去迎接孩子，而是應讓孩子自己準備好一切去迎接未來。生活中大多數父母對孩子過於溺愛，什麼都捨不得讓孩子做，自己甘心當孩子的奴僕，處處為孩子代勞，使得孩子從小養成了自私自大、任意妄為的性格。父母要懂得照顧孩子不等於毫無原則地為孩子付出，而是要鼓勵孩子去解決難題。法國教育家盧梭曾這樣形容他們的處境：「他們將因為自己的錯誤而流許多辛酸的淚，而且永遠不能從哭泣中得到安慰。」希望這些話能夠引起父母們的深思。

推動孩子投入生活

父母和孩子僅僅是一起擠在電視機前的沙發上，互相說些溫柔的話語嗎？在家庭教育中，父母的角色不僅僅限於養育孩子，還要推動孩子投入生活，讓孩子學會與父母分離，只有孩子去親身體驗，才會更加獨立自信。有一種愛叫做放手，在子女教育方面，父母必須勇敢地走出這一步，如果父母不懂得放開孩子的手，孩子永遠都不會獨立行走，這會妨礙孩子成長。

父母要放棄「生活得盡善盡美」的想法，每個人都不可能是完美的，在子女教育過程中父母不是幫助孩子避免感到焦慮、憂傷和抑鬱。沒有焦慮、憂傷、抑鬱的生活是不存在的，我們的孩子不可避免地都要面對這些負面的東西。父母要做的僅僅是指導孩子去做，即使孩子可能失敗或者受到挫折，不要試圖代替孩子去體驗，因為這種體驗將是孩子未來的財富。

放手不是放任，做孩子人生的導師

著名的教育家陳鶴琴說過：「凡是兒童能夠自己做的，應該讓他自己做。」如果放手讓孩子自己做，我們會發現孩子的潛能是無窮的；如果我們一直「大手幫小手」，我們的孩子將會在無形中被剝奪許多發展的機會。家長不僅要「養」孩子，還要「教」孩子。首先，家長要敢於放手，當然這種放手不是放任孩子隨便去做，而是要做好孩子人生的導師，給孩子鍛鍊的機會。讓孩子接觸社會，體驗生活中的酸、甜、苦、辣，讓他們感悟世間的真、善、美，從而獲得生存能力。其次，父母要教給孩子在實際鍛鍊中遇到困難和挫折時處理問題的技巧和方法，及時指導和幫助孩子，增強他們戰勝困難和挫折的信心與能力。

成長小提示

1. 給孩子犯錯誤的機會，並且讓孩子知道自己錯在哪裡。

2. 放手也是一種對孩子的愛。

3. 放手不是讓父母對孩子放任不管，而是要給孩子留一些空間，讓孩子學會處理問題的技巧和方法。

三、孩子需要屬於自己的天空

　　望子成龍是根深蒂固的傳統觀念，每一個父母都希望自己的孩子優秀出眾。父母為了孩子的教育絞盡腦汁，尋求各種教育方法，但是作為父母，最常犯的錯誤就是試圖使孩子「和自己一樣」。當孩子拿不定主意的時候，父母總是認為自己的主意是最正確的，自己做的決定是為孩子好，很少讓孩子自己做決定。每一個孩子都有一片天空，孩子們應該在屬於自己的天空中，自由自在地翱翔，我們沒有任何理由加以阻攔，將孩子的天空描繪成父母心中的那片藍天。如同紀伯倫所說「當孩子編織美麗的夢想時，不要用你眼中的現實去糾正他」，孩子雖是藉你而來，卻不屬於你。你可以給他愛，卻不可給他想法，因為他有自己的想法。如果你執意把孩子引上成人的軌道，當你這樣做的時候，你正是在粗暴地奪走他的童年。

典型案例

　　曾經有「第一神童」之稱的寧鉑，兩歲半時就能背誦 30 多首詩詞，3 歲能數 100 個數，4 歲學會 400 多個中文字，5 歲上學，6 歲學習中醫學概論和使用中草藥，8 歲能下圍棋並熟讀《水滸傳》，13 歲與中國國務院副總理方毅下圍棋連贏兩盤，遂被稱為「神童」。中國科技大學破格錄取他為大學生，並為此成立了中國第一個大學少年班。1979 年，少年班學員開始選系，寧鉑從小對物理不是很感興趣，他曾經說過如果當年中科大面試的時候考的是物理，他可能分數是最低的，所以選專業的時候他想學習天文專業，可是中科大沒有他喜歡的專業，他因此向學校要求調到南京大學學天文，但被學校拒絕，因此，他被迫放棄了自己喜歡的天文學而學習當時熱門的理論物理。但他把愛好轉向了星象學、宗教和氣功。

　　如今，昔日的「第一神童」已出家為僧，寧鉑痛恨當年的錯誤選擇，他曾表示，絕不應該設計孩子的未來，應任其自由發展，哪怕最終只能做個普通人。

專家解讀

孩子總是要成長的,他們應該有屬於他們自己的天空,雖然在成長的過程中總會遇到各種各樣複雜的、需要他解決的問題,但父母不應該代替他。父母要做的是鼓勵孩子獨立動手做事情,鼓勵孩子獨立思考問題,凡是孩子能夠做的就讓他自己去做,凡是孩子自己能解決的就讓他自己去解決。家長重視孩子的智力開發,鼓勵孩子問問題,但是在給孩子講解知識或者回答孩子的問題時,家長也要給孩子提出問題,讓他思考,鼓勵他動腦筋。例如孩子問爸爸,為什麼立交橋上沒有紅綠燈,爸爸沒有回答他,而是讓他想一想馬路的十字路口為什麼有紅綠燈,紅綠燈的作用是什麼。孩子想了想,自己找到了答案。爸爸這樣做就很好,不是有問必答,而是啟發孩子自己去思考,自己解決問題。

好父母修煉

按照天性培養孩子

美國作家查爾斯·F·博伊德在《按照天性養育孩子》這本書裡引用了DISC模型:那些快節奏和任務優先的人屬於「D」型行為方式,即指導／堅決型;那些快節奏和以人為優先考慮對象的人屬於「型」行為方式,即交往／互動型;那些慢節奏和以人為優先考慮對

Ｉ象的人屬於「S」型行為方式,即支持／軟心腸型;那些慢節奏和任務優先的人屬於「C」型行為方式,即糾錯／謹慎型。針對不同性格的孩子要有不同的教育方式,父母要根據孩子的性格做出教育方式上的調整。孩子不喜歡繪畫,不喜歡彈鋼琴,就不要強逼孩子學習,而是要發現孩子獨一無二的天賦和潛質,按照孩子的天性和志趣來選擇學習方法、職業領域和成長道路,確立孩子的人生目標和發展方向。

不要替孩子做決定

很多父母都想要替孩子規劃未來,雖說初衷是美好的,但是我們要知道孩子的未來是他們自己的,應該由他們自己去規劃。「替孩子規劃未來」的做法猶如「越俎代庖」,最後往往得到負面結果。孩子對未來或許有一點迷

茫，父母總認為自己是過來人，希望用自己的經驗指導孩子、幫助孩子，父母要明白，自己的人生是自己走出來的，孩子的天空要由孩子去描繪。父母應該大膽讓孩子去飛，讓孩子自己主宰青春、放飛夢想。

尊重孩子的選擇

有的父母是事事替孩子想周到，從不讓孩子動腦筋思考；有的是給孩子營造充分的思考空間，讓孩子大膽去想，認真傾聽孩子的想法。這兩種做法，不知道廣大的父母會如何選擇呢？父母要知道當孩子長到一定的年齡，就會開始有自己的看法和選擇，而任何人都需要理解和尊重，這樣才能讓孩子感覺到和你沒有距離感，才會理解和接受你的意見。

父母要知道自己做得太多，孩子做的就會變少，孩子的自主能力會變差，對父母的依賴性會加重。相反，如果父母尊重孩子的意願，這樣既可以鍛鍊孩子的動手能力，還能增進孩子的父母感情，促進家庭和諧。孩子年紀雖然小，但是也有自己的尊嚴和獨立人格，只要不涉及原則性的問題，父母就應該給孩子充足的自由，讓孩子自己做決定，給孩子獨立生活的機會，這樣，孩子才會成長為獨立、有主見的人。歌德說過：「誰不能主宰自己，誰將永遠是個奴隸。」

成長小提示

1. 孩子做事的時候，父母不能以命令的口吻和孩子交流，而是要以商量、徵詢意見的方式來指導他的行動。

2. 孩子長大了，有了自己的思想和想法，父母應該讓孩子嘗試去做自己想做的事情，不能過分地瞻前顧後。

第三節 幫助孩子認識自我和鍛鍊自我

一、幫助孩子認識自我

美國學者霍曼切克認為孩子能否正確、積極地對自己進行評價，對自己有一個比較清晰的認識，對於孩子的性格發展、學習成績乃至人際關係都有

很重要的影響。孩子需要學會自我認識,這樣才能對孩子的學習生活有更好的幫助,使他客觀地對待問題。

現實生活中很多孩子做不到這一點,當他們在生活或者是學習中遇到問題時,第一反應不是自己應該怎麼做,怎樣才能解決問題,而是習慣性地把問題推到別人身上。比如,有的孩子學習成績不是很好,但是他們往往都不是從自身尋找原因,而是尋找諸如「老師教得不好」,或者是家長沒有給自己找家教,甚至說是因為自己不如別人聰明等藉口。讓孩子正確地認識自我,是孩子走向明天的一把心靈鑰匙,是幫助孩子成功的人生支柱。

典型案例

小李是小學六年級的學生,學習成績名列前茅,班裡很多同學對小李都很崇拜,經常向小李請教學習,小李也很高興地為大家解答問題。國二的時候,學校進行了分班,小李也因此由原班級調往一個新組成的班級,在新班級的幾次考試中,小李的成績同以往相比雖然不相上下,可在新班級的排名卻落後了。而老師又常常只表揚那些排列在前的學生,對排在稍後的學生一味挖苦,或者指責其努力程度不夠。這些事情讓小李感到很痛苦,他甚至開始懷疑起自己的真實能力,不再像以往那樣對任何事情充滿信心,自卑感越來越強,導致學習成績持續下降,對父母交給他的事也缺乏信心,總懷疑自己完成任務的能力,認為自己根本不是學習的材料,頭腦笨拙。結果導致小李自我評價低,漸漸出現厭惡學習、懼怕學習等行為。小李的家長為此事著急上火,主動找孩子聊天,與老師溝通,但是孩子的成績依然提不上去,父母開始懷疑自己的孩子能力是不是真的有問題,老師也放棄了努力的念頭。

專家解讀

學會自我評價和自我認識

很多孩子不會正確地評價自己的思想、動機和行為,往往根據別人的評價來評價自己,從而直接影響學習和參與社會活動的積極性,也影響著與他人的交往活動。他們經常會這樣說:「爸爸,老師今天說我表現很好。」而孩子很少能這樣說:「我覺得我今天的表現很好。」他們也經常會嘆氣道:「同

學都說那個題目很難，我肯定解答不出來的，乾脆我還是去問問老師吧。」不少孩子習慣了從別人的眼睛裡尋找「自我」，從他人的評價中得到答案，忽視了「自我認識」的重要性，從而逐漸喪失了獨立思考的能力。不少孩子不能正確地認識和評價自己的優缺點，也導致了與人交際時出現自卑心理，不能對自我進行肯定；有的孩子則是不能認識到自己的錯誤，而把問題歸咎到他人身上，不對自身存在的問題進行改正。

正確的自我評價對自我發展、自我完善、自我實現都有著重要的意義，父母需要幫助孩子擁有一雙善於觀察自己的雙眼，而不是用自己或者身邊人的思想和評價將孩子層層包裹住。父母應該讓孩子從小學會正確如實地認識和評價自己，這樣孩子才能正確地對待和處理個人與社會、集體及他人的關係，並在成長和學習過程中不斷培養獨立思考的能力，這樣才有利於孩子在今後的生活中面對困難和挫折。

好父母修煉

當今社會，每個家庭的孩子數量基本上都很少，所以家長都把孩子視為珍寶，每位家長對孩子的教育方式是不一樣的，有的家長從小就培養孩子獨立自主的意識，讓他們學會自我認識；也有家長把孩子當作自己的「掌中物」，替孩子規劃好一切，讓孩子按照家長的想法來做，這樣的家長不在少數。其實，讓孩子學會正確地認識自我，是家長教育孩子非常重要的一項內容。對於孩子來說，認識自我需要一個過程，正確認識自我，對孩子的行為有著很重要的調節作用。處於成長期的孩子，對自己的認識不夠穩定，別人的評價對於兒童認識自我具有強烈的暗示作用，甚至會產生很大的影響。怎樣讓孩子學會正確地認識自我呢？

家庭要積極引導孩子學會自我認識的基地

家庭是社會的細胞，是孩子第一個同時也是最重要的一個自我發展基地，孩子的成長，有時候順利，有時候不順利；有時候會取得成功，有時候又會遭到失敗。其實，每個人都是這樣，沒有誰的一生永遠是一帆風順，也沒有誰會始終倒霉。順境時，父母要和孩子產生情感共鳴，為孩子的勝利歡呼慶

賀；逆境時，當孩子出現自我認識偏差時，父母要和孩子多溝通，多關心，對孩子要有耐心和信心。同時應以鼓勵為主，多方引導孩子正確地評價自己，讓孩子學會在失敗中吸取教訓、經受考驗。父母對孩子的認同和肯定是引導孩子自我認識的關鍵。

讓孩子學會自我評價

從嬰幼兒期，我們就應該鼓勵孩子，幫助他們確立一種信念，要學會認識自己的優點和缺點，對自己不好的習慣要及時改正，對自己犯的錯誤，要勇於承認。父母要引導孩子學會自我評價，給予指導，在一點一滴的實踐中，不斷地培養孩子的自主能力。在孩子成長的每一時刻，家長都應向孩子灌輸必要的養分，適時地鼓勵孩子。我們相信孩子會茁壯成長，應當用這種態度去解決和處理孩子兒童時期的每一個問題。

成長小提示

1. 家長應積極主動地與老師建立良好、有效的溝通。

2. 關注孩子在學校生活中遇到的困難，幫助他們有效地解決問題，化解負面事件所帶來的消極影響。

3. 家長和老師要互相溝通孩子所取得的進步，讓孩子經常能從家長和老師這兩個「重要他人」處得到及時的積極反饋。

二、幫助孩子鍛鍊自我

福祿貝爾是幼兒教育的開創者，他在幼兒教育方面的一些思考與實踐對今天的我們來說，仍然具有科學的指導意義。他認為在孩子的發展過程中，孩子的實踐能力是一個不可缺少的重要因素。如不考慮社會地位或經濟條件等因素，每個孩子都應該每天抽出一至兩個小時「認真地進行外在學習任務的創造活動」。

父母在孩子的教育過程中不僅僅要給孩子一雙看到自己的眼睛，使孩子學會自我認識；還要給孩子一雙自我完善的手，增強實踐能力，鍛鍊自己的動手能力。實踐能力是影響兒童全面發展的一個重要因素。

第六章 把握好管與不管的分寸

典型案例

小田是家裡的獨生女，媽媽將近 40 歲時才有了她，因此對她很疼愛，不僅在生活中對她呵護備至，而且學習上的事情也經常為之代勞。小時候，媽媽一般都不讓孩子自己思考，而是自己將孩子作業的答案寫出來，然後再讓孩子抄寫到作業本上。她認為這是為孩子好。

有天，小田在學校裡學習了「軸對稱」和「中心對稱」，老師要求每個學生回家後，都要透過剪紙的方式來真正地理解這兩個概念。回家後，小田興沖沖地拿出紙和剪刀，要剪軸對稱的「蝴蝶」圖案和中心對稱的「圓」圖案。媽媽看見孩子拿著剪刀，怕傷到孩子，儘管孩子一直要求自己剪，可媽媽還是從孩子手中奪去了剪刀。小田覺得很無奈，媽媽根本就不給自己親自動手的機會。

專家解讀

「公主病」和「王子病」

「公主病」「王子病」已經成為當代很多孩子的通病，孩子們從一開始不知道怎麼去「成長」到後來的不願意去「成長」。「不知道」「不會做」似乎已成為大多數孩子的口頭禪。由於從小受到家人無微不至的呵護、照顧，不少孩子已養成了「條件反射性」求助、動手能力低下的毛病，對身邊的人有著強烈的依賴感，同時還缺乏社會責任感。

一說到孩子們的學習，也許我們腦海中會立刻浮現出這樣一個場景：孩子老老實實地坐在書桌旁，書桌上擺滿了各種書籍，孩子就在這「書的海洋」中埋頭苦讀。家長們大多都有這樣一個誤區：孩子看的書越多，記住的知識越多，才是有效的學習。其實這只是學習的一個層面而已，並且，最重要的不是對知識的記憶，而是理解。要讓孩子們做到理解知識，就需要他們在生活中自己動手去實踐，要用他們的雙手「記住」知識。同時，讓孩子們學會自己思考問題、解決問題，也是家長們的「必修課」，然而很多家長在這門孩子教育的「必修課」上都不及格。在生活中，家長喜歡為孩子找各種藉口：學習任務重，家務活兒不用做；孩子太小，他們還做不好；這些家務活兒他

們長大自然就會了。很多看似對孩子不經意的「保護」，實際上是限制了孩子們推開社會實踐大門的雙手，而恰恰孩子們是急需在實踐中用這雙手去完善自我的。從小缺乏實踐動手機會的孩子遇到困難往往會選擇逃避，做錯了事希望別人為自己買單，眼高手低缺乏責任感，控制情緒能力較差，這樣的孩子長大以後，他們的適應環境問題，工作、婚姻方面產生的問題往往比那些從小有機會自己動手的孩子更多。

好父母修煉

轉變教育理念，培養孩子動手實踐能力

父母首先要改變傳統觀念，轉變教育理念。素質教育的實施使孩子的綜合能力越來越受到重視，那種以學習成績的高低評價孩子的社會氛圍正在淡化。現代社會講究的是孩子的全面發展，成績只反映了孩子的學習能力，無法證明孩子的綜合素質和能力。一個孩子可能學習成績不理想，但是卻在動手實踐方面有獨特的優勢。在強調綜合素質的時代，不能只看孩子的成績，還要發展孩子其他方面的能力，尤其是孩子的動手能力。

鼓勵和支持孩子參加社會實踐活動

首先，孩子的動手實踐能力需要家長和學校積極配合，而不是單一的。在各項活動中，家長要敢於放手，讓孩子大膽實踐，透過動手實踐激發孩子那充滿靈性的創造活力。但是家長這個時候要注意的是，幫助不是包辦，家長只能從中進行適時引導和有效幫助，不然孩子的實踐鍛鍊就流於形式了。

其次，生活中的具體問題，可以試著讓孩子自己去解決，父母則在旁邊觀察協助。也就是說當孩子在生活中遇到問題時，更應留出足夠的時間與空間讓孩子自己面對，體會困難，進而解決問題。家長退一步，儘量做一個旁觀者和事後評論者，讓孩子自己解決問題，積累生活經驗，提高處事能力。

培養孩子的創新精神

家長作為孩子健康成長的引路人，當孩子萌發探索、實踐的願望時，應積極引導，培養孩子的創新精神。創新精神的培養不僅是學校的任務，更是

第六章 把握好管與不管的分寸

全社會的任務，父母作為孩子的第一任老師，任務更重。對待困難和問題，要採取啟發、引導的方法，指導孩子開動腦筋，尋找解決問題的可能性答案，幫助孩子獨立思考和探索，養成對問題、知識的好奇心與求知慾，以及對問題主動思考的精神。同時，讓孩子在生活、學習中自己去思考、實踐、感悟、內化，形成固有思維。鼓勵孩子充分發揮想像力，甚至去異想天開，鼓勵孩子反方向思考問題等等。

成長小提示

1. 父母要鼓勵孩子多參加實踐鍛鍊。
2. 父母不要總是用權威教育孩子，要珍惜孩子的創新精神。

第七章 有愛心與管教

第一節 有原則的愛

一、父母要樹立權威而不是威權

隨著「理解孩子」「尊重孩子」等民主教育觀念的提倡，越來越多的父母學著「蹲下來和孩子說話」，越來越多的父母選擇「平等地對待孩子」。「權威」這個詞在現代教育中似乎成了「貶義詞」，成了「蠻橫、不講理、老一套」的代名詞。越來越多的父母不願意在教育中充當「權威」，因為怕權威激發孩子的逆反心理、怕權威違背民主精神。

我們提倡民主，卻並沒有教會孩子民主的正確內涵。現在有越來越多的父母發現自己在家庭中越來越沒有地位，越來越無法取得孩子的尊重，自己也越來越難以與孩子溝通；而孩子變得越來越任性，越來越脆弱，越來越沒有教養。某網路教育頻道曾說道：「也許民主的態度就其內在和本身而言並不壞，只是當它搖擺得太遠時，就可能導致喪失對孩子的約束管制，造成家庭結構變異。當這種民主的態度超過一定限度時，問題會接踵而來。」

現代教育觀念提倡「民主」並沒有錯。因為以前的很多父母可能濫用了「權威」，將「權威」帶入了一個誤區——專制或專橫跋扈，我們只能稱之為「威權」。權威與威權的區別在於：權威是建立在孩子對父母的敬佩、尊重、愛戴的基礎上，自願服從父母；威權是建立在父母以大欺小，用暴力的方式強迫孩子服從，這樣的服從並不是發自內心的認同。

不可否認，現在仍然有一些父母，對孩子「利誘」不成，就轉向「威逼」，以威權使孩子就範。教育方法各種各樣，而他們卻選擇了最極端的方式。

典型案例

朋友的女兒豆豆，長相乖巧，能說會道，是個人見人愛的孩子。

第七章 有愛心與管教

有一次，見她情緒低落，我想開導她，「你多幸福啊，有愛你的爸爸媽媽……」「我最討厭媽媽了，媽媽一點兒也不愛我！」我的話還未說完，她就生硬地打斷了我。她一臉的憤怒，在我的印象中她很少這樣，可能真的「恨」透了自己的媽媽。她的言辭讓我震驚，她的神情更刺激了我。依我看來，朋友對豆豆的關愛無微不至。出去逛街，女兒想要的東西，朋友都會儘量滿足。朋友並不闊綽，可是豆豆穿的衣服在周圍的同齡人中卻很出眾，有時候為了女兒的用品，朋友會心甘情願地犧牲自己的需求。每天回家，也是朋友陪著女兒完成家庭作業並幫她檢查。為了能讓女兒能在其他方面勝人一籌，朋友將大量的錢花在了給豆豆報輔導班上，豆豆的業餘生活也被安排得滿滿噹噹。

朋友對女兒，不僅是物質上的投資，還有精神上的陪伴，滿滿噹噹的付出，任誰都會感動。可是一個十來歲的孩子非但不感恩，甚至要「恩將仇報」了。這到底是為什麼呢？

在我的詢問下，朋友才告訴我。豆豆小時候，家裡人人都寵著她、讓著她，有時候她犯了錯，家人都認為孩子太小，總有一天會懂事，也沒有及時給予孩子批評和教育。漸漸地，孩子長大了，脾氣也越來越大了，稍有不順心的地方就大哭大鬧，直到家人妥協為止。從來不好好吃飯，家人擔心她的身體，常常勸她，一勸就哭。一次，又是因為吃飯，其他人都勸說不下，朋友一怒之下，打了豆豆。豆豆挨了打，哭鬧了很久，卻沒有人「解救」，最後才乖乖就範。這之後，但凡說了幾句，豆豆不聽，朋友總是採取「武力」解決。朋友說只有這樣她才會聽話。「難道就不怕孩子長大後有了逆反心理，更管不住嗎？」朋友無奈地搖了搖頭：「先管住當下吧。現在不打她根本就不會聽。將來她會明白的，我做這些都是為了她好。」

專家解讀

威權不是權威

孩子有一天或許真的會幡然領悟，媽媽曾經的嚴厲是為了自己更好地成長。但是孩子真的是「不打就不會聽」嗎？我們想過選擇更好的方法來教育

孩子嗎？誠然，傳統的教育理念認為「打是親，罵是愛」。它強調的是「嚴愛」，是長幼有別的思維方式，非常重視父母的威嚴。父母可能基於這樣的心理認為：這麼小的孩子都管不住，父母沒威信，將來他還不反了天了！因此，人們在必要的時候難免打罵孩子，因為，我們是愛孩子的呀！再說，不是也有古訓：「棍棒底下出孝子」嗎？畢淑敏的文章《孩子，我為什麼打你》是對打孩子再好不過的註解了，這篇文章曾打動過多少為人兒女的心，讓兒女理解父母，理解父母的一片苦心。初讀時，我也感動得淚流滿面，「我願在打你的同時，我的手指親自承受力的反彈，遭受與你相等的苦痛。」「每打你一次，我感到的痛楚都要比你更為久遠而悠長。」多麼無奈而深厚的母愛呀。「孩子，打與不打都是愛，你可懂得？」可是，這是請求孩子理解和原諒嗎？讓孩子理解自己、原諒自己，讓他們相信，打，也是迫不得已。但是打孩子，真的就應該嗎？打只能逼孩子就範，讓孩子畏懼，卻不能讓他心服口服。

不要陷入「民主」的誤區

用威權代替權威，完全不顧及孩子的想法和感受，固然不可取。但不幸的是，現在許多父母又將「民主」帶到了另一個誤區——放任自流。我們可能過度地響應了孩子的要求，而忘記了孩子也需要被要求。這樣看來，「權威」也好，「民主」也好，並非完全對立的，而是有著內在的統一性。父母一旦喪失了權威，那麼民主也將無從談起；同樣，如果父母不注重孩子的權利，權威就將變成專制。

「半權威」式教育

其實，父母的「權威」並不可怕。因為，權威的本質，就是既要愛孩子，又會要求孩子。瑞士教育專家蔡娜將此定義為「半權威」式教育。「半權威」式教育，實際上就是家長在教育孩子的時候以自己的言行作為孩子的榜樣，訓練孩子的行為，使孩子建立良好的習慣。在孩子做法不當的時候，家長要勇於拒絕孩子不合理的要求，要讓孩子明白，媽媽爸爸的愛不是答應你的任何要求，不答應你的要求，並不是就不愛你了。不答應你的要求，是這件事情不對或者目前不適合你。

權威來源於父母的操行

權威是家庭教育取得成功的重要條件。父母的權威並不是靠單方面的力量就能形成的，它是父母在和孩子相互作用的過程中形成的。家長權威的建立，不能靠無原則的遷就、哄勸、愛撫，也不能靠物質和金錢的收買，更不能靠壓制和打罵，而必須靠家長值得尊敬的品行、模範的行為和對孩子人格的尊重。蘇聯教育家馬卡連科曾說過「權威的根源只出於一個地方：那就是父母的操行，包括行為的各方面──換句話說，就是包括父母兩人的全部生活：他們的工作、思想、習慣、感覺和意圖」。

首先成為合格的父母

父母們首先不要過於著急地建立自己所謂的「權威」，首先應該做的是，成為一個合格的父母，正確地履行自己對孩子應盡的義務和職責。如果你已經盡到了自己做父母的責任，向孩子奉獻出了你無私的愛，贏得了孩子的尊重和信任，孩子自然也願意把家長當成生活、學習以至工作的參謀和顧問，心甘情願地聽從你的指教。這樣，作為父母的權威自然而然就會建立起來了。

好父母修煉

提高自身素質，以身作則

古語有言：「其身正，不令而行，其身不正，雖令不從。」如果要讓父母對孩子產生威信，首先父母自己要做得好。

學習，吸取教育方法

家長要提升自己，學習家庭教育理論，用現代科學的教育理念教導孩子。關注各種家庭教育學習、培訓，找機會參與其中；關注互聯網、電視教育頻道的節目；在家長論壇裡學習、向優秀家長請教；在探討中學習教育孩子的經驗。結合孩子的情況，研究出符合自己孩子成長的教育方法和教育規律，提高家庭教育的能力。

孩子是父母的一面鏡子，孩子的很多行為都來自父母的影響。家長自己的言行成為能給孩子正能量的榜樣。家長要隨時約束自己，提高自身的素質，

讓孩子眼中的自己是真正值得尊敬的。比如：父母告訴孩子要有愛心，要愛護環境，如果只是口頭說說，不會有多大作用。如果父母能給老人讓座，能隨手撿起地上的垃圾，孩子看到父母的行為自然會模仿。你想要孩子成長為什麼樣子，就自己先朝那個方向努力，孩子就會不斷向你希望的樣子靠近。

理解孩子

孩子不是誰的私有財產，每個孩子都是一個有思想，有獨立個性的人。他需要家長的尊重、理解和關愛。家長要尊重孩子的人格、權利、興趣愛好、自主選擇，不要把自己的意願強加給孩子。孩子以自己的方式在實踐中體驗成長，所以家長要給孩子成長的空間。在孩子成長的道路上，要接納孩子的成功與失敗，快樂與沮喪，給予關愛、撫慰和引導，當好孩子的引領者和呵護者，要多用賞識、表揚等正面的教育手段來肯定孩子，向孩子傳遞「正能量」，使孩子處於積極樂觀、愉悅輕鬆的心理狀態之中，這樣孩子才能積極面對生活。

嚴愛結合

愛孩子是家長的天性。然而，這份深沉的愛若表達不當，卻往往會成為一種傷害。愛應該沒有任何附加條件，也就是讓孩子感受到無論發生什麼，父母都是愛自己的。許多家長認為自己對孩子的愛是無私的，其實不然。如望子成龍的父母，希望孩子成名即是附加條件。這樣的愛裡，父母的權威無論如何是樹立不起來的。

只有嚴愛結合才能樹立真正的權威。平時孩子有了錯誤要及時教育批評，批評完後要安撫開導他，使他感受到父母是真愛他的。犯了錯誤是會被批評，而不是被嫌棄、惹人厭惡。這樣才不會使孩子產生畏懼甚至抵抗的心理。這種嚴與愛相結合的教育，最能建立真正的權威，最能夠使孩子信服。

總之，家長只有嚴格要求自己，樹立自己的權威，才能使孩子耳濡目染，為孩子健康成長打下堅實的基礎。

成長小提示

1.「打」不是解決問題的最好辦法，但愛孩子就要學會要求孩子。

2. 孩子的一言一行其實就是父母一言一行的縮影，所以請注意自己的言行。

3. 學會充實自己，學會自律，學會尊重孩子，做到嚴而有格，嚴而有序地愛孩子，才能樹立起真正意義的權威。

二、不被孩子牽著鼻子走

隨著物質生活的富足，很多父母基本可以滿足孩子的所想、所求。滿足孩子的需求，孩子高興，父母也很開心。如今，家庭幸福指數應該很高了，但我們卻常聽有的父母抱怨，現在的孩子跟我們小時候可大不一樣了，嬌氣、任性，想要的東西想方設法也要得到。這樣下去，將來他們怎麼在社會上立足，如何跟別人和諧相處。因為性格的原因，可能影響他們的婚姻、事業，孩子一輩子可能就毀了。現在大眾傳媒發達了，雖然孩子們因此得益，視野更寬廣了，懂得的越來越多了。但是網路的發展、電子媒體的普及對孩子產生很多的負面影響──電子屏幕影響著孩子的視力，沉迷網路遊戲的孩子對周圍漠不關心，網路上充斥的暴力、色情訊息衝擊著孩子的心靈等等，這些都不利於孩子的健康成長，孩子的學習成績也會不斷下滑。孩子稍微長大一點，碰到了問題根本就不願意告訴父母，父母也只能乾著急去猜測、擔憂，卻幫不上什麼忙。

典型案例

我曾經在火車上碰到一對母子，媽媽時時處處替兒子「著想」，給我留下了很深的印象。

兒子有十來歲，非常安靜地坐在那裡，看上去很有教養。

午飯時間，媽媽為兒子買了一份盒飯，自己將一桶方便麵泡了吃。兒子嘗了嘗，覺得泡麵更好吃，不願意吃盒飯。媽媽笑著勸兒子：「泡麵沒有營

養，吃了長不高，你還是多吃一點飯和菜吧！」兒子不依，但也拗不過媽媽，吃了幾口泡麵後，開始乖乖吃盒飯。

剛吃完飯，就聽見火車上的推銷人員在叫賣玩具，一邊叫賣，一邊將玩具拿在手中翻著花樣，玩具不斷變換的樣子很是吸引人。兒子看得目不轉睛，於是一遍一遍地請求媽媽，想買下來。不過，媽媽可不想買它，媽媽乾脆地說：「小孩子玩的東西嘛，你要那個沒用，你忘了，我們以前買過，你不喜歡呀！」幾遍請求沒有奏效，推銷員也走了，兒子雖然不甘心，但是也沒有辦法，「哼哼唧唧」地表示不滿，不一會兒，就被窗外的景色吸引了。

沒過多久，推銷員又來了，又開始推銷展示花樣繁多的玩具。兒子又開始要求媽媽「買一個玩具吧」。即使兒子開始眼中含淚，媽媽仍然不為所動，理由卻更充分了：「家裡的玩具那麼多，以前買的有些玩具，你堆到那裡根本沒玩過。」

展示結束了，車廂裡漸漸安靜下來，孩子們玩鬧的聲音顯得特別清晰。從臨近的位子上傳來兩個擁有玩具的孩子滿足的笑聲和發現玩具妙處的驚嘆。兒子再也忍不住了，伴著「嚶嚶」的哭聲，大顆大顆的眼淚掉了下來，一邊哭，一遍嘟囔著：「媽媽就是不想讓我開心！」媽媽由平靜轉為不安，伸出手摟著兒子，不斷地安慰，兒子卻不買帳，仍然不肯停止哭聲。「滿車廂的孩子，有比你大的，也有比你小的，哪個在哭呀？你丟不丟人呀？」媽媽越來越煩躁了，兒子卻不斷地重複著「媽媽為啥不給我買玩具呀？」媽媽無奈，只好答應，如果再碰上，就一定買。

推銷員再一次過來了，很不巧，玩具已經賣光了。這下，兒子更傷心了，不斷埋怨媽媽「媽媽為什麼不早點買呀？」媽媽說：「下了車我們就去買吧，買個一模一樣的！」「不行，要買兩個！」兒子不依不饒，用他的哭聲威脅著媽媽。「好吧！」或許，媽媽真的覺得兒子在火車上哭，讓她覺得很沒面子，她最終妥協了。

專家解讀

用肯定和鼓勵代替擔憂

上面這個案例中，我們處處都能看到媽媽的「好心」，為兒子考慮得無微不至。媽媽的出發點應該是為了培養兒子的好習慣，讓自己無須擔憂。然而這「好心」卻恰恰透露出媽媽的擔心：擔心孩子的身體，擔心孩子亂花錢買無用的東西，擔心孩子給自己丟面子。孩子和自己的媽媽相處久了，或許已經摸到了媽媽的「軟肋」，所以一次次「利用」媽媽的擔憂，達到了自己想要的結果。

不能說兒子不好或者媽媽不好，他們都從自己的角度要求對方，以達到自己所期望的結果。在這種教育的過程中，媽媽與其不斷地將自己的主觀願望傳遞給孩子，希望孩子在哪一方面更好，擔憂孩子因為不做或做了某一件事而產生不良的後果，不如給孩子更多的祝福和信心。「擔憂」給孩子傳達的是負面的、消極的暗示，這種消極的暗示也會讓孩子對自己產生同樣的錯誤判斷。「堅定的信心」傳遞給孩子的是「媽媽相信你可以」「媽媽相信你會做得更好」，孩子會欣然接受媽媽的肯定，也會越做越好。

如果媽媽堅持不放棄自己的擔憂，在孩子還小的時候，拒絕和否定可能會有一定的作用。但是孩子漸漸長大，試想這樣的親子關係在孩子進入青春期的時候，將如何維繫，孩子還會因為父母「好心」的擔憂而聽從嗎？你處處關注他，擔心他會偷談戀愛，擔心他受不良影響學壞，他有可能乾脆將自己封閉起來，讓你看不到，到那個時候父母又應該怎麼辦？

在陪伴孩子的過程中，孩子也在慢慢成長，會有獨立的需求，希望父母不再干涉他的自由。可是父母卻認為孩子還小，還需要自己的庇護。孩子真的會喜歡你的放心不下嗎？答案是否定的。所以作為父母，不要將孩子當成所有生活的重心，處處替孩子擔憂，更不要將自己的價值觀和希望強加給孩子。

好父母修煉

父母需要自我成長

在培養孩子的過程中，很多父母放棄了自己的夢想、交際、愛好，將所有的熱情都傾注到孩子的身上，隨著孩子要求獨立，渴望自由，嫌棄父母的

囉嗦和關注，父母就會陷入失落中，變得無所依靠。其實只要調整一下心態，好好做自己，用心建立自己的交際圈，培養自己的愛好，繼續自己曾經的夢想，培養自己健康的生活方式和心態。健康、自信、具有獨立人格的父母才會將這種積極向上的情緒傳達給孩子。有時候，我們對孩子的焦慮其實是對自己的焦慮和不自信，所以，一定要活出自我，只有自己健康了，才會以健康的方式和孩子相處，孩子才會從父母那裡學會如何健康地處理人際關係，如何掌握自己的人生。

引導但不強求

出現問題，和孩子進行溝通的時候，儘量透過引導的方式，讓孩子說出自己的想法。站在孩子的角度幫他分析利弊，提出我們的想法供孩子參考。而不是簡單地告訴他應該怎麼做，怎麼做最好。即便你給出了最佳解決方案，孩子如果心存叛逆，也可能會反其道而行之。所以，透過引導的方式讓孩子明白自己是如何考慮的，至於決定權，交給孩子吧，相信他會有自己的判斷。

無論怎麼選擇，人生都不會太糟。我們目前的生活不正是我們一次次選擇的結果嗎？無論多麼高明的選擇，都只是生活的一部分。不要把自己的意念強加給孩子，切記「他是他，你是你」。冉雲飛在《給你愛的人以自由》的序言中說「最困難的一種愛，就是對我們自己孩子的愛，因為整個目的就是愛他們，以便他們可以離開我們，接管他們自己的生活，自由地選擇他們自己的想法和行動」。你的愛應該讓孩子能自由生活、選擇和行動。

成長小提示

1. 父母多給孩子傳遞一些祝福和信心，例如「媽媽相信你可以的」。
2. 父母也應該學會愛自己，愛自己就要學會用心地栽培自己。
3. 愛就大膽地放手，讓孩子學會自己選擇。

第二節 懷疑和責罵不等於批判和幫助

一、懷疑和責罵對孩子傷害很深

　　作為父母的我們，都在隨時關注自己的子女，都想更進一步地瞭解自己的子女，瞭解他們在想什麼、在幹什麼。在他們需要的時候，我們準備隨時伸出雙手擁抱他們，為他們出謀劃策。可是，有時候，子女並不是隨時將自己的一切向父母敞開。父母在焦躁、無計可施之時，可能會疑神疑鬼，傷害孩子的感情。

典型案例

　　上小學的時候，小林學習成績就十分出色，還經常在各種活動中得獎。每天接小林回家的時候是媽媽最開心的時光，一路上，小林會一直喋喋不休地講學校裡發生的各種趣聞軼事。小林也十分依賴自己的媽媽，常常躺在媽媽的懷裡撒嬌。陪伴著可愛的兒子，媽媽非常滿足。

　　很快，小林到了上中學的年紀，考上了資優班。媽媽當然也很得意，辛苦陪伴的兒子也算有出息。

　　可是，就在昨天的家長會上，小林媽媽覺得自己丟盡了顏面。滿以為會得到老師的表揚，可看到的卻是小林成績大幅度下滑，照這樣下去，他可能被劃出資優班。

　　回到家，小林媽媽越想越覺得兒子最近表現異常。他一回家就窩進自己的房間不出來，原本以為他是在認真寫作業，經常寫到很晚。他也很少和家人聊天了，每天看上去都是一幅心事重重的樣子。思來想去，小林媽媽就越覺得有問題，兒子該不會是偷談戀愛了吧。

　　這下，小林媽媽的內心沒法平靜了。她裝作若無其事的樣子，趁著兒子睡著後，偷偷潛入兒子的房間。將兒子的日記、手機簡訊、手機聯繫人都翻看了一遍，沒有發現什麼可疑的東西。小林媽媽並未罷休，打開電腦，將兒子的通訊軟體、社群網站都查看了一遍，仍然一無所獲。

這樣幾天之後，小林媽媽並沒有發現任何可疑的蛛絲馬跡，卻被兒子發現了媽媽偷看了他的東西。兒子和媽媽大吵了一架，警告媽媽不要隨便動自己的東西。此後，兒子的日記本、手機每晚睡覺前一定鎖起來，通訊軟體設置了權限，社群網站乾脆不更新了。

沒辦法，媽媽只好攤牌，問兒子成績下滑，到底是什麼原因。雖然很擔心是自己猜測的原因，但證實之後總會想到辦法挽救兒子。令小林媽媽沒想到的是，兒子沉默了一會兒，抬頭裝作無所謂的樣子說：「只是一次考試，上次沒發揮好，你何必那麼緊張？」說完，翻出最近考試的成績，丟給了媽媽。媽媽接過成績單，也沉默了，原來，上次真是發揮失常了。

媽媽很後悔自己的「輕舉妄動」。可是，小林的眼神越來越冷漠了，和媽媽的交流也越來越少了。媽媽很想找回曾經的小林，幾次努力之後，小林拒絕得十分乾脆：「我需要有自己的空間，請你尊重我的隱私。」

專家解讀

要多給予孩子引導和鼓勵

從教育心理學的角度來看，教育過程是教育者和被教育者「心理需要」相互印照的過程，是雙方「心理交流」的過程。小時候，孩子無憂無慮，願意敞開心扉和父母交流，這時候，教育過程中的「心理交流」會進行得很順暢。正如案例中的小林，小時候和媽媽相處，雙方都沒有壓力，都很愉悅。可是，隨著孩子的成長，孩子漸漸要求建立自己的私人空間，和父母的「心理交流」就會不那麼順暢，有些事只想藏在自己心裡或者和朋友分享，把父母當作對立者。這時候，如果父母出面詢問或者過度干涉會製造家庭中的緊張氣氛，更容易將孩子推向自我保護的封閉狀態。

小林的媽媽肯定對兒子的異常感到苦惱，想證實自己的懷疑。有些父母，面對孩子的改變或異常，或者偶爾的錯誤行為便對孩子橫加指責，嚴重傷害孩子的自尊心。曾有學者在《美國精神病學》雜誌上撰文指出「相比較肉體處罰，父母對孩子動不動就破口大罵，更有可能在以後的歲月給他們造成心理問題」。很有可能的情況是，「遭受辱罵容易讓人產生壓力，心情緊張，

這又影響了他們大腦中某些脆弱區域的正常發育，導致他們在精神方面出現一些嚴重後果」。

懷疑和責罵不僅會對孩子的心理發展產生影響，也會導致父母和孩子之間關係的惡化，不但不會改變孩子的行為，還會讓孩子越來越遠離「暴躁、愛說教、愛責備」的父母。在教育學中，積極暗示和消極暗示會有截然不同的效果。努力發現孩子的長處，激發的是孩子的自信。而專門注視孩子的短處，則會導致孩子的自卑。懷疑和責罵傳遞給孩子的是自己哪裡不夠好，哪些地方做得很差，父母一再指責，就是對這些方面的強化，孩子也相信自己做得很差，怎麼會有動力改進？

好父母修煉

坦誠，說出你心中的想法

無論如何，你希望自己的孩子在人生的路上走得更平坦，你想用自己豐富的閱歷和曾經的經驗及教訓幫助孩子。你應該先和孩子溝通你的想法，讓他瞭解你的出發點，不是為了干涉他的生活，或者對他橫加指責才這麼做的。你相信自己的成長經歷會對現在的他有啟發作用。

孩子，我愛你

如果你整天板著面孔訓斥孩子，無論孩子做什麼你總覺得不夠完美，都要挑出一些毛病。那麼無論你有多愛你的孩子，無論你在背後為他默默付出多少，孩子都不會理解和接受。反之，還可能從你的行為中解讀出「父母不愛我」「父母很討厭我」。愛需要表達出來、表現出來，要讓孩子知道你真的愛他，你所做的一切都是出於對他的愛。讓孩子堅信，不論發生什麼，不管他是否達到了要求，是否做錯了什麼，父母的愛都不會變。更不要用「愛」作為威脅工具和懲罰手段，說出「你再這樣，我就不愛你了」之類的話，讓孩子缺乏安全感。我們的愛，可以有原則，但一定是無條件的。透過你的行為，讓孩子知道，當孩子做錯事，犯錯誤時，我們依然愛孩子。但是，我們不能縱容，應該耐心地引導和幫助孩子改正。讓孩子明確，因為愛，你不捨

得讓他受委屈，不捨得看著他走彎路，不忍心讓他一個人在痛苦中掙扎，所以你想瞭解他，親近他。

找找你們的共同點

多講一講自己的故事，曾經的自己會引起孩子的共鳴，讓孩子認為自己被理解、被體諒，會激發孩子和父母溝通的欲望。孩子雖然小，但是他跟我們成人一樣需要理解。因此，找一找你們之間的共同點，讓他覺得父母可以親近，清楚表達我們對他的理解是非常重要的。

尊重你的孩子

孩子的發展是一個自然的進程，無論是孩子的生理還是心理發展，均有其自身發展的內在規律，尊重孩子就要首先尊重孩子的發展規律，不強求孩子做到現階段無法做到的事情。尊重孩子，也要清楚孩子之間發展上的差異，不隨便拿自己的孩子和別人的孩子做比較，讓孩子迷失自己，產生驕傲或自卑的心理。尊重孩子，還要保護孩子的自尊心和自我意識，給他們一定的自由空間。凡是孩子的事情，就將選擇和決定的權利還給孩子，讓他自己選擇，並承擔選擇的結果。當孩子認為自己是被尊重的，有自己的空間和權利時，和父母的交流便不會讓他心生畏懼和防範。同樣的，他也會將更多的尊重回報給父母。

成長小提示

1. 學會尊重孩子的隱私，給孩子的私人空間上把「鎖」。
2. 多給孩子微笑的暗示，讓孩子發現自己的不足。
3. 找到和孩子的共同愛好，做志趣相投的好朋友。

二、關愛，讓批評也變得甜美

爸爸媽媽在教育孩子的過程中，肯定碰到過孩子不聽話、犯錯誤的時候。孩子在成長，就不可能不犯錯誤。孩子不斷「犯錯誤」的過程，正是其不斷改正「錯誤」，自我完善的過程。假如不給孩子這樣的機會，他們會變得疏

好父母不是天生的

第七章 有愛心與管教

於嘗試、懶於動手、習慣依賴，性格也會變得自卑敏感、優柔寡斷。犯錯並改正的過程就是孩子成長的過程。孩子犯錯誤無非是由於自我控制能力差，不能很好地約束自己；或者判斷是非的能力有限，懵懵懂懂做錯了事；或是曾經做錯的事，父母沒有重視，從而一錯再錯。可見，孩子犯了錯誤，父母如何對待很關鍵。讓孩子明白錯誤沒什麼可怕，和他一起找到下次正確的做法，培養孩子對自己的行為進行監控和反思，孩子會在自我修正的過程中逐漸成熟。

典型案例

小王的爸爸脾氣暴躁，小王小時候比較調皮，沒少被爸爸打，挨罵更是尋常的事情。我最近一次去他們家，小王慌慌張張地往外跑，一不小心，踢碎了角落裡的一個小花瓶。小王嚇了一跳，站住沒敢動，小王爸爸從裡屋三步並作兩步走上前去。我預計將有一場風暴來臨，正想著怎麼勸小王爸爸，卻看見他摸摸兒子的腿，仔細詢問傷到哪兒了沒有。確認兒子沒事，他才鬆了口氣說：「什麼事這麼著急啊？以後走路應該小心一點，真受傷了得多難受！」兒子點點頭說同學在外頭等自己，以後會小心。我詫異小王爸爸的改變，甚至覺得小王都乖巧了許多。

看著我疑惑的目光，小王爸爸告訴我是小王的老師改變了他的教育方法。原來，有一天，小王回家做作業一反常態的認真，爸爸媽媽誇獎了他，他忍不住將課堂上的事情告訴了爸媽。原來，老師在問某一個問題時，小王正在嚼口香糖，老師讓他起來發言，他只好低著頭，不說話，手捂著嘴巴，心想這樣老師就會叫別人。沒想到老師再次大聲說：「剛才老師注意到小王同學在小組學習中非常認真，他有一個偉大發現，卻不好意思說出來。現在我請大家配合一下，閉上眼睛再聽他說，仔細分享他的偉大發現，好嗎？」同學們十分好奇，全都閉上了眼睛。這時老師快步走到他身邊，拿出一張小紙片，伸出手去，他只好吐出了口香糖！他十分害怕，但老師向他使了一個眼色。他就大膽地說出了自己的發現。等其他同學睜開眼睛時，老師微笑著，像什麼事也沒有發生過，同學們還為他熱烈鼓掌呢。

看到老師的關懷和尊重給了小王這麼大的鼓勵，小王爸爸對自己曾經的做法感到深深的內疚。他說自己也很愛孩子，但是以前卻總是為孩子的調皮行為大動肝火。老師能巧妙地解決問題，說明自己的教育方式欠妥。從那以後，就學著改變。還別說，孩子竟越來越好管了。

專家解讀

批評，也是一種愛

小王的爸爸受了老師的影響，改變了批評教育孩子的方法。在批評的過程中注意維護孩子的尊嚴，而不是簡單粗暴地發脾氣洩憤，和孩子有了很好的溝通，並告訴孩子以後遇到類似的事情應該怎麼做，這樣從源頭上消除了孩子逆反心理產生的可能性。孩子認可父母的教育方法，也慢慢學會了自我管理和約束，這樣的教育才真正奏效。

對於孩子的批評教育，也是一門學問。「愛」是家庭教育中的唯一線索，合理的批評要從愛出發，以愛結束，以幫助孩子學會正確處事為基準，以孩子養成良好行為習慣為目標。儘管孩子每次犯錯都有其特殊性，沒有一個放之四海而皆準的萬能方法，但只要家長能在批評或懲罰前，平緩情緒、冷靜分析、對症下藥，就能夠避免相當一部分的傷害。批評只是手段，改錯才是目的，一切手段都必須立足在引導孩子健康成長上，要有效但不能過激，掌握好批評的藝術，掌握好教育的藝術，那才是愛的正確方式。

好父母修煉

堅持動口不動手

體罰在家庭教育中原則上是禁止的，體罰只會讓孩子暫時屈服於家長的威權，不能從根本上改變孩子對自己行為的認識，於教育來說，效果並不理想。批評的本意，是對事物發表意見，將自己的看法和孩子進行溝通，什麼樣的行為是正確的可以做的，什麼樣的行為是錯誤的要堅決杜絕的。家長耐心勸導的態度，會引導孩子正確認識自己的做法，從而接納並進行改變。

錯了，沒什麼大不了

很多家長在孩子犯錯後急於幫助和開導，即便語氣正常，孩子也能從家長的神態中感受到「糟糕，我犯了大錯誤了」。正如我們前面所說的，孩子是在犯錯的過程中積累經驗，學習成長的。錯了，沒什麼大不了，改正就是了。

曾經看過科學家史蒂芬‧格倫在講是什麼讓他具有非凡的創造力時，提到了幼年時的一段經歷。某天，他試圖從冰箱裡取出一瓶牛奶，剛取出來就失手將奶瓶掉在地上，頓時廚房裡一片狼藉。他的母親聞聲而來，然而，她沒有發火，沒有說教，更沒有懲罰他。她說：「哦，我從來沒見過這麼多的牛奶灑在地上，真有意思啊！好了，反正已經灑在地上了，在我們收拾乾淨之前，你想玩一會兒嗎？我想，玩牛奶說不定也是很有意思的。」接著，他真的就玩起了牛奶。幾分鐘過後，他的母親說：「牛奶是你灑在地上的，也應該由你來收拾乾淨。現在，我這兒有海綿、抹布和拖把，你想用什麼？」他選擇了海綿，和母親一起將地板收拾得乾乾淨淨。接著，他的母親又說：「剛才你拿牛奶瓶沒拿住，這說明你還沒有學會如何用一雙小手拿一個大奶瓶。現在，我們到院子裡去，在一個瓶子裡裝滿水，看看你能不能發現一個很好的搬運方法，使瓶子不會掉落到地上。」他透過反覆實踐，知道了用雙手握住靠瓶口的地方，瓶子在搬運過程中就不會掉下來。

這是多麼生動而又豐富的一課啊！科學家的媽媽並沒有指責孩子隨便去拿一大瓶牛奶，反而引導他從錯誤中發現樂趣，學習解決問題的方法。媽媽用事實教導了孩子錯誤並不可怕，有時候錯誤正是通向新知識的路徑。錯誤不可怕的思想會更好地保護孩子的求知慾和探索欲，所以不要怕孩子犯錯，要鼓勵孩子勇於嘗試。

先肯定，再批評

很多時候孩子犯錯誤，並非故意，一味責怪也不能改變事實。不如給孩子以積極的暗示，讓孩子不會因此惶恐，然後再指出到底應該怎麼做，或者陪孩子一起來改正。在肯定之後的批評，既保護了孩子某些正當想法或做法，又使孩子情緒不受破壞，更能接納父母的教誨。

一次性糾正孩子的錯誤

孩子所犯錯誤，一般具有無意性，如果家長不明確地告訴孩子這是錯誤的行為，必須改正，孩子可能會覺得犯錯沒什麼關係，下次可能會再次犯錯。應儘量做到批評、改錯一次到位，這樣改正比較容易。初始糾正不力，第一印象留在了孩子心中，以後再糾正難度會增大。

批評的聲調和用語一樣重要

孩子犯錯誤之後，家長要批評孩子，首先應該平靜自己的心情。帶著怒氣批評孩子，孩子也會有牴觸情緒，不利於孩子改正錯誤。批評過後要及時溝通，告訴孩子你為什麼要批評他。家長告訴他們批評的理由，指出錯在何處、分析為什麼會錯，提供改正的具體途徑，便於孩子換位思考，真正提高批評實效。如果家長錯怪了孩子，要勇於道歉。

成長小提示

1. 學會微笑著批評孩子，適當給孩子一個下臺階的機會。

2. 講一個契合孩子錯誤的小故事效果勝過直接的批評。

3. 人無完人，給孩子犯錯的機會，同時也給孩子改正的機會。

第三節 信任和愛是最好的獎勵和認可

一、給自己誠實和信任，給孩子誠實和信任

自古以來，人們都十分看重誠信教育，將誠信列為立人之本。關於誠信的許多故事，也廣泛流傳，歷久不衰。「曾子殺豬」規勸父母要講誠信，是典範；「狼來了」則為每個小孩子耳熟能詳；甚至領導人的大政方針中也明確提到誠信。然而，有時候，我們所強調的，恰恰是我們缺乏的。許多父母會隨隨便便給孩子一個承諾，「表現好的話，這週帶你去兒童樂園」諸如此類，卻最終爽約；撒謊的行為在我們的孩子身上也屢見不鮮，抄襲作業、考試作弊、對自己做過的錯事矢口否認；更有甚者，父母對孩子提出做人要誠實的要求，卻堂而皇之地在孩子面前上演欺騙的戲碼：客人來訪，自己在家，卻在電話中告訴別人不在家，改天再來。這樣的行為看在孩子的眼中，孩子

會怎樣想，以後又會怎樣做？有人說，有些謊言是善意的謊言，說者和聽者都不會太在意，還會愉悅對方，何樂而不為？或許父母認為這是一種技巧，能言善辯，可是在單純的孩子看來，一就是一、二就是二，你何以讓他區分謊言和善意謊言的界限。一旦孩子養成了習慣，真的開始撒謊的時候，每遇到困難或麻煩的局面，他們就會本能地想從撒謊中尋找出路，此時再來管教就晚了。

在日常生活中防微杜漸，是父母必須做的事。我們的言傳身教對於孩子來說是不可估量的教育力量，如何去身體力行，如何做好孩子眼中的榜樣，需要慎思、慎行。

典型案例

「我覺得我爸爸可偉大了！」一大早，小吳就在教室裡嚷嚷，企圖引起別人的注意。果然，大家的目光都被他這一嗓子吸引過去了。

「昨天中午我和我爸去買饅頭，那裡圍了很多人，賣饅頭的阿姨手忙腳亂地找完錢，我們也沒有仔細看就回家去了。」「吃完飯正要去打球，我們卻發現羽毛球用完了，於是就打算找

點零錢去買球。爸爸翻出中午買饅頭找的錢，發現竟然多出五十元，我一聽立馬樂翻了哈『哈，這下我們賺了，天上掉餡餅的事兒也終於降臨到我們頭上了！』沒想到爸爸沉思了一會兒說：『一定是那個賣饅頭的阿姨找錯錢了，你不知道她要賣多少個饅頭才能賺五十元，我們一定要給她送回去！』」

「我們馬上找回去，可是賣饅頭的阿姨已經回家了。爸爸說她下午還會來的。下午我們再去，看到我們遞過去的錢，阿姨十分詫異，等我們講明了原因，阿姨變得非常激動，連連說『真是太感謝你們了，我一忙起來就糊塗了，要不是你們把錢送回來，我今天就白幹了！』」

「就是為了把多找的錢還回去，我們還多走了好幾趟路呢，你們說我爸是不是特偉大？」

看著小吳自豪的神情，我也替他感到高興。

專家解讀

榜樣的力量是無窮的

無疑，小吳的爸爸為孩子上了很好的一課，讓孩子從中學到了要做一個誠實的人。我們誠實做人，不是為了別人的誇讚或恭維，只是為了自己內心的安寧，只是為了我是這樣的一個人，我必須要這樣做。

我們誠實守信，有時候捨棄的僅僅是一點金錢；有時候捨棄的是不屬於自己的尊榮；有時候捨棄的是自己的虛榮。但我們卻因為捨棄贏得了清白的人生；贏得了子女和周圍人的尊重；贏得了成為合格父母的權利。我們想培養正直誠實守信的子女，就應該首先成為正直誠實守信的父母！

好父母修煉

做誠實的父母是誠實家教的第一步

誠實的品德不是一天兩天就可以形成的，也不是用一兩件事就可以培養一個人的誠實。我們應該經常在日常生活中嚴格要求自己的行為，尤其是面對孩子時，做好自己，讓孩子在模仿中逐漸養成誠實的品質。家長要以誠實培養孩子，還可以在家庭裡就誠實問題展開討論，同時進行批評與自我批評，那效果可能很明顯。向孩子解釋生活中個別善意的謊言（如暫時隱瞞某人的病情）與誠實的區別，讓孩子明白誰都不是完美的，誰都會犯錯，但是要學會勇敢地面對自己、改正錯誤。幾米的書《我的錯都是大人的錯》裡有一句話，「我知道我不是一個完美的小孩，但你們從來也不是完美的父母，所以我們必須相互容忍，辛苦且堅強地活下去」。不完美並不可怕，不誠實才可怕。

讚美孩子的誠實言行

從一般情形來看，我們應該把誠實當作一件理所應當的事。如果生活處處都需要表揚的話，未免有些吃力。但是對於已經顯露撒謊習慣的孩子，被戳穿謊言之後的短期內可能會有一些誠實的表現。父母一定要做一個細心人，

一旦看到他有改進，就讚美他。務必使孩子理解，與他所犯的錯誤相比，家長更看重的是誠實的品質。這是一種很有效的強化手段，可以使孩子清楚地看到自己的進步，從而明確努力的方向。

寬容和理解

你和孩子對錯誤的認識可能會有差別。孩子看世界的眼光是不同的，你覺得直截了當的事情，在孩子眼裡可能有完全不同的理解和闡釋。孩子的理解力發展的程度、觀察力的水平、推理能力的運用、情感的影響，都可能導致孩子對同一事件有不同的表達。當你認為孩子的確犯錯後，應該明確指出來，告訴孩子應該怎麼做，而不是逼他承認確實是自己做錯了。當孩子感覺到你是要解決問題而不是要懲罰他的時候，他更願意說實話。相反，你脾氣越大，孩子越容易撒謊。他害怕你生氣時的怒火，不知道會面臨怎樣的懲罰，這時候撒謊就成了一種自我保護的本能。

你的寬容和理解會啟發孩子講出事情的原委，當孩子知道沒有什麼是不可彌補的大罪的時候，更容易養成講真話的習慣。

對孩子進行誠實品質的教育

和孩子一起讀古今中外的誠實故事，讓孩子從中瞭解誠實的重要性。看到反面的例子，和孩子進行討論，探究合適的辦法。可以透過典型事例讓孩子知道不誠實的後果。

適度、合理的懲戒

教育的過程不是只有風和日麗，有時候適當的懲戒手段也會收到很好的教育效果。教育家誇美紐斯在論述如何教育孩子的問題上提到，我會對他施行懲罰的手段，但一定是在他的道德品質發生問題的時候。我們也建議對孩子進行適度的懲戒，而不是簡單的體罰，還可以想出一些更有效的辦法。著名的作家冰心就曾用肥皂洗嘴的辦法懲罰孩子說謊。我們可以根據孩子的實際情況進行創造性教育，如：朗誦一個誠實的故事，抄寫一段誠實的名人名言，取消一次已安排的活動等。中止孩子最在意的事情，往往會有意想不到的效果。

成長小提示

1. 世間最美的品質莫過於誠以待人，信以待己。

2. 沒有完美的父母，也沒有完美的孩子，有遺憾的人生才是真實的人生。

3. 寬容孩子犯下的錯誤不等於縱容孩子犯錯誤，適度的懲戒是有效的。

二、我們真的愛孩子嗎

如果有人問「你真的愛你的孩子嗎？」這樣的問題時，你可能會投之以鄙夷的眼光，覺得這簡直就不是問題，還用得著問？可是，我們為孩子所付出的真的就能成就他嗎？我們對孩子的愛真的就是他想要的嗎？是不是給他最好的東西，滿足他的一切要求就是愛他呢？一切都給孩子，甚至犧牲自己的幸福，這才是父母給孩子最可怕的愛。

還有很多家庭，父母由於各種原因，只能將孩子交給老人撫養。然而隔代撫養的孩子，常常是過分地被關心和被溺愛，捧在手裡怕摔了，含在嘴裡怕化了，這不利於孩子的健康成長。處處維護孩子，一方面不利於父母教育孩子，影響了父母和子女之間的關係；另一方面也可能導致孩子產生怪異的心理和行為、人格的偏離、暴力傾向等。所以，很多年輕的父母，到了孩子上學的年齡，將孩子接到自己身邊，就會覺得問題重重，反過來責怪老人沒有帶好孩子。

典型案例

麗麗是獨生女，和現在大部分家庭一樣，麗麗從小就得到父母的百般寵愛。周圍的親朋好友常開玩笑說就是麗麗想要天上的星星，爸爸媽媽都會搭梯子去摘來。太愛孩子了，對孩子並沒有好處，因為這是溺愛！麗麗的爸媽卻不以為意，覺得自己就這麼一個孩子，不對她好該對誰好呢。自己小時候想買一本書，家裡條件都不允許，現在絕對不能再讓自己的孩子受委屈了。

小學的時候，麗麗就不怎麼愛學習，每次回家，一提起寫作業就犯難。爸爸媽媽總是陪著她一起寫，但她總是磨磨蹭蹭拖到很晚。爸媽心疼麗麗，擔心她睡眠不好影響身體，偶爾就幫她完成作業。在物質生活上，麗麗的媽

媽對麗麗更是有求必應。剛上國中，麗麗就告訴媽媽，老師讓在電腦上找資料，把家裡的電腦搬過來吧，媽媽立刻答應了麗麗的要求。媽媽原以為，在這樣無微不至的關愛下，麗麗一定能夠安心學習，改掉以前的壞習慣，成為讓父母引以為傲的孩子。沒想到，有了電腦，麗麗的心思就全放在了電腦上。

迷戀上電腦遊戲之後，麗麗的脾氣變得越來越暴躁，有時候媽媽催她吃飯，她會對媽媽大叫大嚷，說媽媽太討厭。有一次，因為前一天玩遊戲太累起晚了，麗麗到學校已經遲到了，老師就批評了麗麗。結果，麗麗二話沒說，打電話把媽媽叫到學校，逼著媽媽到教務處退學。看見媽媽有些猶豫，麗麗就發瘋似的向校外跑去。看著女兒的表現，麗麗媽媽一下子驚呆了，眼淚不由自主地流了下來。

專家解讀

愛孩子，要為孩子的將來考慮

一心愛護和照顧女兒，把她當成掌上明珠，沒想到卻造成了這樣的結果。父母的溺愛使麗麗產生了過分依賴的心理。她在這份依賴之下，逐漸變成了一個自私自利、脾氣暴躁的女孩，將自己所有的不順都發洩給周圍的人，對媽媽沒有尊重，甚至覺得媽媽討厭。可以看出，無論在家裡還是在學校，她都是以「小公主」的心理自居，希望周圍的人都能圍著自己轉。自尊心強，但內心又極其脆弱，容不得失敗與批評，抗挫折能力低下，稍有不順就會退縮。

很多父母忍不住想要愛護自己的孩子，不願意讓孩子受一丁點兒傷害。但是，父母要明白：當所有的風雨都由父母去抵擋，當所有的撒潑耍賴都能換得父母的妥協和理解，當所有的謊言都能從父母那裡得到回報與寬容，當全家人的期待和關注都聚焦在一個孩子身上，這樣溺愛的結果只能讓孩子變成任性自傲、依賴性強的人。長此以往，父母和孩子之間的親密關係也由此遭到了破壞。作為父母，還真的應該好好研究一下如何理智地愛自己的孩子呢！

上帝把最純真的兒童交給我們，作為父母的我們就肩負了重任。這麼純真的兒童，我們怎麼忍心讓他們在我們「無微不至」的照顧下變成不懂得感恩，只會索取的人呢？

我們愛孩子，就要為孩子的人生負責，正如戰國時期觸龍勸說趙太后時所說的「父母之愛子，則為之計深遠」。為了孩子的長遠發展，我們要培養他獨立自處的能力、與人相處的能力，最重要的是養成他最基本的道德品質。教育家誇美紐斯認為，德行應該在邪惡尚未占住心靈之前，早早就教。人都會有好逸惡勞的傾向，很多優秀的行為都需要約束和自制，但是往往作惡卻是一件非常容易的事，在孩子發現自己可以任意妄為之前約束他，才更容易培養孩子好的行為習慣。

好父母修煉

培養孩子愛的能力

心中有別人，才會尊重和愛戴別人。習慣了以自我為中心的孩子，認為別人為自己所做的一切都是理所當然的，他們很難為別人著想和考慮。很多時候，我們抱怨孩子自私，殊不知從某種程度來說，他是無辜的，是我們沒有教會他愛的能力。

首先，讓孩子懂得分享。孩子的零食，父母即便不喜歡或不捨得吃，也不妨狠狠心，去分一杯羹。讓孩子明白，好東西不僅是自己的，家人都可以享有。鼓勵孩子大方地和別的小朋友一起玩自己的玩具，或者和別人交換玩。分享是走向愛和為他人著想的第一步。除此之外，還可以教會孩子，當自己想要某一樣東西的時候，順便問問周圍的人是否需要。比如孩子想吃餅乾，問問大人是否也需要，或者直接與大人分享。

其次，給孩子照顧大人的機會。孩子本身有無限的潛能，可是習慣了被照顧的孩子，許多潛能都被能幹的父母「雪藏」了。在孩子面前，適當地示弱，給孩子照顧自己的機會，讓孩子幫忙端一杯水、揉揉肩，讓孩子體會到自己的存在和價值。當孩子發現自己被需要，他會做得更棒。照顧家人，讓孩子得到了怎麼愛他人的鍛鍊機會。

第七章 有愛心與管教

讓孩子擔當自己的責任

一味滿足孩子的物質需求,他們就不會懂得生活的艱辛,缺乏為生活而奮鬥的體驗,不會懂得透過自己的努力去創造更好的生活。

首先,讓孩子承擔一定的家務。很多父母認為孩子只要好好學習就可以了,其他的都應該交給大人幫他打理;或者覺得孩子太小了,做不好事情還浪費時間;或者是僱有保姆,父母都不用做,更別說孩子。可是孩子是家庭的一部分,他享受著家庭為他提供的一切,卻不用付出,怎麼會懂得感恩呢?

讓孩子承擔自己能力範圍內的簡單家務,讓他從中體會到家人的不易,體會勞動的艱辛,他用自己的能力使家裡有了一定的改變,就會從中體驗到付出之後的快樂。堅持勞動,孩子碰到生活中的其他難題,就不會畏縮不前甚至逃避。

其次,教孩子應對挫折和逆境。人生不是一帆風順的,儘管可以給孩子一個避風的港灣,但孩子終究會長大,要自己去面對風風雨雨。如果碰到人生中逆風起航的日子,孩子,卻沒有抵抗逆境的經驗,會更棘手。在蜜罐中長大的孩子,會在生活中經歷更多的苦。

孩子生活中的挫折有很多,例如,成績沒考好,與人相處有矛盾,學習的壓力太大等。遇到挫折,首先應該教孩子積極面對,不要想著逃避。因為逃避困難,困難永遠在那裡,不會消失。和孩子一起想辦法克服碰到的困難,讓孩子知道,逆境並不可怕,增強他對自己的信心。

孩子有了應對挫折的經驗,才會在逆境中更堅強,也更能體會到生命的可貴。否則,一遇到困難就想退縮,他就沒有克服困難的勇氣。越來越多的孩子因為心理脆弱走上了輕生的道路,是我們不得不警惕的現象。

讓孩子遵守應有的規則

當家裡所有的人都圍著孩子轉,不對孩子進行任何束縛的話,會給孩子一種自己不用遵守任何規則,可以為所欲為的錯覺。

家庭是教育最關鍵的場所，所有的教育效果是否持久，也在於父母是否堅持始終如一的要求孩子。在家裡要制定一定的規則，比如，不能在地板上亂扔東西，讀書寫字的坐姿不能七扭八歪，吃飯的時候不能看電視等。讓孩子知道有所為，有所不為，養成遵守規則、自我約束的習慣。這樣孩子就會懂得控制自己的情緒，控制自己的行為。

成長小提示

　　1. 真正的愛孩子就要教會孩子自己的事情自己做。

　　2. 家有家規，校有校規，國有國法，必須教會孩子遵守規則。

　　3. 陽光總在風雨後，只有經歷過風雨的孩子才會真正的長大。

三、愛，才是父母最好的禮物

　　有很多父母對孩子的付出無所不盡其極，用過度的愛和包辦害了孩子，致使孩子失去獨立生活的能力，導致孩子一系列的性格缺陷。

　　還有一些父母因為忙於工作，陪伴孩子的時間少之又少。他們忙著賺錢，為孩子提供優越的生活條件，讓孩子享受優質的教育。也有因為工作的原因，父母和孩子分居兩地，由爺爺奶奶或其他親屬代替父母的角色。往往造成孩子內向、不善於與人交往或者有暴力傾向等問題。

　　我們所舉的兩種情況從表面上看，父母都是愛自己的孩子。但是，愛的方式不是太過，就是不及。其實，誰也不能代替父母在孩子心中的位置，在對於親情的需求上，父母之愛，對孩子來說是最為珍貴的。

典型案例

　　超超生長在富裕家庭，用現在流行的話說，他是標準的「富二代」。

　　超超用的東西都是最講究的，經常穿著西裝打著領帶，戴著墨鏡，酷酷地走進教室。他有一點戀物癖，每天都會買一支新鋼筆來用，無論老師怎麼勸說、阻止都不管用，他說他控制不住自己。超超曾經在作文裡寫過自己家

的大房子，四層的別墅，住著一大家子人，惹來班裡同學一陣陣羨慕，都覺得他可真幸福。

然而，從超超的行為中看出並非如此，家裡有錢並不代表著他很幸福。

超超喜歡和同學動手，稍有不順，就用「武力」來解決。他封自己為「老大」，讓班裡一群淘氣的男孩子做他的「小弟」。後來，他雖然在老師的勸說下不得已解散了這個小團體，但是動手的事情卻依然頻頻發生。爸媽似乎十分樂意為超超提供金錢方面的滿足，玩具、衣服，只要是超超想要的，都可以擁有。然而，或許他們很忙，陪伴超超的時候十分少。每天放學，當別的同學告別老師，靠在爸爸媽媽或者爺爺奶奶身邊撒嬌，高興地說著一天的見聞的時候，陪伴超超的只有他們家的阿姨。就連班裡一學期一次的家長會，也是由他家裡的阿姨代勞。

班裡同學喜歡在學校過生日，自己買來東西分享給大家，接受大家的祝福。超超的生日也不例外，當分發完超超的生日禮物，老師卻沒有在超超的臉上看到像其他小朋友表現出的那種開心和滿足。

第二天的日記，解開了老師心中的疑惑。超超在日記中寫道：「每年我過生日，都盼望爸爸媽媽和我一起慶祝。但每次的盼望，帶來的都是失望。爸爸媽媽，那些玩具汽車、變形金剛帶給我的快樂，遠不及你們唱生日歌帶給我的感動。媽媽，我最喜歡吃的不是蛋糕，而是你親手做的咖哩飯；爸爸……」

專家解讀

我們看到，案例中的超超行為誇張另類、著裝怪異，還經常和別的小朋友動手，他是想藉此引起父母的關注，他希望父母能更多地陪伴自己。可是父母卻買了一大堆東西，請了一個阿姨來代替自己去陪伴孩子。父母的愛缺失了，孩子的行為怎會不誇張？

很多父母因為自己很忙，想為孩子創造更好的生活條件缺少了陪伴孩子的時間。可是，物質的享受怎麼能凌駕在親情之上，怎麼能用物質的滿足代替孩子的精神需求。哪個孩子不渴求有幸福溫暖的家，可是幸福和物質無關。

家裡的歡聲笑語，親人濃濃的愛意，一句鼓勵的話，一個大大的擁抱，都可以讓孩子從中感受到甜蜜和溫馨。這才是幸福，是家為孩子提供心靈的歸屬感和依賴感。

好父母修煉

每個善於學習的父母都可以做合格的家長，請將你的愛毫不吝嗇地給孩子，讓他感受到家的甜美和溫暖。

創造充滿愛意的家庭

保持冷靜，用和氣的語調說話。父母良好的性格、健康的情緒對建立充滿愛意的家庭至關重要。孩子希望在家庭裡得到的不僅僅是正常的生活需求，還希望得到來自家人的關注和愛。如果父母情緒暴躁，經常用言語傷害孩子或者另一半，或者對孩子冷冷淡淡、漠不關心，會讓孩子一直生活在對自己的懷疑中，更想不斷證明自己是受歡迎的，這樣的心態會帶入學校或其他社交場合。這種孩子很容易產生自卑情緒，變得孤僻。優秀的父母在家裡透過言語和行動，給予孩子無微不至的關懷。讓孩子感受到無所不在的愛，為孩子提供一種安全感，保證孩子在情感需要上的平衡。

不當著孩子吵架。重視婚姻是我們對孩子最大的愛。父母的婚姻模式會影響孩子對婚戀的看法，很可能會成為孩子的婚姻模式。和諧美滿的家庭是孩子的一顆定心丸，我們用愛營造的家就是孩子的整個世界！愛自己的另一半，是父母雙方給孩子最好的禮物。

花時間陪伴孩子

現在我們常見的情形是大人在聊天或玩手機，孩子在用各種電子產品玩遊戲。父母確實是陪著孩子，但是注意力全然不在孩子身上，是讓電子遊戲幫父母陪孩子。

父母的陪伴最重要的是和孩子的交流。和孩子一起看書，同他探討對書本、電影的看法，聊聊孩子的同學或講講自己的故事，或者把對於某一件事

情的想法告訴孩子。在你們的交流中，孩子不但能受到啟發，還能從中學習與人溝通的技巧，養成傾聽的習慣。

關注和愛的目光

我曾看到一個小學生寫過這樣的句子：「我最愛的人是媽媽，媽媽每次看見我，眼睛裡充滿著笑意。」把你的愛意寫在臉上，表露在行動中，讓孩子非常肯定你真的愛他很重要。眼神時刻都能表露你的心意。著名的發明家愛迪生在一封信中曾經寫過：「我爸爸在我們小的時候很少和我們說話，但是當他看著我的時候，我就知道我對他意味著什麼。」可見孩子是十分敏感的，也很在意父母對自己的看法。如果大人偶爾對孩子流露出不滿的神情是可以理解的，但是如果平時大人眼睛裡只看到孩子的缺點，就會引起孩子的自我懷疑，會讓他覺得自己真的一無是處。用你充滿愛意的目光關注孩子，讓孩子知道他最值得你愛。

給孩子鼓勵和肯定

鼓勵和肯定是自我價值建立的基礎，自我價值就是自信、自愛、自尊，決定著一個人一生的成就。一個人的自我價值是在成長過程中逐步建立起來的，尤其是在孩子幼小的時候，父母和身邊的人對於孩子做出的每件事是如何反應的，會對孩子產生深遠的影響。日本教育家鈴木鎮一說：「有了天才的感覺，你會成為天才；有了英雄的感覺，你會成為英雄；孩子找到好孩子的感覺，他就會成為好孩子。」父母不應該總強調孩子的不足，而要儘量發現孩子的優點和進步，適時對孩子進行鼓勵和肯定，有時候誇張一點也無妨，讓孩子對自己產生信心。用虛擬的手段，給孩子製造一個「我很棒」的感覺，孩子就會真的逐漸棒起來。

成長小提示

1. 真的陪伴是父母給孩子最大的關愛。
2. 每天給孩子至少一個微笑，為孩子做對的事情點一次贊。
3. 讓孩子有優秀的感覺，孩子就會越來越優秀。

第三節 信任和愛是最好的獎勵和認可

國家圖書館出版品預行編目（CIP）資料

好父母不是天生的 / 鄧美林, 尹曉晴 主編. -- 第一版.
-- 臺北市：崧燁文化, 2019.06
　　面；　公分
POD 版
ISBN 978-957-681-868-4(平裝)

1.家庭教育

528.2　　　　　　　　　　　　　　　　　108009181

書　　名：好父母不是天生的
作　　者：鄧美林、尹曉晴 主編
發 行 人：黃振庭
出 版 者：崧燁文化事業有限公司
發 行 者：崧燁文化事業有限公司
E－m a i l：sonbookservice@gmail.com
粉絲頁：　　　　　　　網　址：
地　　址：台北市中正區重慶南路一段六十一號八樓 815 室
8F.-815, No.61, Sec. 1, Chongqing S. Rd., Zhongzheng
Dist., Taipei City 100, Taiwan (R.O.C.)
電　　話：(02)2370-3310　傳　真：(02) 2370-3210
總 經 銷：紅螞蟻圖書有限公司
地　　址：台北市內湖區舊宗路二段 121 巷 19 號
電　　話:02-2795-3656 傳真:02-2795-4100　　網址：
印　　刷：京峯彩色印刷有限公司（京峰數位）

本書版權為西南師範大學出版社所有授權崧博出版事業股份有限公司獨家發行電子書及繁體書繁體字版。若有其他相關權利及授權需求請與本公司聯繫。

定　　價：350 元
發行日期：2019 年 06 月第一版
◎ 本書以 POD 印製發行

現代包裝設計理念變革與創新設計研究

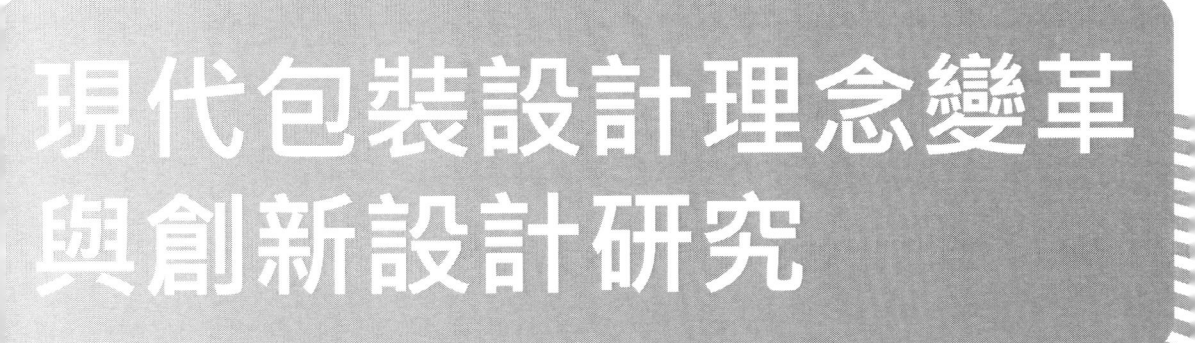

鄭芳蕾 著

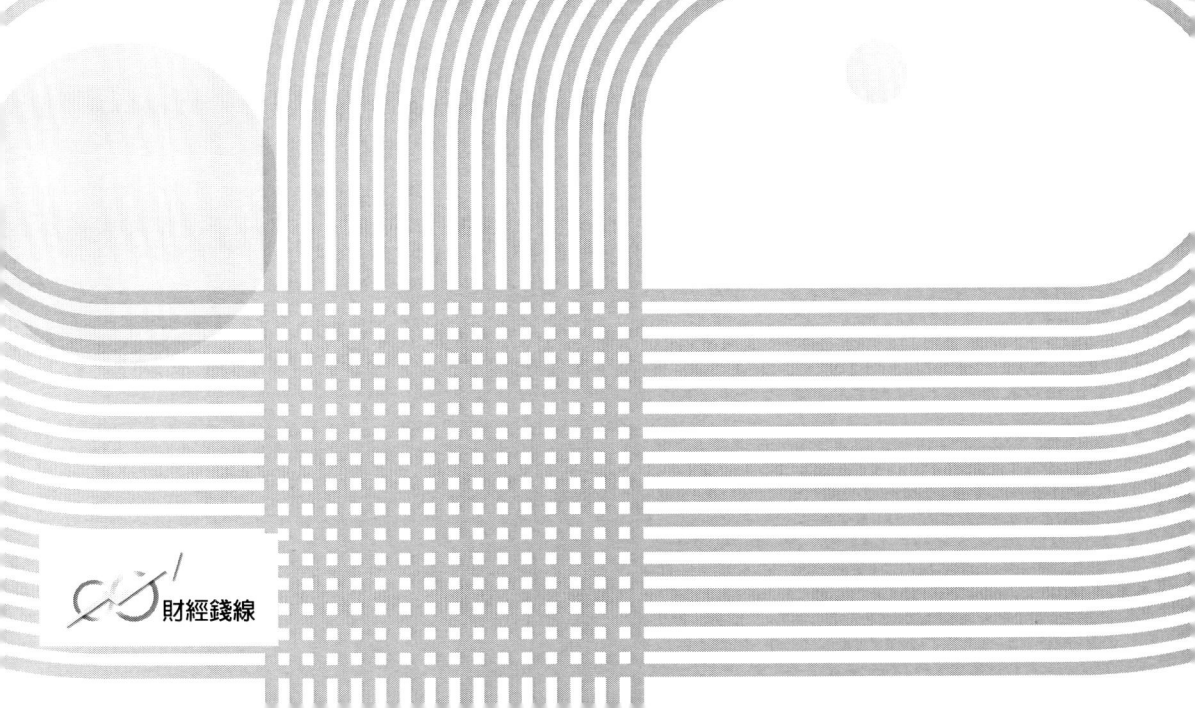

財經錢線

前言

　　中國有句古語：「佛靠金裝，人靠衣裝。」商品同樣需要包裝。長久以來，商家運用有形有色、富有感染力的包裝設計來吸引消費者購買產品，這使包裝成為市場營銷的一個重要部分。好的包裝設計能讓產品在眾多同類商品中脫穎而出，搶先獲得消費者的關注，起到促進消費、宣傳品牌的作用。尤其是在商品經濟高度發達的今天，產品同質化程度越來越高，市場日漸趨於飽和，商業競爭愈演愈烈，商家更加注重通過產品的包裝設計來增強產品的市場競爭力，通過優秀的包裝設計賦予產品高附加值。

　　另外，隨著時代的不斷進步，消費形態和商業流通的變化，市場營銷方式的變化，新產品的產生，新材料的出現，以及生產工藝、技術的改進等，都促進了新的包裝理念的萌發。人類對生態環境的關注、對人性的尊重，也對產品包裝提出了新的要求。研究綠色包裝、人性化包裝、功能至上的電商包裝，已然成為新時期包裝設計的新理念。充分研究包裝新理念並準確把握其精髓，將其運用到現代包裝設計中去，對設計出符合時代特色、受消費者歡迎的包裝有著重要的意義。

　　本書正是基於對新時期的包裝特點的認識來撰寫的。主要特色如下：

　　第一，理論體系完整。本書首先從包裝設計的產生與發展講起，繼而分析了現代包裝設計面臨的機遇與挑戰；然後對現代包裝設計諸多新理念進行了深度解析，並結合案例說明了新理念在實際設計中的應用情況；最後詳細闡述了在新理念影響下的包裝形態設計、容器造型設計和包裝材料的創新。全書思路清晰、層次分明，為讀者梳理出了一條鮮明的包裝理念變革與設計創新探索的主線，並重點講解了綠色包裝設計、關注情感表達

的人性化包裝設計、功能至上的電商產品包裝設計等核心理論知識。

　　第二，理念先進。本書涉及眾多時下重要的議題，從第一章中的「包裝設計創新時代的來臨」「現代包裝設計的文化傳承與創新」「現代包裝設計的民族性與時代性」，到第二章中的「綠色包裝設計」「符號學視域下的包裝設計的語義表達」「關注情感表達的人性化包裝設計」，再到第三章中的「包裝形態的創新設計」和第四章中的「新型環保材料在綠色包裝設計中的重要性」，前後銜接、循序漸進，對現代包裝設計中的先進理念做了深度解讀。

　　第三，理論聯繫實踐。本書在注重理論分析的同時兼顧了實際的應用，不僅提升了書籍內容的生動性，而且讓讀者更為直觀地瞭解不同包裝設計的最終呈現效果，更為快速地掌握包裝的原理和方法。

　　本書在撰寫過程中，參考了許多相關的研究著作與學術成果，在此對其作者表示衷心的感謝。對於書中存在的一些問題，也希望廣大讀者能夠予以諒解，並提出寶貴意見。

鄭芳蕾

目錄

第一章　緒論 / 1

　　第一節　包裝設計的產生及歷史進程 / 1

　　第二節　包裝設計創新時代的來臨 / 9

　　第三節　現代包裝設計的社會責任 / 10

　　第四節　現代包裝設計的文化傳承與創新 / 14

　　第五節　現代包裝設計的民族性與時代性 / 15

第二章　現代包裝設計的理念變革 / 20

　　第一節　商品包裝到品牌形象的設計變革 / 20

　　第二節　綠色包裝設計 / 25

　　第三節　符號學視域下的包裝設計的語義表達 / 29

　　第四節　關注情感表達的人性化包裝設計 / 31

　　第五節　「功能至上」的電子商務產品包裝設計 / 41

第三章　包裝形態的設計創新與包裝容器的造型設計 / 47

　　第一節　包裝形態的設計創新 / 47

　　第二節　包裝容器的造型設計 / 54

第四章　包裝材料的創新 / 63

第一節　常見包裝材料的分類與特性分析 / 63

第二節　紙包裝材料的優點與創新設計 / 74

第三節　新型環保材料在綠色包裝設計中的重要性 / 83

第四節　緩衝包裝材料的創新應用 / 87

參考文獻 / 90

第一章　緒論

　　包裝設計是把藝術和科學、物質和精神、理想和現實的有關因素相互結合、相互滲透、相互融會貫通、相互交織而成的一種具有高度綜合性的創造性活動。包裝設計理念在原始社會已開始萌發，並不斷發展，為後來的包裝設計發展打下了基礎。由此可見，包裝設計具有非常深厚的文化底蘊和歷史內涵。本章重點探討包裝設計的發展與傳承，主要包括包裝設計的產生及歷史進程、包裝設計創新時代的來臨、現代包裝設計的社會責任、現代包裝設計的文化傳承與創新以及現代包裝設計的民族性與時代性等內容。

第一節　包裝設計的產生及歷史進程

　　包裝是人類智慧的體現，並隨著人類社會的發展而發展。從僅僅用來盛裝物品，到用來售賣商品，再到用來美化商品，包裝的發展經歷了漫長的歷史時期。

一、古代的原始包裝

　　最初的包裝是為了保護產品，便於儲存和攜帶產品。古代包裝的特點是利用各種天然材料，就地取材。早在舊石器時代，植物葉子、果殼、獸皮、貝殼、龜殼等物品就被用來盛裝食物或飲水，這些幾乎沒有經過技術加工的動、植物的某一部分，雖然還稱不上真正意義上的包裝，但已經具備了包裝的基本功能。這樣的包裝受當時生產力發展水準所限，但也是最環保的包

裝。現代部分少數民族仍然把竹、木、各種草、植物葉等天然材料作為包裝材料，用來包裝物品。

二、手工業時代的包裝

　　隨著社會生產力的不斷提高和生產資料的不斷豐富，越來越多的商品開始進入流通領域，通過貨幣作為仲介進行交易開始取代直接的以物換物。某些商家為了吸引顧客，開始用漂亮的材料包裝商品，於是商品外形日趨華麗。這時包裝的功能就不再僅僅停留在之前的保護功能上，而是開始漸漸地起到了傳遞商品信息、促進售賣的作用。這一時期髹漆技藝也日臻成熟，漆器以體輕、胎薄、堅固等特點脫穎而出，成為最受歡迎的包裝形式。婦女梳妝的漆奩，在當時成為流行的包裝。馬王堆一號漢墓出土的西漢彩繪雙層九子漆奩，詳盡地展示了這種包裝形式。漢代的漆器梳妝包裝，胎體更為精薄，為防盒口破裂，多以金、銀片鑲沿，既增加牢固性，又顯得華麗。再看《韓非子・外儲說左上》的記載：「楚人有賣其珠於鄭者，為木蘭之櫝，熏以桂椒，綴以珠玉，飾以玫瑰，輯以羽翠。」不識貨的鄭國商人以高價買了華麗的裝珠子的盒子，而將珠子還給了商人。這個故事從側面說明，在當時的商業活動中，商人對包裝非常重視，當時的精美包裝對於消費者產生了巨大的吸引力，對於商品起到了促銷作用。它真實地反應了當時精湛的包裝工藝和人們注重華麗包裝的心態。

　　張騫出使西域開拓了「絲綢之路」，漢朝通往西域的交通從此暢通無阻。之後，漢朝與西域各國的商貿往來頻繁。當時出口的貨品要經歷遙遠旅途的考驗，因而商家在包裝上不僅大大加強了保護功能的設計，而且在包裝的外部裝飾上下大功夫，既突出了本國的特色，也融入了異國的風格。東漢時期，蔡倫改良了中國四大發明之一的造紙術，這使得紙作為包裝材料被應用到了各種各樣的商品上，包裝的品質有了質的飛躍。當時紙包裝在茶葉、藥品、食品等物品上的應用很常見。《幽明錄》記載，有一女子以紙包胡粉，「百餘裹胡粉，大小一積」。手工業的發展和商業的繁榮，促進了包裝的發展。

　　此外，用竹、藤、葦、草等多種植物枝條編製的包裝產品繼續發展，逐漸成為大宗物品的包裝材料。在馬王堆漢墓出土的物品中，我們可以看到大

量的竹筒，用於盛裝絲織品、食物、藥材。

隋唐時期是中國封建社會的鼎盛時期，中國與西域之間的交流越來越多，「絲綢之路」和「茶馬古道」架起了東西方商業交流的平臺，包裝也因此在商品交換中扮演著越來越重要的角色。唐代，社會發展空前繁榮，國力強盛，經濟發達，此時的包裝在繼承前代各類包裝特色的基礎之上繼續發展，並開始呈現出自己的特點。其主要原因是佛教在唐代達到鼎盛，所以用於佛事用品的宗教包裝是當時最具特色的包裝形式。這類包裝用材考究，紋飾具有強烈的宗教色彩，整體風格莊嚴、神祕，其中尤以佛舍利包裝最為突出。宗教類包裝在注重功能的前提下，更多地闡釋了人對佛的敬重及祈求保佑的心理。另外，唐朝出現了大量造型別致、紋飾精巧的金銀器包裝，這些包裝普遍使用鏨花、焊接、刻鏤、鎏金等工藝方法，在包裝裝潢上把傳統龍鳳題材與域外寶相、纏枝花卉及鳥獸巧妙穿插結合在一起。而且，唐代造紙術的進一步發展對當時的包裝也有了更大的促進作用。紙張質量的提高和品種的增加使得包裝的形式更加豐富，檔次有了很大的提高，紙質包裝仍多被用來包裝茶葉、食品、中藥等。《夢溪筆談》中提到：「然唐人重串茶黏黑者，則已近乎追餅矣。」從中我們可以看到當時的商人包裝緊壓茶的傳統方法，茶葉被壓緊，茶團外用紙包裹，與現在的茶餅包裝基本一致。究其用紙包裹的原因，唐代陸羽在《茶經》上說：「紙囊：以剡藤紙白厚者夾縫之，以貯所炙茶，使不泄其香也。」此時茶葉的包裝紙被稱為「茶衫戶」，由此可見，紙張作為一種包裝材料在當時得到了人們的認可和廣泛的使用。

由於城市商業和海運的發展，宋代手工業生產較唐代更加先進，官方機構龐大，民間作坊遍布。海上貿易已能通航日本、高麗及南洋諸國，瓷器、漆器、絲織品等已成為重要的出口商品。這一切必然促進包裝市場的空前繁榮。

北宋時期造紙術和印刷術也大大提高，紙被更加廣泛地用於包裝，從而帶動了包裝裝潢行業的興旺發達。在書籍裝潢上，人們常將椒水摻入紙中，以起到防蛀作用。日常食品用紙包裝也更加普遍，如糖果蜜餞用梅紅匣子盛貯、五色法豆則用五色紙袋盛貯等。另外，陶瓷生產在宋代發展到了頂峰，繼唐代興起著名的「唐三彩」之後，宋代更以五大名窯、耀州瓷和龍泉窯等馳名中外。陶瓷出口量的大增，使陶瓷買賣成為當時的大宗交易。這些著名

陶瓷器具造型則多來源於生活中的各種包裝形式，如青白釉刻花尊參考了竹簍運輸包裝等。

這個時期的商家比較注重商品包裝及商品宣傳。瓷器的大量生產，無形中對瓷器的包裝運輸技術也提出了更高的要求，並促進了包裝運輸技術的進步。尤其是宋代五大名窯，商家在運輸商品時將大小器皿相套，用不同的材料和方式進行捆扎，以便於運輸和保護產品。有的商家還在商品外包裝上註明商品產地、商鋪門牌號，以提高自己的聲譽。

宋代還是中國雕版印刷術的黃金時代，雕版印刷術一出現，馬上被包裝業採用。現陳列於中國歷史博物館的「濟南劉家功夫針鋪」的包裝紙的印刷正是採用了這種雕版印刷新技術。這種包裝紙的設計集字號、插圖、廣告語於一身，已經具備了與現代包裝相同的創作理念。此包裝紙圖文並茂，既有「濟南劉家功夫針鋪」的名稱，又有「玉兔搗春」的品牌標誌，是中國古代使用較早、設計元素較完整的商標體系；「認門前白兔兒為記」「收買上等鋼條，造功夫細針，不誤宅院使用。轉賣興販，別有加饒，清紀白」等字，對產品原料、製造質量、使用效果、優惠條件、售賣方法著重宣傳，突出店鋪講求誠信和質量的經營之道，提醒消費者用商標來區別真偽，避免買到假冒偽劣產品；包裝紙圖形鮮明，文字簡單易記且信息密集，可見商家深諳廣告宣傳之道，並體現出強烈的宣傳意識。此設計已經具備了現代包裝的主要功能，尤其體現出了明確的促銷功能。雕版印刷品既可用做針鋪的包裝紙，也可用做招貼畫，是世界上最早的印刷廣告實物，充分體現了中國古代廣告的發達程度。

張擇端的《清明上河圖》形象地反應出了開封城內商業的繁華景象。從畫中我們能看到城內店鋪林立，貿易興隆，也能看到這一時期商品包裝的端倪：包裝形式和材料各種各樣，有的捆綁，有的包紮，麻布、竹編、木材、紙張、皮革等材料的應用隨處可見。由此我們可以知道，此時的包裝在商品銷售中的功能已十分重要。

元朝特別重視外貿，隨著海外貿易的日益發達，景德鎮陶瓷的外銷規模也隨之擴大。義大利人馬可・波羅在其遊記中說，元代景德鎮生產的瓷器已遠銷全世界。另外，元代是蒙古貴族建立的政權，在包裝形式上還表現出了自己的民族特點，如鎏金鹿紋馬蹬壺。這是馬背上的民族利用草原上豐富的

皮革材料製作的袋囊，其製作和使用歷史悠久，以其耐磨、抗衝擊、攜帶方便等優點而深得草原民族喜愛。此外，大量地方土特產的包裝方式，也極大地豐富了元代的民間包裝，如荔枝龍眼的包裝：人們先將果實曬干，再用火焙，然後用箬葉裹之，竹籠包裝。還有內盛干果的漆類包裝食盒也很流行，如剔紅賞花圖圓盒，此盒可以蔽風沙、防干燥，是人們用來盛放果類的包裝器物，深受人們的喜愛。

明代社會經濟繼續繁榮，新興的商業和港口城市林立，商品包裝技術隨著國內及海外貿易的頻繁而更加精湛。這一時期沿用的傳統包裝形式仍然很多，不過製作更加精細，方法更加成熟，如漆類包裝。明代漆類包裝在傳承舊形式的基礎上，不斷地發展完善，技術日趨成熟。漆類包裝以北京設置的御用漆器作坊果園廠生產的漆器最為著名，如明朝皇室盛放小件珍玩的剔紅花鳥人物紋提匣和雕填雙龍捧壽漆箱。另外，明代器物的紋飾仍然常採用繩紋來表現，如青玉合巹杯。其次，明代佛教依然盛行，大量的佛經採用絲織品來裝裱封面，精美華貴。明人方以智寫了著作《通雅·器用》，他在書中對裝潢做了如下解釋：「潢，尤池也，外加緣則內為池，裝成卷冊，謂之『裝潢』，即『表背』也。」另外包裝又增加了新的品類——銅胎掐絲琺琅，以景泰年間製作的工藝美術品最為精美而聞名，後人又稱這種金屬工藝美術品為「景泰藍」。

明代的海外貿易仍以瓷器等為主。瓷器是易碎品，在遠銷的途中如何減少磕碰，將損失減少到最小就成了包裝中的首要問題。明代對於瓷器的運輸有絕妙的方法。《萬曆野獲編》中記載：「初買時，每一器內納沙土及豆麥少許，疊數十個輒牢縛成一片，置之濕地，頻灑以水。久之，則豆麥生芽，纏繞加固，試投之牢確之地，不損破者，始以登車。」這說明當時的瓷器包裝已採用了襯墊、套裝、捆扎等多項防磕碰的技術，比過去使用單一的包裝方式要先進成熟了許多。這種方法將植物的特性（在包裝設計上）運用到了極致，體現了人類的智慧，令人叫絕。

明代到清初，瓷器的造型裝飾由簡約趨於繁瑣，宮廷包裝的裝飾更為講究，出現復古傾向，工藝水準也達到了歷史的新高度。包裝作坊可謂「集天下之良才，攬四海之巧匠」。包裝分類更為細化，形式多樣，主要有詩文書畫包裝、文玩包裝、宗教經典與法物包裝、生活與娛樂用品包裝等。「康乾盛

世」，政局穩定，經濟得到迅速發展，財富也大量累積，此時的各類工藝品的品種、數量和製作工藝等均已達到了精益求精、至善至美的水準。清代包裝以宮廷包裝和民間包裝兩種形式為代表。一方面，宮廷包裝無論是包裝材料、造型結構，還是包裝的裝飾，都處處體現出了皇權思想和皇家氣派。它的包裝材料十分考究，有紫檀、琺琅、金銀、絲織品等。除選料上乘外，包裝的裝飾工藝也很豐富，如雕刻、鏨刻、繪畫、鑲嵌、編織等。另一方面，清代的民間包裝也極具特色，以各地官員進獻貢品時附帶的包裝為代表。這類包裝既牢固又精美，不僅起到了嚴密的保護作用，又具有和諧、美觀的藝術性。這使得宮廷和民間兩類包裝形式成為清代包裝風格的代表，清朝皇宮成為當時優秀包裝的薈萃之地。

總之，清代宮廷包裝已經形成了一定的規模，雖然專門的包裝行業尚未出現，但是可以說包裝工藝集清代各種工藝之大成，體現了清代工藝美術品發展的高超水準。

三、工業化時代的包裝

18世紀中葉以來，隨著蒸汽機、內燃機以及電力的廣泛使用，社會生產力迅猛發展，大量產品的生產促進了商業的迅速發展，包裝的生產和使用也同時提高了機械化的程度。發展較快的國家開始形成生產包裝產品的行業。這一時期的包裝發展主要表現在以下方面：

第一，包裝材料和容器。隨著馬糞紙的發明及紙板製造工業的興起，紙質容器出現。19世紀初，人們發明了用玻璃瓶、金屬罐保存食品的方法，罐頭工業從此誕生。

第二，包裝技術。16世紀中葉，歐洲已普遍使用了錐形軟木塞密封包裝瓶口。例如，17世紀60年代，香檳酒問世，人們就是用繩系瓶頸和軟木塞封口，到1856年發明了加軟木墊的螺紋蓋，1892年又發明了衝壓密封的王冠蓋，使密封技術更加簡單又可靠。

第三，近代包裝標誌的應用。1793年，西歐國家開始在酒瓶上貼掛標籤。1817年英國藥商行業規定，對有毒物品的包裝要有便於識別的印刷標籤等。

第四，進入20世紀以後，隨著商品經濟的全球化和現代科學技術的高

速發展，包裝行業的發展也進入了全新時期。

20世紀20年代發展起來的現代主義設計思潮，強調設計的功能性，主張「功能決定形式」，認為功能是一切設計的出發點和歸宿。在這種思想指導下的包裝設計，其信息簡化為最基本的要素——品牌、商品名稱、商品形象，同時清除了各種妨礙視覺傳達或無用的要素，使功能和表現形式有效地統一起來。推崇現代主義設計思潮的設計師們創造了許多非常簡潔但視覺衝擊力度很強的包裝樣式，促進了現代包裝設計理念的發展。現代主義設計思潮對包裝設計影響深遠，不僅體現在設計風格方面，還體現在包裝及平面設計的理論方面。現代主義設計思潮促使包裝設計師思考、分析包裝在現實的市場條件下如何充分地發揮各種功能，引導設計師去學習與發展實現包裝功能的市場營銷學、消費心理學、價值工程學等相關理論。現代主義設計思潮的缺陷在於設計表達語言單一，地方性、民族性與歷史性沒有得到體現，對一部分消費者缺乏吸引力。隨著時間的流逝，現代主義設計思潮也漸漸失去了影響力。

在20世紀50年代，影響包裝行業發展的兩個方面是超級市場的興起和電視的普及。超級市場的自選銷售方式顛覆了以往通過售貨員購買商品、通過售貨員瞭解商品的模式。超級市場的商品大多被放在貨架上靜候顧客挑選，因此，包裝成了商品競爭比較重要的方面。對商品的辨識度、包裝藝術效果的強調，成了包裝設計追求的重要目標。增強商品辨識度的系列化包裝在此期間被許多商家接受。電視的普及意味著人們能從整天的忙碌中解脫出來，有了休閒的時間。由此，電視休閒食品應運而生。這些食品的包裝設計輕鬆、活潑，成了包裝領域中的新生一族。

在20世紀50年代，各種包裝材料也有了新的發展，首先是塑料出現了，然後各種複合材料被研製成功並被投入市場。在保證設計風格簡潔明瞭的同時，設計師用各種各樣的設計手法來裝飾產品、傳播信息。這個時期，人們開始在食品包裝上註明生產日期和使用截止日期。

說到戰後的包裝設計，就不能不說到日本。傳統的日本包裝追求富於象徵的形式。例如，用白紙包裹象徵禮品的純正和送禮者的誠意。而日本戰後的包裝設計追隨國際潮流，無論是為了爭奪國際市場，還是為了滿足新一代日本人的國際化口味，都必須走現代設計之路。這些包裝大多模仿歐美流行

的風格款式。在模仿過程中，日本設計師逐漸領悟了現代設計的主旨，懂得了包裝設計的視覺傳達功能，充分瞭解了包裝設計的最簡單實用的功能，那就是——一切為了推動銷售。

20世紀70年代，人們談論最多的是後現代主義設計。在設計理念上，後現代主義設計具有多方面的追求。在包裝設計中，後現代主義設計更多地表現為一種風格上的傾向性。後現代主義設計集中體現在地方性與人性化兩個方面，反對設計中語言運用的單一和冷漠。其中，地方性理念重視的是保持一個民族設計文化的個性，增強包裝對消費者的親和力；而人性化理念反應在後現代主義設計中，是運用一些具有幽默、懷舊、鄉土氣息等特徵的表現語言提升包裝設計形象對消費者情感上的號召力。例如，聖托里尼島生產的一種酒，其酒瓶的設計就巧用了該島的形狀，具有很強的地域性。這種包裝顯得更為親切與友好。

工業革命改變了世界，改變了人們的生活，也改變了人們的生存環境。人類環境受到破壞，為設計師提出了重要的研究課題。

人們最初的做法是在包裝上加上各種環境保護的徽標和口號，宣傳環保。隨著經濟技術的進一步發展，從理論、技術到實踐，人們設計了對環境友好的包裝方式：在包裝過程中節約材料與能源，減少過度包裝；提高包裝材料的可回收率和可再生產率；選用的包裝材料便於壓縮、清洗與分解。天然的包裝材料可以迅速地被分解，許多材料甚至可以被重複利用。在中國的南方，人們大量地運用竹、木、草、樹葉來包裝物品。例如，一些食品包裝的外部用竹、木構成框架，內部用荷葉或粽葉等材料包裹物品，包裝輕巧、堅實。又如，中國部分地區的居民在日常生活中使用的蛤蜊油是用蛤蜊殼進行包裝的——蛤蜊殼是自然天成的包裝。日本、韓國、越南等亞洲國家也大量運用天然材料設計和製作包裝，許多包裝設計合理，製作精良，巧奪天工。

第二節　包裝設計創新時代的來臨

一、包裝設計創新是消費者的要求

消費者的需求分為生理需求和心理需求兩大部分。生理需求是人的第一需求，即人的基本需求，是人賴以生存的基本條件。只有先滿足了基本的生理需求，人們才會有其他更高層次的需求。在物質生活日益豐裕的現代社會中，消費者不再僅僅滿足於生理需求，而是追求更高層次的心理需求，這也是包裝設計創新的源頭。消費者通過選擇個性化的包裝來獲得歸屬感和認同感，來宣揚自己的與眾不同，從而在心理上獲得安全感。因此，消費者的需求在某種程度上影響著包裝設計創新甚至是包裝設計的發展趨勢。

二、包裝設計創新是市場規律的要求

市場具有價值、供求、競爭等規律。產品要與市場上的同質產品區分開來，就需要通過包裝創新設計來實現。作為商品不可或缺的組成部分，個性化的包裝會促進商品銷售，提高商品市場佔有率，實現經濟利益最大化。從市場角度看，包裝設計作為促進銷售的手段，不再是可有可無的，而是影響市場規律的重要因素。因此，設計師進行包裝設計創新，就要在實踐中把握好設計的市場化和個性化，在市場中創造個性，在個性中開拓市場。

三、包裝設計創新是企業發展的必然選擇

面對日益細化的市場需求，許多企業進入了發展的瓶頸期，傳統意義上的標準化包裝開始失去對消費者的吸引力。企業要想重新贏得市場，並得到發展，必須進行創新，其中的包裝設計創新就是創新的手段之一。為了增強產品競爭力，提高經濟效益，企業開始尋求個性化的包裝來重新贏得市場。包裝設計創新通過迎合消費者的心理需求，提高包裝使用的便捷性、安全性、環保性等，贏得了部分消費者的青睞。因此，包裝設計創新是企業創新的手段，也是企業創新的結果，是企業打造個性化品牌的重要環節，也是企業品牌文化的體現。

四、包裝設計創新是文明進步的階段

從文明演進的角度看，包裝設計創新是人類社會文化發展到一定階段的產物。20世紀20年代倡導的「功能決定形式」的現代主義設計思潮不再是主旋律，20世紀70年代盛行的後現代主義設計成了設計領域的主流。

以功能為核心的設計場，關注的是產品本身，包裝設計主要考慮保護和運輸等基本功能，具有機械、批量、重複、快速的特徵。隨著時代和技術的發展，以功能為核心的包裝設計不再是焦點，而體現地方性和人性化的後現代主義設計成為包裝設計創新的新視角。包裝設計創新關注的是人本身，以迎合消費者的心理需求為核心，具有人性化、親和力和創新性等特性。由此可見，包裝設計創新的出現與發展，是包裝設計的關注點逐漸從物轉移到人的結果，更是時代的需求和文明進步的產物。

互聯網時代是信息化的時代，網絡購物成為大眾生活的常態。在網絡營銷模式下，對於普通包裝，消費者已經處於麻木的狀態，這就更需要有針對性的包裝設計創新來激發他們的購買慾望。由於網購的特殊性，除了商品本身的包裝外，商品快遞過程中的外層包裝也是包裝設計創新延展的方向。網絡時代購物方式的改變給包裝設計帶來了無限的可能性，包裝設計的創新應用必將成為新的營銷模式關注的重點。

第三節　現代包裝設計的社會責任

直到21世紀，環境保護的意識才被喚醒，繼而成為一種主流趨勢，並且被納入包裝設計的考慮因素中。

一、生態可持續性發展責任

從20世紀60年代開始，隨著環境保護意識的增強，三個以「r」開頭的單詞已經在文化中打下了深深的烙印。從20世紀80年代到20世紀90年代，許多國家都更加關注浪費問題，並且著手於環保和資源再利用項目，但是很少想到從第一個「r」——減少（reduce），開始做起。

到了 21 世紀，大型商業品牌開始採取行動，使用更多的環保包裝，並且嘗試在其他領域做出努力，比如通過種樹來彌補生產造成的碳排放污染欠帳。可持續性包裝最重要的目的之一就是把那些已經長期存在的經典包裝設計轉換成真正的環保包裝設計，用再生能源或再生材料製作，並且使包裝在完成使命之後還可以被繼續使用，這給很多公司和設計師提出了挑戰。這樣的環保包裝永遠不會被掩埋丟棄，而是會變成一個新的輪迴。

環保包裝有著如下定義：
・產品在使用期內對個人或者組織都是有益、安全、健康的。
・成本和效果都能迎合市場需要。
・在原材料運輸、加工和回收階段利用可再生能源。
・最大限度地使用可再生資源或可再生原材料。
・製造加工時使用清潔生產技術和最佳工藝。
・使用在任何狀態下都不會造成污染的材料。
・在工業或生物的循環週期內能有效降解或使用。

在材料方面，紙、紙板、玻璃、木材、塑料、鋁合金和鐵罐都可以被回收再利用。新型材料如再生牆磚，完全由再生紙製作而成，特別環保。環保紙張有無氯紙、無樹手工紙（材質是棉花，非常適用於凸字印刷）和再生紙。生物塑料和可降解的紙箱、包袋也是很好的選擇，特別是在包裝食品的時候。

在重複利用方面，考慮你的包裝是否能便捷地被顧客再次使用，抑或是留作他用。不要過度包裝或者使用過多的包裝元素。包裝上的每個設計元素都要有一定的功能。

夏普電子產品包裝把「生態美學」非常好地展現了出來。包裝是由如紙一樣可以燃燒分解的材料製作而成的，從而避免了包裝廢棄之後產生的環境污染，同時，包裝設計也非常嚴格地遵循了簡約設計的基本理念，精巧的包裝設計使包裝看起來非常精簡。

某品牌化妝品包裝設計也是一個很好的例子。其外觀設計美觀大方，更為重要的是，設計師並未置環保理念於不顧，而是採用了再生紙與樹脂減半的塑料製作包裝。由此可見，優秀的包裝設計是可以和環保並存的，二者是不矛盾的。

其實「生態美學」並不是一個新生詞，中國古代就提倡「天人合一」的美學思想，其是人本哲學與美學的完美結合，主張人和自然能夠和諧統一，道德理性和自然理性也應該和諧統一。正如「天人合一」的思想使中國古代文化形成了獨具民族藝術特色的美學情趣，使中國古代的造型審美趣味大多指向了樸素和平實，這種審美特點就屬於美和善的和諧與統一，自然而質樸。

某品牌的花卉種植包裝設計異常奇妙，整個包裝展示出來的就是一個花盆與墊盤的形狀。包裝利用繩子綑綁，盛放著植物的根莖與土壤，人們買回家就能夠直接種植，繩子與標籤紙能夠回收再利用，整個包裝材料沒有任何浪費。

二、包裝設計與商業道德責任

為了在日益激烈的市場競爭中獲得最大的利潤，一些商業詐欺現象在社會上出現。近年來，這些現象不僅沒有得到遏制，反而隨著現代技術的快速發展而變得更加隱蔽。這些商業詐欺行為無疑也是損人利己，進而損害了社會和諧發展。

包裝設計已經逐漸發展成為一個可以引導消費行為的重要手段。包裝質量的呈現、視覺效果的設計都可以刺激或者遏制消費者產生與之相應的購買慾望。為了將優質產品以一種清晰的面貌呈現在廣大消費者眼前，設計師在現代設計過程中也逐漸頻繁地運用水晶般的透明玻璃紙進行設計。這和20世紀90年代後期的歐美地區的產品在選材方面流行使用半透明的塑料是一樣的。充分利用透明的包裝，是產品生產廠家表明自己誠實以及對自家生產的產品自信坦然的態度，同時也能夠有效地消除廣大消費者對產品質量的困惑。包裝採取透明材料的效果，不但可以使產品的優良品質一目了然，而且在空透和封閉的交織中，使這類包裝設計最有可能達到亦真亦幻、虛實相間的感人效果。經過這方面的設計陪襯，優良的產品就會脫穎而出。

除了傳統意義上的銷售渠道外，網絡經濟的迅速發展也正讓人眼花繚亂。網絡的大範圍使用，使人們的觸覺可以伸向世界的每個角落。因為網絡的大範圍普及、中間環節的削減，網上銷售產生的優良業績也正衝擊商場的銷售渠道。這為消費者提供了極大的便利的同時，也進一步引發了現代產品

包裝設計師的深刻反思：在不能看到實物的網絡中實施交易，我們應該怎樣運用包裝設計來有效防止商業詐欺行為，以便很好地維護商業道德呢？

我們理應看到，網絡發展的優勢就在於它可以非常快速地把產品全方位的動態的信息上傳到網絡，消費者可以通過搜索引擎迅速獲得產品的基本信息；消費者或者使用者不管身處何方，都可以通過網絡便捷地瀏覽、比較與選擇產品，在購買之前還可在網上諮詢產品。為了充分發掘出網絡的優勢，設計師還需要充分利用網絡的數字化技術手段，在包裝設計過程中更好地展示出圖像、標註出設計的相關細節，突出設計師獨具匠心的設計方法，使產品可以生動地、立體地顯示在屏幕中，並且還應該配上產品的圖片資料，以防範網絡購物過程中可能產生的詐欺行為。

三、包裝設計和贗品防範責任

由於中國的知識產權制度建設起步較晚，在制度和管理體制方面還不夠完善，因此商家刻意模仿市場佔有率比較高的產品的包裝時，商家只是稍做改變甚至完全抄襲的現象屢見不鮮。

歐洲有很多國家已經制定出了相關的法律法規，對產品在包裝設計方面做出了十分嚴密的保護。一些企業同樣也為了維護自身海外市場佔有率，對產品的設計和包裝設計過程中的剽竊行為持堅決打擊的態度，不斷把那些抄襲的，但是企圖運用細微變化以便混淆視聽的包裝設計訴諸法庭，以此來捍衛自身在包裝設計方面的知識產權。

剽竊現象的產生和泛濫對中國包裝設計行業的發展提出了嚴峻的挑戰。在這一形勢下，一些比較複雜的高新技術手段在包裝設計中得到了廣泛的應用。

一方面，全息圖像、正品檢驗封印、淺浮雕壓紋等多種工藝技術被應用到包裝設計中，使贗品的生產廠家很難仿製。

另一方面，在包裝生產的過程中使用特殊的紙張、特定的顏料，以便取得特有的光澤效果或金屬質感，同時也使用熒光色印刷等多種現代印刷手段，使惡意抄襲的不法分子因仿製成本太高或是仿製效果不逼真而止步。這些強化包裝設計的方法在杜絕贗品產生的實踐過程中發揮出了非常好的功效。

第四節　現代包裝設計的文化傳承與創新

　　黑格爾曾說過，每種藝術作品都有屬於它的時代和它的民族精神。現代包裝設計是一門以文化為本位、以生活為基礎、以現代意識為導向的學科，是對社會總體文化的反應。現代包裝設計以自己獨特的藝術語言，從多層面、多角度傳遞民族文化，揭示民族文化的內涵。任何設計活動都離不開特定的社會文化體系，都不能脫離各自的民族精神。在傳統文化復興日漸明顯的中國現代文化生態環境中，尋找現代包裝設計和傳統文化之間的契合點也越顯重要。

　　中國是擁有幾千年文化歷史的泱泱大國，中國的傳統民間藝術，如具有典型文化內涵的圖形和紋飾，體現了中華民族的生活理念和審美情趣。這些傳統民間藝術既是設計的源泉，又反應了設計所受地域限制的特定文化背景。這種文化背景具有深層文化內涵，既保留著各民族都認同的東西，又以一種流傳深遠而又包羅萬象的精神存在。它寓意豐富，具有滲透力，思想與形式相互關聯，帶有強烈的傳承性。

　　中國傳統民間藝術形成的寶貴文化和獨特風格對當代包裝設計也有著重大影響。雖然傳統民間藝術流傳於歷代民間，為勞動人民的生活而服務，但其中的精華也被現代人萃取。剪紙、皮影、年畫等藝術形式，應用範圍廣，形式靈活，具有較強的藝術感染力。民間泥塑、陶瓷藝術在現代包裝容器方面的運用，使「傳統文化迴歸」的理念得以彰顯、得以貫徹，是對傳統文化和傳統民間藝術的呼喚，這種設計不僅得到了喜歡中國本土文化的人群的推崇，而且又有效應對了外來文化的衝擊。這些藝術形式來自生活，具有濃厚的生活氣息。人們把這些能夠引起共鳴的藝術形式運用到包裝設計中，使包裝成為有效的文化傳播載體，實現形式與藝術的有機結合。對中國傳統民間藝術的提煉和迴歸不是簡單模仿和複製，而是將傳統的元素、符號以新材料、新技術、新方式在包裝設計中表現出來。

　　傳統文化具有一定的歷史意義和文化意義，因為任何民族的文化都是世界文化不可分割的一部分，是一個國家或民族在長期的發展中伴隨其獨特的

生產和生活方式而逐步形成的，是人類發展的基礎和靈魂。民族化風格與國際化風格的相融需要人們正確處理它們之間的關係，正確處理守舊與創新的關係。人們不能將設計的創意點停留在單純的視覺形態上，而是要使之深入民間、民族文化的精髓。

現代包裝設計通過傳統藝術形式、現代技術來表現，富有傳統神韻而又不拘於陳舊的格式，追求設計的新意而又不忽略傳統文化風格的體現。設計師要透過表面抓住本質，使設計的作品中的傳統文化元素自然地呈現在人們眼前，而不是將他們機械地拼湊在一起，才能使包裝設計更富有韻味，從而將傳統文化發揚光大，展現出民族自豪感。

第五節　現代包裝設計的民族性與時代性

現代包裝設計作為一種重要的文化形態類型，具有獨特的民族文化與藝術特質。民族性、現代性、功能性以及生態性都逐漸發展成為現代包裝設計的重要理念；同時，傳統文化的體現與現代設計思想的表達在包裝設計中也十分重要，這一點在國際設計交流中體現得更加明顯。

一、包裝設計的民族性

世界上每一個民族都有與眾不同的民族文化和思想觀念，民族文化受到當地地域條件以及社會條件的影響所形成的獨特語言、價值觀以及審美觀，直接或者間接地反應在各自的設計活動中。例如，日本的包裝設計往往都充滿歷史氣息、人文關懷以及自然美感；法國的包裝設計主要體現出了法國人的優雅和浪漫；德國的包裝設計表現出嚴謹、理性的科學態度；美國的包裝設計往往會帶有自由奔放的現代都市之感。這些都反應了各國設計師受到了各自的民族文化和思想觀念的明顯影響。而我們中國的包裝設計往往包含著對稱的造型、自然而內斂的氣質、單純醒目的色彩，圓滿吉祥的美好寓意，如紅色包裝彰顯出喜慶氣氛，無不折射出中華民族內向含蓄的性格特徵以及天人合一、崇尚自然的思想特徵。

「越是民族的越是世界的」，如果沒有了民族精神與民族風格的設計，包

裝是很難在國際市場中受到人們更多關注的。在經歷了很長一段對國外文化的盲目跟隨期後，人們需要重新迴歸傳統，追尋民族文化的優秀品質，強化民族意識，增強產品包裝的民族性。特別是在當前經濟發展全球化的大趨勢之下，包裝設計所面臨的消費者也勢必是全球的。現代包裝設計則需要更多地結合本民族的傳統文化，將民族精神、民族文化的精髓全部吸收並應用到包裝設計中。

傳統的紋飾、文字、造型與色彩等都是民族風格包裝中十分重要的設計素材。在運用過程中，我們不可以照抄照搬，實行「拿來主義」，也不可以只是簡單地加以變形與組合。民族風格僅僅是設計的手段，而並非設計的目的，它是民族精神的直接體現，是中華民族幾千年文化沉澱的直接表現。這需要設計師深刻地理解傳統文化及傳統思想觀念，感受傳統文化的藝術氛圍，結合現代文化特徵以及設計理念，在充分遵循形式美的規律的基礎上，依據包裝設計的主要目的與銷售策略展開設計，自然就能夠在設計過程中明顯地體現出強烈的民族文化特徵，也能夠符合現代包裝設計的直接要求。

酒品牌「鶴舞」是一個擁有歷史底蘊的老品牌。在市場經濟不斷發展的時代，老品牌除了繼續保持自身的光榮傳統之外，還需要大膽地突破自身原有的形象，才可以發展成為具有競爭力的老字號品牌。

設計師需要充分考慮到，在酒類產品的包裝設計中，除了文字、色彩、圖案構圖以及編排方面需要富有特色之外，更為重要的一點就是要傳達出深厚的民族情感以及源遠流長的酒文化，使產品可以充分借助被賦予的情感特色和品牌形象，去贏得廣大消費者的青睞，進而充分占領市場。

「鶴舞」酒在包裝設計時採取了中西文化相結合的方式，酒瓶瓶體採用的是歐式玻璃瓶，而商標以及外包裝都使用了中國少數民族的服裝紋樣，顏色艷麗且不失穩重，內外呼應、協調，動靜結合。「鶴舞」酒的包裝設計在傳達自身品牌的傳統文化、歷史特徵、民族情感、價格規律方面都具有鮮明的典型性。

二、包裝設計的現代性

(一) 包裝設計文化的現代性

社會大變革以及不同傳統民族藝術之間的大交流，使藝術設計趨向「程

式化」，人們正懷揣著認同與驚喜迎接這一全新的時代。我們要將包裝設計文化大力發展成既具有民族性，又含有時代性的文化形式，就一定要注意以下兩方面的因素。

一方面，我們要想樹立起中華民族在包裝設計方面的嶄新形象，關鍵就在於讓設計者充分認識新技術引起的各領域範圍內的變化，用現代的思維方式對面臨的課題做出積極且科學的分析與思考。時代的變遷，要求人們不能僅僅滿足於對古代紋樣的描摹與複製，而且還要求人們創造既富有傳統文化特徵又具有創新性的作品。高新科技為人們的設計構想提供了技術保證，使人們能夠肆意地放縱自身的想像；民族審美意識的提高也促使中國包裝設計在視覺傳達功能以及人情味方面都取得了充分的發展，使中國的商品可以在國際市場上熠熠生輝。

另一方面，人們在包裝設計的不斷探索中，找出了傳統和現代潮流之間的結合點——迴歸自然。人類作為大自然的派生物，不論文明程度發展到何種地步，人類離大自然遠到什麼程度，也永遠不能逃離永恆的宇宙。這個基本事實決定了人類迴歸大自然的發展方向。

中國民間藝術以及傳統工藝原有的實用功能大多已經喪失，但是其藝術吸引力仍然存在。質樸、渾厚、豪放的傳統藝術氣息和現代社會的返璞歸真、追求真誠和簡潔的審美意趣又是不謀而合的。

將現代意識注入傳統題材，飽含珍惜大自然的感情，追求原始力度以及絢麗色彩的最大調和，無疑是現代包裝設計過程中努力發展的重要方向。在包裝設計的手法方面，還原歷史、超越時空的定位設計可以喚起人們對某一特定年代的美好回憶，這也是一個重要的發展方向。

(二) 包裝設計策略的現代性

現代企業通常會根據市場的變化採用與其相適宜的包裝設計發展策略，其中的重點策略包括以下幾個方面。

1. 等級化包裝策略

消費者因為經濟條件、消費目的、文化程度等方面存在一定的差異，對包裝的需求也都是不同的。所以企業應該針對不同層次的消費者，制定出完全不同的包裝策略，以此爭取各層次的消費群體，擴大市場的佔有率。

2. 便利化包裝策略

從方便消費者使用的角度進行考慮，包裝設計需要採用方便攜帶、開啓、使用或者可以反複利用的設計形式，如手提式、拉環式、按鈕式、卷開式、撕開式等，以此提升消費者的使用好感程度。

3. 配套包裝策略

企業把相關聯的一系列產品配套進行包裝和銷售，這種包裝策略對於帶動多種類型的產品的銷售十分有利，同時還可以進一步提高產品的檔次。

4. 附贈品包裝策略

在包裝之內或者包裝之外附送贈品，可以激發消費者潛在的購買慾望。

5. 復用包裝策略

復用主要是指包裝的再利用。依據目的與用途的差異，復用包裝能分成兩大類：一類主要是從回收再利用的角度而言的，如產品的運儲週轉箱、啤酒瓶、飲料瓶等，復用能在很大程度上降低包裝的成本，方便商品進行週轉，有利於減少對環境造成的污染；另一類主要是從消費者角度而言的，商品使用之後其包裝往往都能做其他用途，變廢為寶，並且包裝上的企業標示還能夠起到繼續擴大宣傳的直接效果。

(三) 現代包裝設計的時代特徵

在發達國家，經過半個多世紀的工業與藝術的結合發展，枯燥乏味的包裝幾經改進，在材質、造型、裝飾等方面發生了根本的變化。

1. 科學化、便利化

各種成組包裝、適量包裝、方便儲存包裝、複合包裝以及包裝工藝製作的標準化、精確化，充分體現了包裝外觀、內質的時代感。現代包裝開合鬆緊恰當，線條挺拔，令人愛不釋手。

2. 標示化、印象化

設計風格要有強化效果的傾向。專用色要易於識別，如美國綠箭口香糖的綠色包裝設計和中國茅臺酒紅、黑、金色搭配的包裝設計都十分成功。

3. 個性化、多樣化

求新、求變的心理要更加突出，以吸引消費者。

當前，世界各國都力求在包裝設計上標新立異，也就是所謂的「差別化」。設計師往往都會在追求個性和特色的基礎上，把本國的傳統藝術和現

代文化融入高檔、淡雅的風格中，形成個性化的包裝。

　　企業與消費者等多個群體也對包裝設計提出了一定的要求。例如，消費者的審美層次提高，各級廠商同樣也迫切需要改變市場的疲軟現象，包裝和室內陳設相協調的問題也擺在了設計師的面前。包裝設計和消費者的興趣愛好以及文化修養有緊密的聯繫，包裝不僅應帶來新的視覺感受，也應滿足一些人追求傳統文化或者現代潮流的需求。

第二章　現代包裝設計的理念變革

改革開放之後，中國的包裝設計隨著市場經濟的快速發展而迅速發生變化，從最初致力於追求商品的裝飾和美化，向重點強調包裝的使用功能的開發與創新轉變；從單個品牌的概念導入系列化包裝設計的普遍採用；從包裝的視覺表現到包裝結構和材料的研究；從包裝單體設計到空間立體展示等，都反應出了表現形式和材料樣式的增多，製作工藝的提高，以及環保意識的增強。

第一節　商品包裝到品牌形象的設計變革

一、商品包裝的價值與理想境界

（一）商品包裝的價值

1. 功能性

包裝設計的功能性主要體現在以下兩個方面：第一，傳遞商品信息，使消費者能一目了然、快捷地瞭解到商品信息；第二，保護功能，指在生產、運輸、銷售、使用的過程中具有良好的保護性能。因此，商品包裝設計不僅要表現出藝術魅力，而且應在功能上表現出產品的優越性。

2. 藝術性

包裝設計的藝術性主要是為了吸引顧客，即有個性、有特色、新穎別致、藝術感染力強。

例如，三星堆古酒的包裝設計就注重藝術性、精致度，設計師以三星堆特有的青銅人物造型充分表現包裝設計的藝術性，設計新穎別致、藝術感染力極強，以此來打動消費者。

(二) 商品包裝的理想境界

1. 符合設計思想

（1）科學性。

包裝設計中的科學性指的是結構、用材的合理，能給消費者帶來方便。例如，某植物種植的包裝設計是科學性原則的集中體現，設計師採用了環保的銷售方式，將植物的種子和土壤用可降解的紙張裝起來，放在一個可以堆疊的木盒子裡，露出三個帶有圓孔的提手，既方便運輸、儲藏又便於消費者攜帶，與此同時，設計者還在木盒的外部印有勵志格言，以此來鼓勵人們回收利用。整個包裝既美觀漂亮，又具有極好的保護植物的作用。

（2）經濟性。

包裝設計中的經濟性指的是材料的選用合理，同時設計師也要考慮印刷工藝的合理性，即考慮成本問題，要在材料選擇、包裝容器的選擇、紙張的開法等方面進行優化設計。例如，某白熾燈泡的包裝採用一塊白板紙科學成型，結構簡單。

（3）審美性。

包裝設計的審美性就是包裝要符合廣大消費者的審美觀，尊重市場流行文化，而較少取決於設計師的個人喜好。

2. 巧用構思方法

（1）傳統文化構思法。

傳統文化構思法就是將一個民族的優秀傳統文化都累積起來，並加以運用。這裡筆者主要論述幾種常見的傳統文化形式。

①傳統圖形。中國的傳統圖形藝術源遠流長，文化底蘊深厚，是中華民族的寶貴財富。根據其表現形式的不同，我們可將其歸納為文字形式和圖像形式。文字形式以「福」「壽」「禄」「喜」等文字為主，表達的是中國人民對吉祥如意的渴望和對幸福生活的追求。圖像形式有具象圖形和抽象圖形，具象圖形有龍鳳、如意、琴棋書畫、牡丹等，抽象形式有八卦、太極、雷紋、雲紋、方勝等。

②陶瓷藝術。陶瓷藝術在包裝設計中經常被人們運用。無論是產品本身的包裝還是作為一種元素運用在別的包裝中，陶瓷藝術的使用都是比較多的。五大名窯（汝窯、官窯、哥窯、鈞窯、定窯）生產的瓷器、景德鎮的青花瓷早已蜚聲海外。

③書法。中國書法不僅具有韻律美、形體美、意境美，而且具有造型藝術的獨特性和歷史的傳承性，設計師對其進行運用也就凸顯了產品獨特的民族特色和時代特色。例如，白酒「天地人和」的包裝，採用狂草書寫產品名稱，凸顯出產品的風格特徵和文化底蘊。

④水墨畫。水墨畫的運用能充分傳達出地域、民族等信息。在現代包裝設計中，水墨畫作為中國傳統繪畫的主要種類被運用得越來越廣泛，而且內容極為豐富。水墨畫在凸顯產品特點、表達品牌個性等方面均起到了重要作用。

⑤民間藝術。民間藝術是流傳於民間，為勞動人民的生活服務，為勞動人民喜聞樂見的藝術形式。其中，中國結、剪紙、皮影、年畫等都對當今的包裝設計有著非常大的啓迪作用。

（2）智力激盪法。

智力激盪法也就是頭腦風暴法，是集思廣益的一種方法。該方法出現在 20 世紀 30 年代，人們圍繞命題進行構思，然後篩選構思，最後確定構思。智力激盪法在設計領域中被廣泛運用，因為其具有發散思維和集中思維的特點，在設計中是一種行之有效的方法。

（3）定位法。

①品牌定位法。品牌定位通俗地說就是用企業的標誌、標準字體和標準色彩等直接表現產品。通常來講，那些有助於企業品牌形象塑造的文字、圖形將放在主要位置。例如，法國知名糖果品牌 Daddy（糖果爸爸）的產品包裝設計就採用了品牌定位法。設計師為了進一步鞏固 Daddy 的地位，讓 Daddy 能夠在同類型產品中更顯眼，放大了全新的企業標誌，並將醒目的色彩應用在新的包裝中。

日本的「有明」燒酎的包裝設計是以品牌為主要表現對象的，設計師用剛勁有力的書法呈現品牌名稱「有明」，同時用了最簡練的色彩：黑色、紅色和白色給人以勇敢和強有力的印象。

有一定知名度的品牌，如果在推出新產品時，借用以前的品牌、標誌等內容，那麼往往易於被消費者接受。當然這種接受有的時候也需要建立在一定強化的基礎上。

②產品定位法。產品定位法通俗地說是通過包裝表現的內在產品樣式，可以表現產品的全貌，也可僅表現產品的某一部分特徵。設計師常常採用下列表現手法。

第一種方法，商品再現法，即將商品的原始面貌直接反應在包裝上，這樣的方法能直觀地傳達商品的信息，採用的攝影、繪畫等手法等也容易讓消費者感受到產品的特性，更利於他們理解和接受該產品。

第二種方法，以商品用途為表現主體的方法。

第三種方法，以生產原料為表現主體的方法。採用這類方法的包裝的目的主要是突出原料的功能。

第四種方法，以產品或原料產地為表現主體的方法，運用時以照片、繪畫等表現手法居多。例如，某紅酒包裝設計就以雲南少數民族的一種銀飾頭冠來表現產地，突出該產品獨特的地域風情以及自然生態的釀造方法。

第五種方法，以商品自身的特點為表現主體的方法。例如，牛奶包裝可強調它的天然和新鮮。

第六種方法，以產品特有的底紋肌理或紋樣為表現主體的方法。採用這類方法的包裝要根據產品本身的性質而進行設計。

第七種方法，以產品特有的色彩為表現主體的方法，如巧克力使用棕色的包裝、茶葉使用綠色的包裝等。

③消費者定位法。消費者定位法通俗地說就是產品賣給誰，在運用該方法的過程中，我們通常要考慮消費者的年齡、性別、職業、階層、習慣，以及他們是否是個人、家庭或者團體消費等。例如，一款專為對熱量攝取有要求的年輕人而設計的韓國大米，其包裝簡潔，正面印有大米的克數並標明160g能夠提供300kcal的熱量，包裝的背面有詳細的圖標，告訴消費者按照操作步驟操作，就能煮出一份香噴噴的米飯。

3. 順應時代設計潮流

「最好的包裝就是沒有包裝」，這是在發達國家極為流行的一種提法。這與中國畫的論點「最妙之法為無法」可謂不謀而合。這也許是未來包裝設計

的最高境界。準確理解這一境界絕非意味著任何產品都不再需要包裝了。「最好的包裝就是沒有包裝」並不是簡單地將商品恢復到原始狀態，而是要求包裝應該同包裹著的產品達成完美的統一。這就是我們的目標，也是包裝的理想境界。

隨著「綠色食品」「綠色包裝」「綠色消費主義」等的呼聲越來越高，消費者的環境保護意識逐漸覺醒，人們不禁會思考這樣一個問題：假如商業發展到了任何一種商品都離不開包裝，任何一家商店都離不開花花綠綠的裝飾，當人們必須越過包裝的重重阻礙才能觸摸到我們真正需要的東西時，我們該為之自豪還是該為之悲哀？

二、品牌包裝形象的認知

（一）品牌包裝的內容

品牌包裝不等於產品包裝。品牌包裝需要進行系統的策劃設計，實現產品特性及企業文化的整合才能完成由個別產品到整體品牌的提升。品牌的包裝形象包括產品包裝形象與整體包裝形象兩種形式。

1. 產品包裝形象

產品包裝形象指產品商標、標準中英文字形、代表色、輔助色、包裝的結構、包裝的材料和形態等視覺形象，是將產品的性質、功能與創意思維相結合，以特定的材料和形式美化產品的裝載物，從而提升產品的價值。產品包裝形象要體現出與產品相對應的審美趣味，包裝的材料與形式要體現出產品的文化品位，其與產品的功能一起影響著消費者的認識和選擇。不同價值、價格形態的產品，其包裝形象各不相同，只有個性的包裝形象才能達到更好的傳播效果，過於高檔或簡陋的包裝都會削弱產品信息的傳達效果。

2. 整體包裝形象

整體包裝形象是一個較為寬泛的概念，指針對品牌概念所做的整體商業文化的包裝，以品牌視覺形象識別系統、品牌文化傳播、商業環境的設計等系列行為，構成一個對品牌的完整塑造體系。具體的整體包裝形象指品牌視覺形象識別系統與產品品牌構建的識別應用系統，以及品牌推廣的店面形象、櫥窗、產品陳列、功能區劃、營業員的服裝、價格牌等的包裝視覺形象。

(二) 品牌包裝形象表達

1. 設計理念的形象化

隨著經濟全球化的發展，我們每天都在見證產品之間的激烈競爭，品牌包裝給人的視覺衝擊成為決定產品在零售市場上成敗的關鍵因素。因此，延展一項設計或是重新設計都需要清晰的戰略目標以保證品牌的價值增值。另外，消費者也掌握著自主選擇權，他們喜歡多元的選擇。消費者又與購買的品牌緊密聯繫，通過品牌包裝形象包含的品牌個性向他人傳遞自我信息。這種關係意味著設計師必須在品牌包裝形象設計所希望傳遞的信息與其他品牌價值之間建立一種理念優勢的直接共識，以提高消費者對品牌的認知度，並刺激其對品牌的體驗。

2. 包裝形象與品牌形象相統一

包裝形象應與品牌形象保持統一。對包裝形象的定位不能孤立進行，必須與企業文化、企業形象以及經營戰略保持一致。在進行包裝設計時，包裝形象要與品牌形象、設計策略以及產品形象的定位相統一，設計師應從適用性、方便性和科學性著手，強化企業以用戶為根本的企業文化，有助於建立品牌形象。

3. 包裝形象的系列化

現代企業多採用多元化經營模式，旗下品牌眾多。所以，企業設計和開發產品包裝時應通過持續使用相似甚至相同的視覺設計風格，在變與不變的策略的指導下，使產品包裝在視覺形象上擁有共同的「家族」識別元素，使不同產品包裝之間產生統一、協調的效果。產品包裝形象的相似或延續有助於品牌形象的塑造。

第二節　綠色包裝設計

一、綠色包裝設計的特點與標示

綠色包裝是指對生態環境不造成污染，對人體健康不造成危害，能循環復用和再生利用，能促進社會可持續發展的包裝。綠色包裝以不污染環境、

保護人體健康為前提，以充分利用再生資源、節約自然資源與降低能源消耗為發展方向，既取之於自然，又能迴歸自然。綠色包裝包含了保護環境和資源再利用兩方面的內容。能否回收利用是判斷其是否為綠色包裝的重要標準。圖2-1至圖2-3是綠色包裝設計的常見標示。

圖2-1　綠點標誌　　　圖2-2　回收標誌　　　2-3　綠色環保標誌

二、綠色包裝設計的方法

（一）減量型

目前，不少包裝繁瑣複雜，有些是技術不成熟引起的，而有些是設計師追求浮華的設計造成的。減量就是盡量減少包裝中多餘的部件，如在產品設計中減小體積，精簡結構；在生產中降低消耗，對加工水準提出更高要求；在流通中降低成本；在消耗中減少污染、減少垃圾。減量就等於節省資源、節省能源。一些產品包裝，如燈泡包裝運用小而精巧的設計，既實用又美觀，給人可愛靈巧的感覺，就是非常好地運用了減量型包裝的代表。

（二）重複使用型

一些牛奶瓶、啤酒瓶可以反覆使用，屬於可重複使用型的包裝。當然，回收、清洗容器需消耗運輸能源和其他能源，所以綠色包裝不存在優劣之分，只存在是否合適的問題。

此外，還有些兒童食品包裝，如玩具糖果的包裝、裝果凍的小籃子、放巧克力的聖誕老人等，外形設計生動有趣，包裝的造型、裝潢都非常精緻耐看，獨具特色。人們吃完裡面的食物後，可以把外包裝留下來做玩具。

重複使用型包裝的設計包含三個方面的內容，即產品部件結構自身的完整性、產品主體的可替換性和結構的完整性、產品功能的系統性。

（三）再循環型

廢棄物品再循環分為物質回收與能源回收，回收過程可以針對整個社會的開放式系統，也可以僅針對企業商品的閉合式系統。為了使人人都能加入再循環的流程中，設計出被我們共同認可的綠色包裝常用標示是十分重要的。例如，某商店運用包裝紙來包裝商品，方便、快捷、成本低。每一種包裝紙上都設計有本商店的標示、店名、回收標誌，圖案簡潔大方，給人留下了很深的印象。這種包裝的可伸縮性讓消費者可以自由選擇重量為100~200g的巧克力，包裝本身也保證了巧克力的質量和保存環境。包裝材料為薄紙板，由蜂蜜提取物制成的天然蠟密封，用水彩印刷，非常容易回收。

（四）拋棄容易型

拋棄容易型的包裝，有以下三方面的特點：

（1）材料安全化。被拋棄後包裝材料，在回收處理中或燃燒處理後不會產生毒性物質。

（2）防止散亂化。為了不使包裝中的小部件散亂而引起環境污染，設計師在設計之前就應考慮並採取有效的措施。

（3）分類容易化。盡量避免混用不同的素材，以便回收再處理，減少回收處理的代價。

例如，某環保購物袋，這個購物袋的生產材料是純天然的。購物袋的材料中被嵌入不同種類的種子，人們在用完購物袋後把它丟棄在任何地方，它都會在降雨後分解並長成一片草地或是一片鮮花。這是一款真正的環保購物袋。

（五）零廢棄型

零廢棄型包裝是指通過巧妙的結構設計使包裝在使用後不被浪費，可以被再次利用，將包裝對環境的污染降為零。包裝即是產品，有些包裝就是產品的一部分，兩者被有機地結合在一起；有些設計將包裝的功能進行了延展，即包裝在完成了對原有商品的保護後，又延伸出了新的使用功能。其實最有效的包裝是不使用包裝材料，即無包裝的包裝，但在生活中有些產品必須要通過包裝才能得到很好的保護並被送到消費者手中，這樣就需要我們創造出既實用又環保的包裝。

中國早先用於糖果上的糯米紙就是可食用的環保包裝。現在中國正在研

發更加實用的可食用包裝材料。它對人體無害，能與稻殼黏在一起，可以直接食用，用它來做月餅的包裝盒會有意想不到的效果。

又如可食用的水杯，它的出現改變了以往的水杯生產過程和材料使用範圍。該水杯用可食用的材料製成，人們在不需要它時，完全可以用食用取代丟棄，無毒無害。

（六）利用再生材料

有效利用再生材料，如再生紙、再生紙漿、再生塑料、再生玻璃等作為包裝材料，既可節約能源和資源，又有利於環境保護。例如，有些手機、鼠標等電子產品的包裝，盒內襯是用再生紙漿壓模成型的，結構合理，包裝輕便，既節約了資源又降低了包裝成本，還可回收降解。又如，用再生紙漿設計的雞蛋包裝，既很好地保護了商品又給人以質樸的溫馨感。

（七）利用天然素材

設計師應有效地利用天然材料，使其發揮最大作用。例如，稻草、麥秆、甘蔗秆、蘆葦等不被人們重視的材料，經過巧妙的設計、開發、利用，可以擁有獨特的魅力，並在包裝中發揮很好的作用。目前在國內市場上也有這樣的包裝，如用竹材料做成的竹筐、竹筒、竹簍等包裝，完全符合綠色包裝設計的要求，既不污染環境，又經濟實惠。

（八）新型綠色包裝

設計師必須從長遠的戰略目標出發，充分利用現有的優勢資源，同時不斷研究和開發新的包裝材料，研究設計出更科學、更合理的包裝結構，用較少的材料和可回收的再生材料，設計出既實用又美觀的新包裝。

西班牙設計機構巴菲圖拉（Barfutura）設計的春之書（Spring Book）書籍包裝，腰封由含有種子的有機紙張製成，取下腰封後放入土壤中，過幾天植物就會破土而出。

英國設計公司史蒂夫·哈斯利普（Steve Haslip）設計的漢格包裝（Hangerpak）T恤的包裝。設計師將包裝設計為可折疊的衣架，這樣既避免了包裝的一次性使用，同時也使人們不需要再為這件衣服找衣架，方便了日常生活。

第三節　符號學視域下的包裝設計的語義表達

一、關於「符號」的歷史溯源

符號是人類溝通的一種原始形式，它們代表著具體的事物、運算數目或者社會地位，進而主觀地表現更為抽象的概念或情感，並不約而同地出現在世界的眾多古老文明中。

公元前 3,500 年左右，美索不達米亞的蘇美爾人就形成了一套成熟的文字系統——楔形文字。楔形文字的雛形有著明顯的象形特徵，這源於早期符號單純的記事功能。例如，當時交易農產品及其他商品的記錄。這些符號印在空心容器的表面，代表裡面所放置的泥土標記牌的種類和數量，以此記錄入貨或出貨的種類和數量。經過幾個世紀的發展，這些符號才轉而被人們用蘆葦尖筆勾畫在濕的泥板上面，漸漸形成了表現力豐富的楔形文字。

在中國新石器時代遺址發現的陶器、動物骨頭、龜甲和壁雕中，同樣可以看到古代符號的運用。這些符號似乎有特定的意義，但表達零碎，而當代人常將它們與中國第一套書寫文字甲骨文相提並論。儘管這些符號早已無從鑑別其真實含義，但卻透露出溝通中符號有跨越時空的通俗使用性。

在北美，符號也是印第安人的常用溝通工具，破解這些符號對於瞭解這種神祕文化至關重要。其中，有部分符號易於理解，如兩支相反方向的箭代表戰爭，一支斷開的箭表示和平，相互交叉的兩支箭代表友誼。印第安人常常在臉、身體和馬身上塗抹各種顏色及各種形態的象徵性符號，這些符號在儀式和戰鬥中顯得尤為重要，如手掌印符號就寓意著力量。

隨後的文明社會出現了由多重意象構成的平面符號，這些符號有著更為複雜的形狀和形態。紋章便是一個典型的例子，人們通過其歷史發展能觀察到平面符號在結構和含義上的演變。歐洲諸國和日本的紋章歷史悠久，紋章既是武士戰鬥時分辨敵我的標示，也是家族或個人的象徵。歐洲的紋章發展成複雜的複合結構，多用動物、盾牌和飾邊元素，而不同的顏色和構成元素均有著不同的含義。相比來說，日本的紋章則崇尚自然，主要採用植物類的

象徵體，結構與用色簡單明瞭。

這些歷經數年的平面符號都有著精煉的結構形態，凝聚了人類的智慧與文明。符號會隨著時代演變而被賦予不同的含義，這也是其豐富和永恆的原因。現代社會生活充滿了各式各樣的平面符號，如跨越時代的星座、數學、音樂符號、數碼界面符號、商業標示等。

人們對不同線條和形狀有著不同的心理感受，平面設計師們對設計素材的使用就必須考慮到這點。在平面設計中，標誌無疑是視覺與功能最突出的符號，導視和互動界面的圖標有著強烈的功能性，但隨著設計思維的發展，設計中越來越多地用到了前述兩者之外的輔助性平面符號。這些輔助性平面符號常常有著抽象的幾何形狀或者代指性的具象形態。我們稱之為「符號」，主要是因為其融合了設計師的思維和想像力，在很大程度上影響了觀者對設計的理解。有的符號容易理解但充滿啓發性，有的符號則需要經過詮釋，人們才能理解其內涵及其特殊吸引力的形成脈絡。因此，設計師可以被稱為「現代平面符號的締造者」。

二、符號在包裝設計中的應用

（一）「季節清酒」的系列包裝

「季節清酒」是鶴龜酒業旗下的，其系列包裝由設計師 Kuroyanagi Jun 設計。標籤運用了「鶴」與「龜」的簡化圖形，象徵吉祥和長壽。酒瓶的包裝還通過用色的變化，使人們感受到每個季節獨有的視覺與味覺體驗。

（二）Qoniki 兒童運動鞋及服裝品牌包裝

Qoniki 是一個兒童運動鞋及服裝品牌，需要一個有趣又新潮的視覺形象來吸引 5~12 歲的孩子，同時體現品牌與眾不同的特質。盾形標誌、惡熊和叛逆兔等圖形刻畫和突出了小孩叛逆的一面，牛皮紙、鮮艷色彩和手作風格則增強了品牌的親和力。

（三）洛迪（Lodhi）酒店系列包裝

Lodhi 酒店坐落於印度德里文化遺址中心，品牌形象重點突出酒店的娛樂設施及優質服務。酒店的名字取自中世紀印度的 Lodhi 王朝，因此視覺形象識別系統沿襲了同樣的主題，酒店的符號和酒店的系列包裝結合了該時期經典的圖案和風格，再現了印度皇室的奢華。

（四）Noodle Theater 連鎖餐廳的包裝符號

Noodle Theater 是一家連鎖餐廳，提供來自全球的各式麵食。視覺形象識別系統採用了醒目的顏色來反應餐廳的文化多元性和食材多樣性。此外該連鎖餐廳延伸出來的一系列各國面具成了餐廳的包裝符號，包括墨西哥摔跤手面具、日本能樂面具和英國 Guy Fawkes 面具等。

第四節　關注情感表達的人性化包裝設計

隨著中國經濟的不斷發展，中國居民的生活水準不斷提高，人們對商品的文化附加值和藝術價值有了新的需求。在進行商品消費的過程中，消費者不再只關注商品的物質屬性，而更加關注消費過程中的情感體驗，這也就促使包裝設計的作用發生了改變。優秀的包裝設計能夠抓住消費者的眼球，使商品在眾多同類產品中脫穎而出。在包裝設計中，對消費者的體驗層次進行研究，漸進性地實現商品包裝的情感化設計，對包裝設計和商品銷售都具有重要意義。

一、情感化設計及其組成要素

情感化設計（emotional design）一詞由唐納德・A. 諾曼（Donald A. Norman）在其同名著作當中提出。而在 *Designing for Emotion* 一書中，作者亞倫・沃爾特（Aarron Walter）將情感化設計與馬斯洛的人類需求層次理論聯繫了起來。正如人類具有生理、安全、愛與歸屬、自尊和自我實現這五個層次的需求，產品特質也可以被劃分為功能性、可依賴性、可用性和愉悅性這四個從低到高的層面，而情感化設計則處於最上層的「愉悅性」層面當中。但目前絕大部分產品都停留在「可用性」這個層面，很少有產品做到「愉悅性」，所以「愉悅性」是缺失的（圖 2-4）。

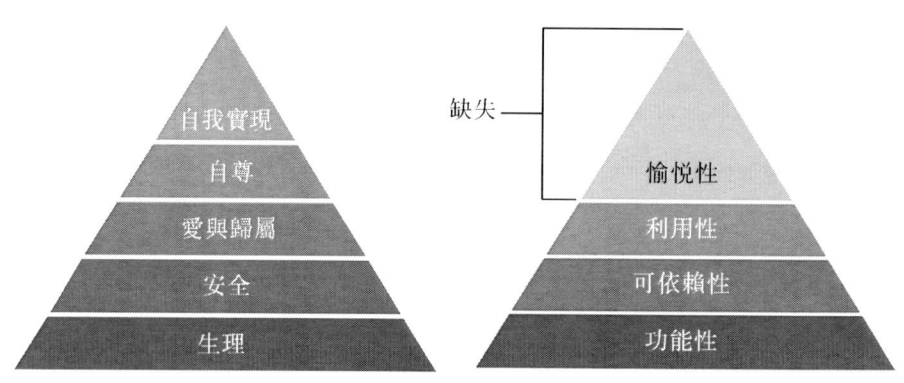

圖 2-4　Aarron Walter 將情感化設計與人類需求層次理論聯繫

　　藝術可以讓你為所欲為，但設計必須考慮其他人的感受。如今電腦、手機等科技產品的普及，為設計與人的互動提供了完美的平臺，人們可以更加直接地去體驗並感受設計。

　　而設計師也不僅僅是沉醉在酷炫的視覺效果中，更多的是要去思考怎樣通過設計來拉近人們與產品的距離，從而獲得更多的用戶群體。要想瞭解怎樣能使人對產品產生情感互動，就要先瞭解人們的情感。通過對人類情感的認知來考慮設計對用戶情感的影響，從而達到理想的效果。

　　情感化設計的目標是在人格層面與用戶需求層面建立關聯，使用戶在與產品互動的過程中產生積極正面的情緒。這種情緒會逐步使用戶產生愉悅的記憶，從而更加樂於使用這項產品。另外在正面情緒的作用下，用戶會處於相對愉悅與放鬆的狀態，從而對使用過程中遇到的小困難與細節問題的容忍能力也變得更強。

　　情感化設計大致由以下這些關鍵要素組成：①積極性；②驚喜，提供一些用戶想不到的東西；③獨特性，與其他的同類產品形成差異化；④注意力，提供鼓勵、引導與幫助；⑤吸引力，在某些方面有吸引力的人總是受歡迎的；⑥建立預期，向用戶透露一些接下來將要發生的事情；⑦專享，為某個群體的用戶提供一些額外的東西；⑧回應性，對用戶的行為進行積極的回應。

　　我們可以從這些關鍵點出發，在產品和包裝設計中融入更多的正面情感元素。誠然，用戶最終的反應還將取決於他們各自的生活背景、知識技能等

方面的因素，但是我們所抽象出的這些組成要素是具有普遍適用性的。

二、包裝情感化設計的作用

情感是人們對客觀事物的態度和體驗，影響著人們的心理活動。消費者的情感需求是多層次的，並且由低級階段向高級階段、由物質生活向精神需求逐漸發展，人們在滿足物質生活後，逐漸加強了對精神需求的追求。同時，情感也是藝術設計區別於一般設計的最本質要素，對現代設計而言，設計的優劣既通過其功能的實現和效率的高低來反應，也來自審美與情感的愉悅。自工業設計誕生至今，設計師在進行設計時，只是純粹從技術角度去實現產品的功能性以此來滿足人們的使用需求，其設計理念忽略了人作為物的使用主體，在使用物品時的多維情感需求，即視覺、觸覺以及心理的需求。物質過剩的今天，人們對於產品的要求已經超越了理性的需求而進入了感性的需求層面，要求真正實現「以人為本」的人文理念。為了實現人們的這一要求，情感化的設計應運而生。而所謂的情感化設計，就是以其外在的形態去解決情感與功能之間所存在的微妙而複雜的關係，實現兩者的和諧統一。包裝的情感化設計探索，其根本就是利用人們的這種情感需求實現包裝形態的改變，並反作用於人類的情感，通過獨特的視覺、觸覺、審美與情感表達，放大人們的某種內在的需求，甚至是潛在的需要，從而誘發消費者採取積極的購買行為，這也是包裝設計商業價值產生的基本立足點。

按照常規的設計理念，包裝的形態僅僅取決於其所實現的功能，但是隨著生活質量和生活品位的提高，現代的消費者對於包裝的需求已不僅僅停留在對其實用功能的滿足，而是逐漸轉向對包裝形態美的追求，即注重審美價值與情感、文化、意識的交融。那些富有情趣的，使人感到輕鬆、舒適、充滿人文關懷的包裝形態更能贏得人們的青睞。因而，如何發掘人們潛在的情感需要，利用情感的驅使作用促進消費者消費，是我們在進行包裝設計時應該重點思考的，也是包裝形態創新設計的方法。由哈格斯特朗（Mad Hagstrom）創立的心靈超市為已經滿足物質需求的消費者提供了思考、生活和購物的空間，在出售想像商品的同時，為消費者提供心靈補給品，幫助消費者整理情緒、釋放和緩解壓力。由此可見，在生活節奏不斷加快的現代生活中，消費者更加渴望自己的精神和情感需求得到滿足。商品包裝的發展趨勢

應轉向滿足消費者的情感體驗，構建消費者與商品的溝通橋樑，具體來說，包裝的情感化設計的作用主要體現在以下三個方面。

（一）激發消費者感觀層面的愉悅

感官層面的愉悅是消費者通過視覺、聽覺、嗅覺、觸覺和味覺對商品的直接的情感體驗，它處於情感體驗的最低層級，卻是最直接、最迅速的，也是最難以抗拒的情感體驗。在商品包裝設計中，感官層面的情感體驗最容易被激發，也最容易被接受。感官層面的愉悅主要是通過別具一格的包裝形態來產生，以此來激發消費者的購買意願。

（二）為消費者帶來使用樂趣

社會心理學家亞伯拉罕・馬斯洛認為，人們通過對物質的控制來證明和實現自身的價值，在此過程中能夠產生極度愉悅的「高峰體驗」，它能夠緩解和釋放人們生活中的負面情感。體驗令消費者與物品發生交互作用，消費者能選擇、改變、控制、操作物品，從而獲得自我實現的愉悅。例如，某品牌推出的「粒粒出」瓶裝木糖醇口香糖，以其獨特的拉環設計吸引消費者，當消費者提拉瓶口時，內膽及裡面的口香糖也會被提起，放下時一粒口香糖就會從中間的小圓口彈出。這一設計使得使用過程方便、衛生，給消費者帶來了無限的歡樂，體現了「樂在手、樂在口、樂在心」的理念。設計師在進行包裝設計時，應通過對樣式、材料結構等因素的全面考量，滿足消費者的情感需求，使消費者在不斷消費商品的過程中建立與商品深層次的情感關係。

（三）滿足消費者自我實現的心理需要

在現代社會，越來越多的消費者希望通過購買與眾不同的商品來彰顯自己的個性，這就使消費者對商品具有更深層次的情感體驗。消費者希望通過對商品的購買和消費來體現自己的地位和價值。商品包裝設計師應該將情感作為考慮的重要因素，通過對樣式、材料和結構等設計元素的精心組合和巧妙構思，在不經意間傳遞出消費者的個性和品位，使消費者能夠寄情於物，通過商品喚起自身的認知和回憶，使商品帶給消費者心理上的歸屬感和安全感，促進消費行為的發生。

三、包裝情感化設計的三種水準

唐納德・A. 諾曼認為人類的行為有本能水準、行為水準和反思水準三個層次。這三個層次部分反應了生物的起源和發展，即由原始的單細胞有機物慢慢地進化為較複雜的動物，再發展為脊椎動物、哺乳動物，最後演化為猿和人類。對簡單動物而言，生命是由威脅和機遇構成的連續體，動物必須學會如何對它們做出恰當的反應。那麼其基本的行為就來源於反應機制：分析情境並做出反應。如果面對的事物是有害的或者危險的，動物便會緊張起來以準備奔跑、進攻或變得警覺；如果面對的事物是有利的或者合意的，動物會放鬆並利用這一情境。隨著不斷地進化，進行分析和反應的大腦也在逐漸變得更加成熟。把一段鐵絲網放在動物與可口的食物之間，小雞可能會被永遠地攔住，在柵欄前掙扎卻得不到食物；而狗會自然地繞過柵欄，美美地享受一番。人類則擁有一個更發達的大腦，他們可以回想自己的經歷，並和別人交流自己的經歷。因此，我們不僅會繞過柵欄得到食物，而且還會回想這一過程——仔細考慮這一過程——決定移動柵欄或食物，這樣下次我們就不用繞過柵欄。我們還會把這個問題告訴其他人，這樣他們甚至在到那兒之前就知道該怎麼做。

像蜥蜴這樣的動物主要在本能水準活動，其大腦只能以固定的程式分析世界並做出反應。狗及其他哺乳動物則可進行更高層次的活動，即行為水準的分析，因為它們具有複雜和強大的大腦，可以分析情境並相應地改變行為。人類的行為水準對那些易於學習的常規操作特別有用，這也是熟練的表演者勝過普通人的原因。

進化發展的最高水準是反思水準，人腦可以對自身的操作進行思索。這是反省、思考、學習關於世界的新概念並概括總結的基礎。

因為行為水準不是有意識的，所以人們可以成功地在行為水準上，下意識地駕駛汽車，同時在反思水準上有意識地思考其他事情。嫻熟的表演者可以運用這一便利，如嫻熟的鋼琴演奏者可以邊用手指自如地彈奏，邊思考音樂的高級結構。

這三個水準相互影響的方式很複雜，為便於應用，唐納德・A. 諾曼進行了一些很有用的簡化。這三種水準可以對應於以下設計特點（圖 2-5）。

本能水準的設計——外形；

行為水準的設計——使用的樂趣和效率；

反思水準的設計——設計的合理性與理智化。

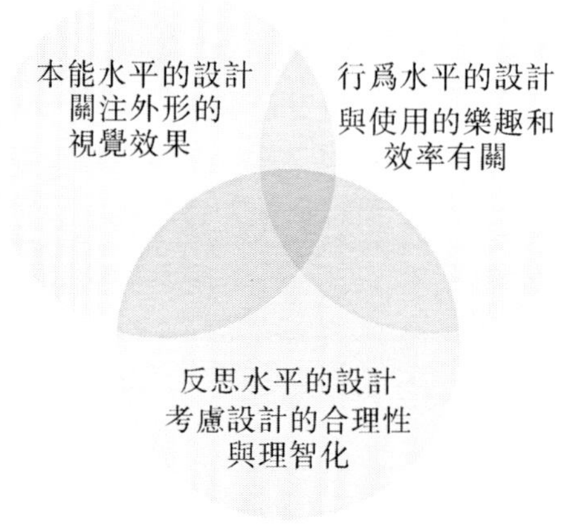

圖 2-5　三種水準的設計

（一）本能水準的設計

本能水準的設計與人的第一反應密切相關。在本能水準的設計中，人類的感官體驗（視覺、聽覺、嗅覺、觸覺、味覺）發揮主導作用，消費者對商品包裝的造型、圖形、色彩、材質等要素發生感官體驗，並產生情感體驗。

例如，視覺是人們接受設計信息最主要的通道，而形態是視覺化的物質形式，人們通過形態來刺激視覺，又通過視覺來獲得信息，再通過情感來做出判斷。因此，在包裝設計中直接利用那些或抽象或誇張或寫實的造型形態，通過最為直觀的感官刺激來吸引消費者的注意，其別具一格的形態語言，往往成為新的賣點。Lily 花茶包裝是設計師斯潘格勒（Spangler）運用仿生學原理而設計的一款花茶包裝，外形宛如一朵含苞欲放的花朵，結構簡潔巧妙，易合易開，不但有效地保護了內裝物，還便於宣傳、陳列，具有很強的觀賞性。

（二）行為水準的設計

行為水準的設計可能是我們關注最多的。行為水準的設計不僅要求包裝具有一定的藝術美感，還要求包裝具有基本使用功能。在行為水準的包裝設計中，包裝設計師要堅持以消費者為中心的原則，通過對消費者的消費心理

進行分析，有針對性地使商品的包裝設計滿足消費者的期望並能輕鬆實現促進消費的目標，使消費者獲得積極、正面的情感體驗，滿足消費者的情感需求和實現商品的經濟效益。試想，一個開啓困難的包裝物，它帶給使用者的不僅僅只是操作上的不便捷，更多的是由這種不便捷所帶來的不快樂的情感體驗。這樣一個包裝物我們還會選擇它嗎？因此，行為水準的設計在這裡講究的是效用所帶給人們的愉悅感。

1. 彰顯人性化的便捷使用體驗

包裝是產品的形象展示，包裝形態的設計無論是從實用功能出發強調包裝的實用性，還是從包裝的審美功能出發強調有效實現商業促銷，其根本還是通過設計帶給人們諸多便利，讓人在使用過程中方便、愉悅。就如同這款童話般可愛的蜂蜜包裝，包裝非常有創意地將一個個大小不一的圓圈套在一起，中間用繩子穿過，扎緊，看上去就像一只胖乎乎的蜂蛹，讓人想起蜂蜜的清香，垂涎三尺。無論包裝形態如何的可愛有趣，但它最主要的功能依然是能夠盛裝蜂蜜並讓消費者把它安全地帶回家。

這種通過包裝形態將產品信息形象化，並結合人體工學給消費者帶來便捷的使用體驗，不但豐富了包裝形態，而且能給人們帶來別樣的使用快樂。

2. 參與和交互的高峰體驗

體驗令消費者能與物品發生交互，能選擇、改變、控制、操作物品及相應的使用方法，從而獲得自我實現的愉悅，這種愉悅感來自人們通過自己的活動改變周圍的環境，使其更適合自己的需求。現代生活在給我們帶來物質充裕的同時也給我們帶來了過多的壓力，導致我們情緒低落、消極，人們渴望在日常生活中能夠緩解與釋放這種無形的負面情感。包裝在使用中帶給消費者的樂趣不僅體現在便捷使用的人性化設計上，還體現在使用過程中通過人與物的參與和交互，使人體驗到一種控制外部世界，從而證明和實現自身價值的樂趣。消費者在開啓、關合、使用包裝的過程中通過自我行為的參與感受到使用的便捷、快樂。這種參與行為和互動體驗，給消費者帶來的是一種精神層面的愉悅，這種情感體驗超越了其使用的效能。正如認知心理學家唐納德·A.諾曼將設計分成了本能水準、行為水準、反思水準的設計三個不同的層面，這三個層面的設計，可能會帶給消費者驚喜。考慮參與和互動，是設計師在實現包裝使用功能的基礎上，滿足消費者更高層次的追求。恰當

地應用參與和互動設計策略的包裝形態，能夠消除消費者對包裝的陌生感，增強消費者對包裝的使用信心與接受度，使消費者從內心接受包裝覆蓋下的產品，從而促進消費者對產品的選擇和使用。

　　參與和互動理念下的包裝形態設計使消費者在快樂中釋放了負面情緒，從而加深品牌印象，提升了購買力。心理學家馬洛斯稱這種狀態為一種極度愉悅的「高峰體驗」，它可以宣洩人們在日常生活中因過度心理壓力所帶來的疲勞感。

　　Gawatte 咖啡推出百變表情的咖啡杯，外部防燙套上鏤空出眼睛和嘴巴的輪廓，只要輕輕轉動杯套內的杯體，杯體上不同情緒的眼睛和嘴巴圖形與鏤空出的輪廓就會組合出不同的表情，或喜悅或暴躁，或驚訝或無奈，整個造型活潑可愛且帶有很強的趣味性。也許杯子上的表情恰是你一天的情緒反應；也許你在看到杯子上表情的那一刻，情緒會發生變化；也許你根據自己的心情隨意變換杯子上的表情；總之，你的杯子你做主。消費者通過參與和互動實現了包裝的再設計，只不過這次的設計主體變成了消費者。消費者在這個過程中，由被動接受轉換成主動參與，這種消費行為的改變，正是參與和互動帶來的樂趣。

　　3. 智能的交互體驗

　　具有智能交互體驗功能的包裝形態設計是集藝術、材料、信息技術等多學科於一體，涉及人體工程學、設計心理學、形態學等多領域的系統綜合設計。隨著電子信息技術與人工智能技術的不斷發展，具有智能交互體驗功能的包裝已經不再是遙不可及的想像了，而是已逐步進入人們的視野。智能交互體驗的包裝是一種對周圍的環境具有監測和顯示功能的包裝，它可以監測包裝空間的密封程度、濕度、溫度、內部壓力以及保存時間等一些重要參數並予以顯示。智能交互體驗的包裝通過對產品信息的收集、整理和技術分析，實現對包裝運輸過程中的控制以及全面的優化管理。智能交互體驗的包裝將微型芯片嵌入包裝中，搭載移動通信技術，使消費者憑藉手機上的軟件實現對產品的全程監控、追溯和即時跟進，從而實現防偽、溯源、監測需求。這種具有革命性意義的智能包裝形態，借助平臺實現了與消費者的溝通與互動。

　　針對大家最關注的食品安全問題，智能交互體驗的包裝可以大顯身手。

比如，智能交互體驗的包裝可以通過印刷顏色的變化來表明產品的時間變化，從而使消費者更加直觀地瞭解食品的新鮮程度。

又如智能水杯 Clouddrink C，在杯體底部內置有機發光半導體（OLED）高溫顯示屏，採用高靈敏溫度傳感器進行杯內水溫測試。消費者只需要將水倒入杯子，杯底的顏色會隨著溫度的變化發生改變（燙對應紅色，溫對應橙色，冷對應藍色），消費者可以通過觀察顏色的變化掌握杯子裡的水溫情況。與此同時，杯身底部 8 顆發光二極管（LED）指示燈，會隨著消費者每日飲水量的增加逐個亮起，方便消費者及時檢測自己當日的飲水狀況。智能交互體驗的包裝設計給我們帶來了快樂的使用體驗，讓我們感受到了源自設計的體貼與便捷。

（三）反思水準的設計

反思水準的設計與物品的意義有關，受到環境、文化、身分、認同等的影響。反思水準的設計比較複雜，變化也較快。反思水準的設計事實上與顧客的長期感受有關。反思水準的包裝設計旨在通過個性化的包裝設計在包裝、產品和用戶之間建立起情感的紐帶，通過參與和互動來體現消費者的自我形象、激發消費者內在的情感、喚起消費者的情感記憶等，使消費者形成對品牌的認知，培養消費者對品牌的忠誠度，使品牌成為情感的代表或者載體。

1. 包裝體現消費者的自我形象

我們每個人都在乎我們展示給其他人的形象，而自我形象的體現無一例外都是通過我們所持有的物品體現的，自我形象包括我們的身分、地位、個性、喜好、價值觀以及生活方式。例如，手錶的價值在於準確報時，但是我們可以通過一個人佩戴的手錶判斷出他的身分、年齡、階層等信息，這時物品就在體現一個人的自我形象。包裝形態作為產品的外部形象，同樣應具備與消費者進行情感溝通的元素。試想，一個設計新穎、構思巧妙的包裝，通過獨特的形態語言傳遞出來的個性張揚的品位與追求，會在不經意間顯露消費者的地位，那種愉悅的感受令人無以言表。

2. 包裝激發消費者內在的情感

Defumo 媒體物的包裝，其創作目的是體現三位具有傳奇色彩的藝術家同在一個屋檐下的理念。一個圍合的四方體包裝在打開後可以取出每一位藝術

家的CD、T恤和宣傳冊，包裝打開、關合的過程猶如在講述他們的故事，體現了藝術家團結的生活方式。包裝設計者在下意識地注入這種理念，激發了消費者的內在情感。

設計師賦予包裝形態某種象徵意義，使其成為某種符號或隱喻。當人們解讀出這一含義並產生共鳴時，所感受到的極大快樂就是通過這種較高層次的反思水準獲得的。包裝的形態本來是為了滿足實用功能而設計的，能夠最有效、最直接地表現使用效能是衡量其實用性的重要標準，而人的情感不止如此。因此，這種更高層次的情感需求對現代包裝形態創新無疑是十分重要的。

3. 包裝喚起用戶的情感記憶

心理學家伊扎德指出，「熟悉性」是人們感受到快樂的最基本條件之一。我們都知道人與物的接觸往往存在一個磨合的過程，大多數時候，人們對新事物往往具有一種天然的排斥感而對舊事物充滿認同感。當人們通過一個事物獲得「似曾相識」的感覺，隱藏在潛意識裡的記憶也就被挖掘出來了，這種由模糊到清晰的變化更容易使人們產生愉悅感，而且這種愉快的感覺也較為長久。將包裝設計成可感知的熟悉形態，能從心理上給人一種歸屬感與安全感，進而更容易從情感上影響消費者的判斷。

例如，日本的伊勢醬油包裝造型借鑑日本傳統的木結構建築，設計師將包裝的功能與形態結合在一起，從而把百年老字號的伊勢品牌穩中求變、特色不改的風格發揮得淋漓盡致，使其成為一款讓人久久不能忘懷的包裝設計佳作。

又如，為了鼓勵人們重新利用廢物，2014年可口可樂公司聯合奧美公司在泰國和印度尼西亞發起了一項名為「Coca-Cola 2nd Lives」的活動。在該活動中，可口可樂免費為人們提供40萬個、有16種不同功能的瓶蓋。人們只需將其擰到舊可樂瓶子上，就可以把瓶子變成水槍、筆刷、照明燈、轉筆刀等工具，可謂名副其實地變廢為寶。這種由產品包裝延伸出的功能性和趣味性也使可口可樂的品牌形象更加深入人心。

上述三種水準的設計相互影響、相互聯繫、相互滲透，最終激發消費者與商品包裝的情感互動，推動消費行為的有效進行。

第五節 「功能至上」的電子商務產品包裝設計

以電子商務為代表的商務活動表現出了電子化、信息化、網絡化、虛擬化等特點，改變了傳統銷售方式，去掉了銷售的中心環節。網絡銷售節約了大量原材料，實現了商品、物質的優化配送，提高了運輸效率，節省了電子商務產品的人工、機械裝卸和運輸，降低了交易成本。網絡技術改變了用戶的消費行為和消費方式，包裝裝潢的促銷功能被淡化。電子商務對包裝的功能提出了新的要求，即要求包裝設計師必須熟悉多媒體網絡技術，將傳統包裝的靜態效果改變為動態效果。這種「功能至上」的設計理念貫穿電子商務產品包裝設計的始終。

一、「功能至上」體現了現代「以人為本」的理念

包裝設計強調形式與機能的統一。賴特說「形式與機能是一體的」。新的科學技術不斷生產出新的具有高級功能效用的產品，同時，也就要求造型設計有相應的形態美。包裝設計強調實用功能和使用功能的統一，只有將兩者完美地結合，才能贏得大眾的青睞，如產品線型的選擇通常與產品的性能相適應。不同功能的產品往往選擇不同的線型，如交通設施為減小運行時的阻力而選用了流線型；機器設備則應考慮機體的運行穩定和操作的方便而多選用直線型。另外，為使某產品得到更多消費者的青睞，產品除具有的特定功能之外，還增加附加功能，以「一物多用」滿足人們「求多」的消費心理。

現代包裝設計強調生態的功能美。現代包裝設計經歷了一個從形式到內容、從產品到環境的演變過程，日益明確地指向自然美。現代包裝設計更加適應經濟時代的需求，並在生活中逐步扮演主角。我們的包裝設計需要環境設計意識，我們的生活也需要設計美化。藝術與設計是不同的主題，設計是對問題的回答，具有功能性、可理解性、可再生性。設計應以反應人性為根本，考慮環境因素，進而演化出設計的合理性和理性化思維，切入人性的功能美。當一個設計達到功能的完美時，這便是一個成功的設計作品。

從最初的視覺形式的外在裝飾（以自然曲線矯正機械軌跡），到內在的功能美，產品不是僅以滿足人的慾望、需要而產生美，而是以一種內在的、精緻的形式將產品的實用功能與其加工材料屬性（柔韌、堅硬、光滑、彈性等）加以吻合。

現代包裝設計強調智能化設計，這一特點尤其表現在對電子商務產品的包裝設計中。隨著高新技術的快速發展和各門學科的交叉、融合，包裝的智能化設計已成現實。許多過去只存在於幻想中的東西將會魔術般地變成現實，智能化包裝就是其中之一。

二、電子商務產品包裝設計的現狀與問題

（一）電子商務包裝的現狀

隨著電子商務交易的日益頻繁，各式各樣的產品包裝如雨後春筍般發展起來。2011年天貓網和淘寶商城平均每天投遞800萬個包裹，接近整個快遞行業包裹總量的六成；2012年天貓「雙11」，單日銷售額191億元，投遞的包裹量為7,800餘萬個；2013年「雙11」，截至11月11日早8點，就有超過8,000個消費者收到了自己剛剛付款的商品，而截至當日下午5點，商家處理的包裹數已經過億。現如今，各式各樣用於電子商務產品的包裝都伴隨著快遞員的身影穿行在城市的大街小巷。

由於電子商務產品的包裝主要用於物流運輸，因此包裝設計多以運輸包裝的形式呈現。當今的電子商務包裝已很難與運輸包裝做出區分，不論是功能特點還是形式特徵，兩者都如出一轍，這使得電子商務的包裝在包裝形態、材質、工藝、視覺設計風格方面趨於單一。為了方便運輸、控制成本，電子商務的包裝多以規整簡單的造型為主，以堅固耐用的瓦楞紙以及塑料材質為主，一般採用簡單配色印刷，視覺設計風格多趨向平面化。

（二）電子商務產品包裝設計存在的問題

就目前情況分析，電子商務產品包裝設計存在的問題主要體現在以下幾個方面：

（1）設計受多方因素限制。設計的限制包含包裝的用途、形態、材料、技術、意識等方面。形態與材質單一，印刷色彩單一且精度較差，商家與消費者常常忽視電子商務產品包裝的存在，從而大大限制了包裝設計的施展空

間。這主要是由電子商務產品包裝本身過於強調運輸特性所導致的。

（2）設計缺乏相對獨立性。不與商品直接接觸、成本低廉且僅具有保護功能、主要承擔運輸功能的電子商務產品包裝很難有自己獨立的設計。電子商務包裝受制於物流，很難形成自己的設計特色，包裝形態完全遵照物流系統的要求。為了快速、高效、低成本地完成消費過程，商家幾乎省去了包裝設計，直接拿現成的包裝模型使用，尤其在個人與個人之間的電子商務模式（C2C）下。C2C實際上是電子商務的專業用語，C2C即消費者間，因為英文中2（two）的發音同to，所以C to C簡寫為C2C。C指的是消費者，因為消費者的英文單詞是Customer，所以簡寫為C，而C2C即Customer to Customer。C2C模式下的小商家都是直接購買紙盒作為包裝而非獨立製作。

（3）設計缺乏一定創新性。較少的設計投入加之諸多限制使電子商務產品包裝的創新相對缺乏。一方面，設計形式缺乏創新。一個標誌、一句問候語、一則促銷信息毫無新意地印在包裝表面，這樣的設計應用在大多數電子商務產品包裝上。另一方面，設計對象單一。電子商務產品包裝設計的對象局限在包裝表面的視覺元素，常常忽視了包裝的其他組成部分。

（4）電商交易中消費者對包裝需求的轉變。隨著互聯網的發展，越來越多的人成為網民，數字媒體技術作為網絡信息傳遞的載體，已滲透到全球的每一個角落，隨之產生的電子商務讓人們足不出戶便可瀏覽、購買、評論任意一款在世界任意角落的產品。在基於電子商務的網絡購物中，消費者可以很直觀地通過網絡在顯示屏上查看商品各個角度的照片、各種屬性、各種用途等。與傳統購物方式相比，商品不再包裹在包裝之中，整個購物過程更加直觀透明，人們首先看到的是商品，而非包裝，這就使包裝對消費者的促銷功能有所減弱。因此我們見到的用於電子商務的包裝多為單色印刷，根本就沒有設計可言。在促銷功能減弱的同時，由於商品到消費者手中還需要一個從虛擬到現實的轉化過程，即物流配送，保護功能受到了消費者的重視。從電子商城或者網絡賣家的倉庫到達消費者手中的商品是否完好無損、商品有無在配送途中被調換、購買的私密物品有沒有在配送途中被其他人知曉，這些都成為消費者需要關心的問題，也是商家與設計師們需要解決的問題。

基於上述情況，一般用於配送的包裹常採用結實不透光的聚對苯二甲酸乙二酯（PET）材質；採用外層加套了防水材料的瓦楞紙材質的紙盒；還有

用於密封包裹的膠帶和防拆技術等。

三、電子商務產品包裝設計的原則

科技迅速發展的時代，新的設計手段不斷湧現，傳統的包裝設計程序與方法已不能完全滿足當前消費市場的需要，因此建立一套全新的包裝設計流程和科學的包裝設計方法十分必要。

（一）注重品牌力量

現代電子商務產品包裝，不論是包裝主料還是包裝輔料大多印有商家的品牌標誌，一般沒有詳細的商品品名與種類。基於物流配送，電子商務產品包裝一直扮演著忠實的保護使者的角色。這使得電子商務產品包裝很難針對某一個商品進行個性化設計。商家所銷售的電子商務產品，尤其是綜合性大型電子商務產品，都有自身的包裝。電子商務產品包裝往往在物流配送開始時形成，到消費者手中後完成使命，與傳統商業包裝相比，缺少了消費者直接參與挑選的環節，即消費者只需直接挑選商品或商家，在這個過程中並沒有包裝的參與；而到達消費者手中時，消費者也只需通過包裝識別出是哪個商家即可。因此在人們看來，電子商務產品包裝只需完成物品保護與商家識別就足夠了，這就使得商家的品牌標誌成為電子商務包裝設計的首要考慮因素。生活中我們常見的京東、天貓、亞馬孫、當當等商城，都是在包裝上印刷自己的品牌標誌。而為了與競爭對手拉開距離，天貓和京東兩大商城開始在包裝上加上自己的品牌吉祥物，突出品牌個性，提高消費者好感度，這些吉祥物也算是品牌策略的一部分。

在電子商務銷售的品牌中，有很多品牌較注意自己的包裝設計，如裂帛品牌的服裝包裝盒，就突出了該品牌的形象，圖形也具有美感；小米手機的包裝，簡潔樸素、信息明確、盒子結實牢固，既很好地保護了產品，又宣傳了品牌。

（二）節省成本

在提到電子商務產品包裝的時候都不可迴避節省成本的話題。在設計方法中，電子商務產品包裝通過減少印刷面積、對稱印刷、使用輕型環保材料等手段來節約成本。當下的電子商務包裝多採用單色小面積印刷，這樣可以有效地降低印刷成本。我們常見的如亞馬孫、天貓、京東等商城都在自己的

包裝紙盒上用最少的顏色進行印刷製作。對稱印刷，即包裝相對的兩個面採用相同的設計，這樣既節省設計成本，又使包裝美觀充實，消費者可以在各個面看到相關信息，而不會覺得包裝蒼白。輕型環保材料的應用不但可以減輕環境壓力，同時可以降低電子商務的物流成本，讓物流資源更多地為電子商務產品服務而不是為厚重、過大的包裝服務。現在電子商務首選的包裝是輕巧便宜的牛皮紙盒與塑料製品。同時，為了運輸方便，包裝盒設計都盡量小巧、輕薄，或將包裝盒做成不同尺寸的標準盒。

（三）拓寬媒介

處於物流配送環節的電子商務產品包裝需要許多輔料來完成最後的包裝，如封箱膠帶、填充氣囊、運單標籤等，好的電子商務產品包裝需要一整套的設計才能達到最後整體美觀的效果，所以電子商務產品包裝設計需要考慮新的媒介。比如常見的封箱膠帶上經常印刷有品牌標誌、問候語、聯繫方式等。與一個貼著快遞企業膠帶、印刷精美的箱子相比，一個貼有自行設計的膠帶卻毫無印刷元素的箱子更能取得消費者對電子商務產品品牌認可。

在 C2C 交易模式中，商家往往沒有完善的品牌系統，他們常常通過在包裝上加貼印有問候語、提示信息的貼紙來體現對消費者的關心，從而獲取良好的消費者印象。這種情況在淘寶網交易中最為常見。基於淘寶的交易模式，商家常常在包裝上加貼「好評」貼紙，以求得消費者給予更高的店鋪信譽。商家還會對包裝進行信息加工，一些目的地、收件人、訂單號碼等信息都會以單據的形式貼在電子商務產品包裝的表面。但這一部分往往是包裝設計的盲區，沒有人注意它的位置與表現形式，它的存在不能很好地和包裝相匹配，反而降低了包裝的整體美觀性。

美國易貝網某款購物包裝（The eBay Box），採用 100% 可回收材料制成，並且使用最少的封箱膠帶，包裝盒可以反覆使用，且即使達到使用壽命也可以完全回收製作成其他紙質產品，非常環保。

（四）增強客戶體驗

產品的客戶體驗比服務和產品更具有競爭力，體驗營銷的目的不是娛樂顧客，而是要吸引他們的積極參與。人們總是喜歡留住某種回憶，在購買特定產品時，有些紀念品往往是人們最珍惜的東西，其價值有時超過產品本身。

消費者在網上購買商品和在商店裡購買不一樣，消費者不能和商家面對面地交流，也不能親自體驗，如衣服不能馬上試穿，食品不能馬上品嘗。這樣就少了一些購物的樂趣和體驗。所以，在進行電子商務產品包裝設計時，設計師應該充分考慮消費者在購物、使用過程中的體驗。

消費者在網上看到的是虛擬的產品和包裝，這些不能滿足其心理需求，因此通常很期待購買的商品的到來，尤其是在收到包裹和打開包裝的過程中，很希望能有驚喜。如果能給消費者在打開包裝的過程中增加一些美好的體驗，如包裝的打開方式的創新或在包裝中增加一些禮品或溫馨的問候，使之享受整個過程，會增加消費者購買的信心和再次購買的慾望。而消費者在打開包裝時遇到不便、麻煩和失望，則會使心情受到影響。

基於此，電子商務商家首先要在誠信的基礎上進行交易和溝通，這樣才能創造良好的可持續的購物環境，才能吸引更多的人加入。設計師應該以誠信為基礎，從電子商務產品的細節入手，抓住每個消費者的心，創造美好的購物體驗。

綜上所述，電子商務產品的包裝要能很好地保護商品，設計師要樹立電子商務產品包裝的獨立形象，在運輸、保護、促銷等方面找到適當的平衡點，消除運輸帶來的設計局限，拓展設計範圍，擴充包裝功能，幫助電子商務產品包裝完成節能高效的社會使命，為消費者帶來便捷和愉快的購物體驗。

第三章　包裝形態的設計創新與包裝容器的造型設計

　　包裝設計是現代工業設計的重要步驟，也是一門綜合性很強的藝術學科。包裝設計中的造型藝術和結構設計，在設計過程中占據了重要地位，是現代包裝設計的主要呈現方式，也展現出了現代包裝的形態之美。本章著重論述包裝的造型形態與設計，主要包括包裝形態的設計創新和包裝容器的造型設計兩個方面的內容。

第一節　包裝形態的設計創新

一、形態的內涵分析

　　在設計學中，「造型」與「形態」這兩個詞往往同時使用，表意含糊不清。而「造型」與「形態」實際上卻有著不同的概念。「造型」一詞既是動詞也是名詞，是約定俗成的固定短語，多指事物外表的狀態；「形態」多解釋為形狀和神態。隨著社會的發展，設計的內涵意義與外延意義得到豐富，形態一詞不僅涵蓋著形狀和神態，而且還具有事物存在的狀態、構成形式等豐富內涵（吳翔，2008）。

　　（一）包裝形態是結構、美感與功能的統一

　　包裝形態的設計是根據產品的特徵、環境因素以及客戶要求等，選擇適合的材質，運用科學合理的結構、形式與法則對包裝進行外觀立體設計。無

論包裝採取什麼樣的造型或形態，適應其內在的被包裝物的特徵才是最重要的。包裝是安全的衛士、貼心的助手、沉默的銷售員。由此可以看出功能主義思想是一切包裝形態設計的基礎。

在包裝設計中，任何的包裝形態都要通過內在的結構來支撐。結構是包裝的骨骼，包裝的結構是否科學合理、包裝的材質是否堅固耐用、包裝的設計是否獨特靈巧直接決定著包裝的是否實用、經濟與美觀。在商品經濟日益發達的今天，人們的價值觀念、消費形態、審美情趣都發生了顯著的變化，設計師應注重包裝形態的創新，在滿足基本功能的前提下，以其新穎、獨特的包裝形態設計增強包裝的形式感與種種美的體驗。總之，包裝形態的創新，對於提升包裝的功能、提升包裝的附加值、表達設計師的理念，都有著重要的意義。

(二) 包裝形態是物質、文化與精神的統一

我們通常說藝術設計或造型藝術是人們精神世界的視覺化表達，而這一表達最直接的媒介就是形態（吳翔，2008）。設計形態學指出「形態」具有意指作用，形態作為一種符號可以表示某種意義與情感。它可以示意主要功能，還可以傳遞某種思想與情感。包裝的形態作為一種人為形態也具有這種編碼與解碼的功能。設計師在包裝設計時賦予包裝新穎、獨特造型形態的同時將更深層次的精神內涵孕育其中，消費者通過包裝形態這一媒介去解讀其內在的思想與情感，並在這一視覺、知覺活動中滿足其審美與情感的訴求。

因而，包裝在形態創新時，具有情感化的設計是拉近消費者與商品距離最有力的工具。設計師只有以消費者在社會、文化、精神方面的情感交流為重點，透過社會現象，掌握社會需求，才能設計出既實用又貼近消費者情感的包裝。

二、形態與功能的關係

形態和功能是一對相互關聯的概念，形態具有功能的價值，是功能的載體，而功能豐富了形態的內涵。傳統的包裝形態設計是以實用功能為前提的，如果一件包裝物品不能實現其預期的功能，就失去了其存在的價值。

(一) 形態設計進一步完善包裝的實用功能

包裝作為產品銷售的外衣與商業信息傳達的媒介，已經深入我們的日常

生活。快節奏的都市生活給人們帶來了各種危機與壓力，特別是精神危機，人們渴望通過某種渠道彰顯自我與個性並緩解社會生活的壓力，具有趣味性的包裝設計在現代生活中扮演著越來越重要的角色，因為符合現代消費者的心理需求。包裝形態通過優美和獨特的造型語言，使消費者產生愉悅感，從而促使消費者購買商品，這也是符合包裝的促銷功能的。

1. 保護功能

保護功能是包裝最基本的功能，包裝必須要防止產品在生命週期的各個環節中受到損害。例如，在運輸、銷售、使用的過程中不但要避免外界對產品本身的傷害，還要避免內部產品對包裝的損傷，使產品安全地到達消費者手中。

同樣一件產品，用不同的包裝形態所傳達出來的視覺效果有著明顯的不同。那些設計新穎的包裝形態，不但可以有效地吸引消費者的關注，而且還可以帶來不菲的商業價值。因而，通過增添包裝形態的趣味性來實現產品的促銷越來越受到商家和設計師的重視，但這並不意味著具有趣味性的包裝形態設計可以天馬行空、自由發揮，它必須建立在保護產品的基礎上，進而增強包裝形態的情感內涵與審美性。設計師可以運用紙特有的性能，通過彎曲、折疊、切割等手法，營造更為合理的空間構造，改變包裝的外部形態，擴展包裝的功能，並運用形式美法則，將包裝以更加優美的形態展現給消費者。

某品牌的設計師歷時兩年多的時間設計出了全新的運動鞋盒，該運動鞋盒不再是傳統的方形，而是呈現出兩頭不一樣高的三角形，無論是鞋盒的用料、重量都減少了很多，在相同的運輸條件下，能夠運輸更多的鞋子。在消費者使用時，它既可以是一個拎著回家的便攜式包裝，也可以變成一個小拎包。消費者能夠輕鬆地將運動鞋帶回家，同時也減少了包裝袋的使用，給人別樣的使用體驗。

2. 便利運輸功能

產品通過流通領域才能最終被消費者使用。包裝作為產品的防護衣，必須具有便利的儲存和運輸功能。趣味性的包裝形態作為三維空間結構的立體構成物，無論是外部造型還是內部結構，均能對包裝的儲存和運輸帶來更多的影響。趣味性的包裝形態不但可以改變包裝的外觀，增強美感，還可以更

好地實現儲存和運輸功能。包裝可以通過增加或者減少包裝的展示面，形成全新的包裝形態，例如，由四面增加成六面，由六面減少成五面，將曲面轉化成直面，將球面轉化成方面等，在方便運輸、陳列的基礎上營造出全新的包裝形態感受。

3. 促銷功能

美國包裝設計專家契斯金曾說「包裝是無聲的推銷員」。市場經濟的發展，改變了以往的商品營銷方式，人們不在習慣被動地去接受產品信息，而趨向於更直接、更有趣的產品購買方式。面對貨架自選購物方式，琳琅滿目的商品競爭，尤其對於同質化產品而言，商品包裝已不再是簡單的解決產品如何「包」的問題，而是憑藉商品的包裝，凸顯企業文化理念、產品特點，實現包裝的自我服務功能、審美功能、信息傳達功能，從而實現最終的商業促銷功能。

日本學者加納光提出了一種競租理論（bid rent theory），他認為包裝成為「推銷員」應具備三個基本條件，即品牌、印象和差距（賀星臨，2009）。優秀的包裝，往往使商品通過視覺化的包裝形態展示，樹立品牌形象，標新立異，與同類產品分隔開來，彰顯其獨特的魅力，獲得消費者的認可。因此，商家必須通過精心設計的包裝，使產品從幕後進入前臺並亮相，展現自己的特色，激起消費者的購買慾望。例如，某肉類包裝設計，巧妙地開窗露出新鮮的肉質本身，使其恰到好處地與包裝上的動物圖案相補充，把產品本身的色澤、部位、質地變成了優勢。別具一格的用心設計讓原本普通的產品變得特別。

（二）形態設計提升包裝的增值功能

社會的進步、商品經濟的發展以及物質的極大豐富使得傳統的包裝價值評價標準得到了極大的延伸和發展，包裝的功能不再僅僅指包裝的實用功能，它還包括了審美功能、文化功能等。這種具有審美情感的包裝形態越來越受到人們的喜愛，甚至超越了對其功能的關注。因此，我們在設計包裝時，必須考慮包裝的形態結構是否能滿足盛裝、保護產品的基本要求，同時還必須要探索整個形態如何給人帶來美的享受。因此，我們在設計包裝時，必須從實用功能、審美功能與語意功能的角度進行思考，增添包裝形態的趣味性，滿足現代消費者的需求。

傳統的商品包裝認為，包裝經過運輸、銷售，最終到達消費者手中，並伴隨著消費者拆開包裝這一行為的實施，包裝就完成了它的使命，變成了所謂的垃圾。然而，實際情況卻不是這樣的，現代消費觀的改變，人們越來越重視包裝所帶來的審美與情感的享受。包裝不但可以供人們使用，也可以供人們欣賞，還可以供人們娛樂，使人在使用和欣賞的過程中得到情感的愉悅，這實際上就是包裝的價值增值過程，也是品牌價值提升的過程。因此，這就對包裝的設計師提出了更高的要求，優秀的設計師會在包裝的使用週期裡實現隱性價值的提升。例如，美國茶葉（Tea forte）的金字塔包裝，一般我們常見的茶葉包，除了上面寫著一個「茶」之外，很難感覺到茶的味道，而這款包裝卻通過獨特的包裝形態，讓我們感受到沁人心脾的幽香。整個包裝沒有一點不宜人、過分或者無用之處，內、外包裝都採用三角形結構，頂部有一個茶葉形狀的葉子，恰好符合茶的滋味。將茶葉的內包放入水中，露出水面的葉子會伸展開來，不但起到很好的穩定作用，而且提高了觀賞性，讓人們放鬆心情，感受到愜意。

因此，具有趣味的包裝形態，有時給人帶來的是感官與使用的樂趣；有時給人帶來的是內在心理需求的滿足與愉悅；有時給人帶來的是多層面綜合的情感體驗。這種情感上的東西將一直影響著消費者，並在潛意識裡引導消費者如何去選擇，如何去消費。

1. 審美功能的提升

法國的皮埃爾·杰羅曾說過：在很多情況下，人們並不是購買具體的物品，而是在追求潮流、青春和成功的象徵（李鋒 等，2005）。

這也就是說，在很多情況下，人們對於包裝形態審美的需求超越了對其功能的需求。包裝設計之初，其形態往往是由實用功能決定的，而隨著消費理念的逐漸改變、加工技術與功能的日趨成熟與完善，人們越來越注重包裝形態所傳達的文化內涵。這不僅是好的包裝自身的需要，也是包裝作為商品競爭手段的需要。在產品的同質化時代，要使產品在激烈的商品競爭中處於優勢，就必須考慮包裝形態的趣味性表達，增加包裝的感性價值，這也是提高包裝附加值、增強產品市場競爭力的有效手段。例如，必勝客手工製作的生活故事盒設計系列包裝，包裝採用故事情景再現的表現手法，將每一筆訂單背後的故事通過包裝形態有趣地向消費者展開，你也許是一個全職媽媽，

忙得焦頭爛額；你也許是公司的白領在加班趕製文件；你也許正在為今天的午餐發愁，不知該吃什麼……必勝客手工製作的生活故事盒設計包裝，淋灘盡致的刻畫，讓我們眼前一亮、為之一笑。形態新穎，引人注意，每款包裝設計的概念都在向年輕的顧客傳達必勝客對於消費者周到、體貼的關心。

2. 語義功能的實現

形態作為一種視覺符號，其本身就是信息的載體。設計師通過包裝形態的視覺、觸覺、嗅覺、聽覺刺激，喚起人們內心潛藏的回憶與情感，從而與消費者進行溝通與交流，這一過程實則是設計師與消費者間通過包裝形態進行編碼與解碼的互動過程。人們通過包裝形態理解其形態語義所表達的內容，獲取企業、品牌、商品的諸多信息，加深產品的印象，輔助對於產品的選擇。然而，如何通過包裝形態與消費者進行有效的溝通，是設計師應深刻思考的。不同的消費群體由於性別、年齡、職業、地域、文化的差異，對於包裝形態的理解與需求是不一樣的，他們有共性也有個性，這就要求設計師在進行包裝設計時，必須探索人們共有的經驗、視覺心理、文化習慣以及個性的情感需求。

包裝總是能帶給人們不同的視覺感受，或華麗或樸素，或有趣或傳統，通過包裝形態設計提示包裝的使用功能、開啟方式等，使包裝的使用者能夠更快速、更省力地瞭解包裹在包裝內部的產品的用途及主要特徵。具有形態表現力的包裝設計，通過形態語義的表達，可以體現出其與同類包裝的差異。

隨著時代的發展，產品的形態語義已經有了很大的改變，因此，作為產品銷售外衣的包裝，也應該延承這一進步，以便滿足人們的需求。包裝富有形態語義的設計，多採取誇張、聯想、比喻、隱喻、寓意等類比手法，通過具象、抽象、擬態的表現手法，增添包裝設計的「情感性」，使包裝以形態所承載的信息影響受眾的情緒，豐富受眾的情感，喚起人們內心積極的聯想，增加消費者對包裝形態的理解與喜愛，從而促進產品的銷售。

某品牌的狗糧包裝，整個包裝就是一只神情可愛的小狗。包裝盒面上開窗，露出真實產品，使產品與圖形巧妙地結合，變成了狗狗的牙齒，讓我們一眼就識別出，這是狗糧產品的包裝。

3. 環保理念的融入

伴隨著人們物質生活水準的提高，我們賴以生存的生態環境卻在遭受著巨大的破壞。保護生態環境、實現可持續發展是我們每個社會成員義不容辭的義務和責任。新時代的設計師應具有環保的視野和對社會長期負責的意識，一個優秀的包裝形態設計，不僅要能給人們帶來使用的便利、審美的愉悅，還應具有高度的社會責任感——保護生態環境，反對追求奢華的過度包裝形態，鼓勵結合不同的加工方式、運用新材料以及擴展包裝的功能進行包裝形態的創新。這種具有環保理念的包裝形態創新，無形中也增添了包裝形態的趣味性，使人們從作品中感受到包裝設計的人文關懷。例如，某品牌的環保紙杯由100%有機材質和含新型再生纖維的紙漿做成，包括竹子、蘆葦和甘蔗，內壁使用100%樹脂材質，因此，它能很好地密封液體，而且安全放心。同時，紙漿還是一種可循環利用的綠色包裝材料，用它製作的水杯不但保護性能好，加工方便，而且還將真正的環保理念落到了實處。在包裝設計中，我們可以從材料上的便於回收、降解，結構上的合理精簡、增加使用率方面進行趣味性包裝形態的創新，使周圍的自然體系和整個社會環境相和諧。

三、傳統元素與包裝設計形態創新

世界上的每一個國家都有著不同的民族文化，不同的民族文化顯示出不同國家與地區的人們的歷史風貌、文化觀念、生活習慣、哲學觀、美學觀等。設計師通過產品包裝設計使各民族不同的文化、審美、心理特徵等具體呈現出現。人們透過包裝設計，領略到不同民族的文化魅力。

世界經濟一體化，帶來的是越來越激烈的競爭。具有強烈民族性、地域性的事物，往往能夠帶給消費者情感上的共鳴，更能吸引人們的關注和喜愛。在中國的包裝設計中，往往出現漢字、中國結、年畫、傳統紋樣等元素；日本的包裝中往往出現富士山、櫻花等元素；法國的包裝往往出現埃菲爾鐵塔的形象等；這些都是民族文化性的象徵。

民族文化來源於傳統，但並非一成不變，中西方文化的碰撞，傳統與現代的結合，都給設計帶來了無限可能。作為新時代的設計師，應有高度的民族責任感、自信心，關注民族、民間藝術文化，建立傳統文化的歸屬感與認

同感，在包裝設計中體現民族氣質，將傳統文化精髓轉化為現代設計的能力，以發展的眼光對待傳統文化繼承，以繼承為基礎，不斷創新發展，通過視覺化的包裝形態展示，使之成為傳統文化的物質與精神載體。

某名品牌「舍得」酒的包裝就是一個很好的例子。作為中國高端酒品牌，「舍得」酒在包裝設計時將傳統的儒家思想、哲學觀點融入其中，贏得了品牌的成功。「舍得是一種大智慧」，「舍」與「得」既是對立又是統一。整個包裝黑與白的色彩對比和方格裡傳統書法字體的運用，使品牌名稱與傳統文化相得益彰。「大舍大得」「小舍小得」「不舍不得」的人生智慧，讓無數成功人士感同身受，從而愛上「舍得」酒。

再如西安某特色飲食涼皮的包裝，設計者將漢字筆畫進行拆分，並巧妙地運用臉譜圖案，再用中國紅做整體渲染，使整個包裝富有強烈的民族文化氣息。此外，在盒形內部，設計者對面餅、料包、餐具所占據的空間也進行了合理的設計。

第二節　包裝容器的造型設計

一、包裝容器設計的造型藝術

在人類社會發展過程中，為了生活或者工作的需要，人們製作了各式各樣的包裝容器。其中絕大多數都是以實用為目的的，也有一部分是以觀賞為目的的，還有一些是既實用又可陳設觀賞的。現代包裝容器的造型設計的目的兼具適應實用性和審美功能。

通常而言，所有可以盛裝物質的造型都能稱為包裝容器。從材料方面來看，包裝容器可以分成玻璃包裝容器、竹木包裝容器、陶瓷包裝容器、金屬包裝容器、塑料包裝容器、草包裝容器、皮革包裝容器、紙包裝容器等。從用途方面來看，包裝容器主要分為酒水類包裝容器、化妝品類包裝容器、食品類包裝容器、藥品類包裝容器、化學實驗類包裝容器等。從形態方面來看，包裝容器可以分為瓶、陶、罐、杯、碗、桶、壺、碟、盒等。

（一）包裝容器和空間的關係

包裝容器的空間都是相對有限的，它主要是由物體的大小與距離決定

的。一個酒瓶的空間，主要是由所需要盛的物品的量來決定的，但是它通常還涉及外部空間的問題。因此，容器除了自身應該具有的容量空間之外，還包括組合空間、環境空間兩種形式。容量空間主要是由所包裝的物品的量決定的，組合空間往往是容器和容器之間相互排列所形成的空間，環境空間是容器本身的形體和周圍環境之間所形成的空間形式。

在過去的設計過程中，人們通常都是簡單、孤立地去考慮容器本身所表現出來的形體與形體方面的裝飾，往往會忽略空間對容器產生的影響。因此，在現代設計過程中，容器造型的設計一定要充分考慮這容量空間、組合空間、環境空間三者之間的關係，尤其是組合空間，它要求容器在貨架上進行陳列時，有一個比較理想的視覺效果。

(二) 包裝容器和形體方面的變化

包裝造型的線條與比例都是決定產品形體美的關鍵要素，而容器的造型變化往往都是強化容器造型設計的個性所必需的。

1. 造型

從造型層面來講，形就是體，體就是形，它存在於一個三維空間之內，有高度、長度、寬度的概念。在圖紙上借助線去表現出容器造型的形體時，線在這裡就可以變成表達形體特徵的一種重要手段。設計者往往都是運用這一設計手段去設計容器的造型的。

2. 比例

比例主要是指容器的各個組成部分之間存在的尺寸關係，包括上與下、左與右、立體與附件、整體與局部之間的尺寸關係。對容器的造型比例進行恰當的安排，能夠直接體現出容器造型所表現的形體美。

3. 變化

容器的造型有筒體、方體、錐體、球體四個基本的造型形式。造型存在的變化往往都是相對於以上基本造型形式來說的，因為基本的造型形式單調而又乏味，所以使用或多或少的變化進行充實和豐富，可以讓容器的造型具有十分獨特的個性以及別樣的情趣，也可以進一步增強包裝設計的藝術魅力。

(三) 包裝容器造型的基本方法

包裝容器的造型往往都是多種多樣的，同時它也是人們在三維空間立體

造型設計的基礎上，從不同的角度進行詳細考慮而製作的，因此它所具備的創意空間通常都是十分廣闊的。

1. 把握好容器的表面起伏變化

三維縱深之間的起伏變化往往能夠充分加強審美的愉悅感。因此，在不會影響到商品功能性的前提下進行體、面的造型變化與創新，可以瞬間抓住消費者的眼球，給廣大消費者留下非常深刻的印象。

2. 追求仿生造型設計

大自然中，萬事萬物都存在著自身獨特的造型特徵，這些往往都可以成為人們在進行容器造型設計時借鑑參考的重要依據，例如，水滴的形狀、樹葉的形狀、動物的形狀、房屋的形狀等。人們也可以對一些形象做出概括、抽象、提取、變形等。充分利用這些創意思維方法可以讓我們設計出來的東西表現得與眾不同，增強產品本身的趣味性，又符合產品的個性。

3. 強調肌理對比法

相同材料經過一定的技術處理之後也會形成完全不同的肌理，不同肌理往往都會形成完全不同的視覺效果，合理的肌理處理通常會使產品的層次感進一步增強，更加突出產品的個性。

例如，某機油包裝，運用的是光滑的灰色以及帶有顆粒感的灰色兩種不同的肌理做出的對比，同時配合流線型的造型，不僅消費者使用起來十分方便，同時也具有很好的視覺動感；又如某酒包裝，採用的是玻璃以及皮質兩種不同的材質進行設計，玻璃能夠很好地呈現晶瑩的液體，進而形成一種比較光滑的紋理，同時，通透和封閉之間的良好對比使包裝具有較好的質感。

4. 使用變異手法設計

變異手法指的是在一個相對比較統一的結構中，局部安排物體的造型、材料、色澤等變異的組成部分，使變異的組成部分逐漸發展成為視覺的集中點，使整個結構都富有變化。

(四) 包裝造型設計的表現

1. 簡約化設計表現

對於包裝造型設計而言，簡約並不代表一味地強調簡單，不是強調由於節省而變得簡單，為了環保而變得簡單，而是追求在生態系統、可循環系統下的一種有秩序的、理性的美感。簡單設計更多的是針對繁瑣的設計元素進

行刪減的過程，而簡化設計則更多的是對設計元素進行高度的提煉，是對設計風格進行十分準確的把握與掌控。

在「Fly Energy Drink」能量飲料包裝的設計中，來源於巴西的著名設計師諾奎拉（Nogueira）採用了一種簡約的理念，設計出了能量飲料瓶的基本外觀結構，具有非常典型的現代形式和氣息。

「少而優」通常是進行簡約化設計的直接目的。在反對過度包裝的消費者的強烈呼聲中，包裝材料的運用得到減少。在「簡約」「樸素」的包裝造型設計過程中去塑造與引領現代包裝形式，往往要求設計師可以很好地去做加法和減法，把握好取捨之間的關係，設計出一種典型的環保型包裝。

2. 標準化包裝造型設計表現

現代包裝造型設計在充分實現了商品應用的基本功能之後，還應充分考慮商品在運輸過程中的便利性、倉儲時的便利性，可以採用最少的材料來獲得最大的包裝空間，充分適應日益發展的物流產業。這是現代大型運輸包裝主要的追求目標；同時，現代包裝設計也需要符合節約成本、保護生態與環境的基本要求。

現在有許多家具都隸屬於宜家平板包裝的系列，一些自助組裝的茶幾、書架、床、櫃子，其典型的特徵就是人性化。

3. 包裝材料的單一化設計表現

包裝造型設計的標準化對於節約產品的成本十分有利，極大地提高了產品的生產效率，充分保證了包裝的安全性。其基本方法是按照商品的特徵制訂出與之相適應的標準，從而保證商品包裝可以在尺寸、材料、結構、重量等多個方面都具有一個相對統一的標準。

新加坡的設計師設計的月餅包裝，其所有的包裝材料都採用的是再生材料，包裝盒內的內襯板用兩片再生紙板拼接而成。外包裝盒也使用普通褐色再生紙板加工而成，模切的圖案、壓印簡約、樸素且非常鮮明，從而形成了自身非常獨特的設計風格。

4. 可拆卸包裝設計表現

包裝的造型設計可以充分保證包裝造型和結構設計之間的最優化。合理地利用空間的可拆卸設計也是包裝設計生態效應得以合理化的直接體現。

（1）包裝可重複使用。

保證包裝的可重複使用也是進行可拆卸設計研究的核心要點。這種類型的可拆卸設計，一般情況下是指包裝在完成包裝使命之後，人們能把其中的各個部件進行拆卸並重組成一個全新的產品。

設計師貝爾托（Berteau）設計完成的 COVER 凳子就是一個十分典型的包裝重複使用案例。在這一設計中，人們打開包裝盒之後，將泡沫嵌入包裝盒的頂部，之後再將其蒙起來，就變成一個凳子。等有需求時，COVER 凳子又可以變為包裝盒。這種設計大大節省了空間。

（2）包裝合理使用。

這種類型的可拆卸設計通常都是按照商品所需要的包裝容量去對包裝容器做拆卸重組，盡可能地在節省空間的基本原則之下，完成包裝的一種形式。與此同時，在講求生態效益方面，宜家家居中同樣存在著十分完整的綠色包裝運輸鏈條，這值得同類企業進行探討與學習。

同時，宜家家居的銷售包裝非常合理地利用了空間的設計觀，這也成為宜家設計師重點遵循的一個最優價值觀。

5. 可折疊包裝設計

可折疊包裝設計一般情況下都是針對紙質材料以及其他可實現折疊的材料而言的，如可折疊紙盒都是採用較薄的紙板經過模切與壓痕之後通過折疊組合成型的。在人們的日常生活中，有很多設計師都是出於生態設計層面的考慮，構思出了很多相對比較成功的可折疊包裝設計。在彪馬（PUMA）運動鞋包裝設計中，設計師選用的是紙質材料，採取了一種開放式的包裝造型設計。包裝通過簡單的插卡就可以立體成型，在使用之前可以很方便地進行存放，包裝製作的成本也是相對較低的。同時，設計師也綜合考慮了包裝循環使用等方面的細節因素。

二、包裝容器的結構設計

（一）包裝結構設計的概念

所謂包裝結構設計，就是指包裝結構各個組成部分之間的搭配與排列方式的設計，同時也是對承受重力或者外力的構造的設計，還是基於產品研發、用戶分析、使用環境等功能的一種綜合性設計。

(二) 常見包裝結構設計類型

1. 盒式結構類型

（1）插口式。插口式是一種最常用的盒式結構類型，其造型十分簡潔、工藝簡單、成本比較低廉，平常比較常見的生活日用品、食品大多都是採用這類包裝結構形式。

（2）開窗式。開窗式的設計常用於兒童玩具、化妝品、食品等商品的包裝設計之中，這種盒式結構的特點是方便消費者在選購商品時一目了然，起到增強商品的可信度的作用，開窗部分也多用透明的材料加以填充。

（3）手提式。手提式在生活中常用於禮盒的包裝設計，其特點是方便攜帶、外觀華麗，但是在設計的時候需要注意商品的體積、重量、材料是否適宜，以及提手的結構設計是否得當，避免商品的包裝在流通過程中出現損壞現象，影響後期銷售。

（4）抽屜式。抽屜式與抽屜的造型比較類似，由盒蓋和盒身兩部分組成，結構比較牢固，便於多次使用。這種盒式結構通常會用在食品、藥品等的包裝設計中。

（5）變形式。變形式主要講究的是結構的趣味性和多變性，這種盒式結構包裝通常適合一些特性比較活潑的產品，如小零食、兒童玩具等，這種盒式結構的設計形式儘管製作十分複雜，但是其展示的效果通常較好。

（6）有蓋式。有蓋式又可以分為兩種類型：一體式結構設計與分體式結構設計。所謂一體式結構設計，主要是指盒蓋和盒身的結構相連，用一張紙連接成形，如香菸的包裝；而分體式結構設計主要是指盒蓋和盒身的結構是分開的，結構之間互相獨立，比較常見的形式是月餅的包裝設計。

（7）組合式。通常來看，組合式大多用於高檔禮盒的包裝，在這種類型的盒式結構中，不僅有小包裝，還會有中包裝，它的主要特點是讓產品看起來十分貴重、華麗，所以其製作成本也比較高。

2. 其他結構類型

（1）罐式結構。罐式結構也叫合成罐，這種結構類型的包裝大多用在液體與粉狀商品的包裝設計中，它的密封性能比較好，有利於保鮮，在材料上通常會採用鍍錫薄鋼板、鋁材與鍍烙薄鋼板等多種材料加工設計，在化工、醫藥、食品等多個領域都有十分廣泛的應用。

（2）瓶式結構。瓶式結構的包裝材料大多以玻璃為主。玻璃容器中大多都是由碎玻璃、純鹼、石英等多達十幾種原料經過1,600℃的高溫熔化後加工製造而成的，並且通過塑形等其他工藝的設計形成。設計師能夠依據不同的模具加工出不同形狀的玻璃容器，主要有各種各樣的酒瓶、醬菜瓶、罐頭瓶、咖啡瓶等。玻璃容器的優點主要體現在密封性能高、透光度較強、易於長期保存食物等。

（3）袋式結構。袋式結構的材料大多以塑料薄膜為主。塑料薄膜則是採用各種塑料經過特殊的加工工藝製作而成的，它具有重量輕、防腐性強的特點，有時還可以用來製作包裝的內層材料，具有較好的保護作用。在當代，這種設計在很多食品的包裝中深受人們歡迎。

（4）盤式結構。盤式結構主要是指盤式折疊盒形的設計，這種結構類型是把一張紙板在四周採用直角或者斜角的方式做有規律的折疊加工處理，有時也可以在角隅處做鎖合或者黏合處理。如果有特殊的要求，設計師還能夠把紙板延伸並做成盒蓋，以便能做更加豐富的設計。盤式結構主要適用於化妝品、食品、禮品等高檔產品的包裝設計領域。

（三）可持續包裝結構

1. 包裝結構的優化

（1）包裝的內部結構。包裝的內部結構通常是在設計過程中考慮包裝的成本與其內裝產品的價值間的關係，在實現保護產品、方便運輸等一些基本功能的基礎上，應該盡可能簡化內部結構，有效地降低包裝的成本。

另外，內部結構簡化也會體現在結構功能化上。這裡舉個燈泡包裝的典型例子。燈泡包裝的內部結構設計通常都是向內凹陷的造型，這種設計主要是基於燈泡自身的造型特徵做出的，是為了進一步使其在包裝的內部結構中加以固定，避免燈泡在運輸過程中出現破損。這樣的內部結構設計同時也極大地省去了額外的固定結構形式。

（2）包裝的外部結構。簡化包裝的外部結構，要求設計師在設計中體現更少、更好的深刻內涵，其核心就是包裝外部結構的「恰如其分」。簡化包裝的外部結構有很多種方法，最主要的方法是採用接近幾何體的包裝形式。

該啤酒的方形包裝設計，很好地解決了從製造商到消費者的運輸過程中因啤酒瓶間的間隙造成的啤酒瓶損壞的問題。在運輸過程中，它簡約的造

型，賦予了它強大的視覺形象，並在消費者心目中形成了一個全新的造型。而這個新的造型與以往不同的是，它把方形的其中一角作為瓶口，這也形成了一種新型的飲用啤酒的方式。

2. 包裝結構的簡易化

（1）採用編織技術。自古以來，編織就與包裝有著緊密的聯繫。在遠古時代，人們就懂得利用植物葉、樹枝、藤條等編織成類似現在使用的籃、簍、筐等物來盛裝、運送食物。這樣的籃、簍、筐都是由韌性很強、很結實的且取自自然的材料編織而成，表現出自然材料特有的質樸美感，籃、簍、筐的間隙通透、自然，食品放置於其中不易變質。從某種意義上來說，這已經是萌芽狀態的包裝了。

人們應用了對稱、均衡、統一、變化等形式美的規律，制成了極具民族風格、多彩多姿的包裝容器，使包裝不但具有容納、保護產品的實用功能，還具有一定的美學價值。

編織而成的包裝具有以下優點：編織材料廉價並且能夠廣泛使用；編織材料能夠降解，對環境無害；在某些特定場合，尤其是為了迎合中等消費市場時，編織包裝能夠給人以傳統的、質量優良的形象。

當然，編織包裝也有一些缺點，諸如防潮性較差，不能防止一些昆蟲的進入或者微生物的滋生，因此編織包裝不適用於長時間的儲存。

（2）使用包裹布。提及包裹布的使用，我們一定會聯想到影視劇中經常出現的場景。到了當代，包裹布的使用已經很少見，它已被其他的包裝形式取代。

在日本，包裹布被稱為「風呂敷」。眾所周知，日本是一個講究禮儀的國家，無論是在影視作品中，還是在親身與日本人的交往過程中，日本人喜歡贈送一些禮品。而根據場合的不同，其贈送的禮品也各不相同，但無論是什麼樣的禮物，在大多數情況下，這些禮物都具有精美的包裝，最普遍的包裝用具就是「風呂敷」。日本人還根據包裹物品的不同形態，發明出了不同的包裝方法，使一塊普通的包裹布產生了許多不同的包裝效果。

（3）一紙成形的包裝。一紙成形的包裝的優點是輕便，加工、運輸、攜帶方便，便於印刷裝潢，成本低，容易回收。選用紙質材料，可充分發揮印刷適應性的優勢，可通過多種印刷和加工手段再現設計的魅力，增加了產品

的藝術性和附加值。

　　一紙成形的包裝在我們的日常生活中隨處可見，市面上大部分商品的包裝紙盒都是一紙成形的。當我們在麵包房購買糕點時，店員將蛋糕從冰櫃中取出，放置在一張已經裁剪好的紙上，再通過紙盒四面和頂部的鎖扣設計將盒子封口固定。這樣，一個帶有提手的盒子便完成了。

　　(4) 贈品包裝。當今市場的競爭日趨激烈，很多廠商為了占據市場，運用了許多促銷手段，如「買一送一」，以買一件大包裝的商品送一件小包裝的商品或者其他禮品的方式來吸引消費者，使之產生購買慾望。這種促銷形式在超市、商場比比皆是，雖然這種促銷形式能夠促進銷售，但商品包裝也隨之增加了一倍，成本也隨之提高了許多。因此從降低包裝成本、節約材料的角度出發，設計師可以對包裝結構進行適當的改進。

第四章　包裝材料的創新

在製作各種包裝容器時所使用的材料是包裝材料，包裝材料的使用要根據產品的特性而決定。研究包裝材料的結構和性能，合理地選擇包裝材料，是進行包裝設計的重要步驟之一。包裝材料在科學技術的發展中不斷變化，包裝形態也發生了變化。

第一節　常見包裝材料的分類與特性分析

包裝所使用的材料十分廣泛，在包裝設計中對材料的選擇通常是以科學性、經濟性、適用性為基本原則。目前，最常用的包裝材料有四大類：紙質、塑料、金屬和玻璃。

一、紙質包裝材料的設計應用

(一) 紙質包裝材料

紙質包裝材料的種類基本上可分為紙、紙板、瓦楞紙三大類。一般厚度在0.3mm以內，質量小於100g的叫紙；厚度大於0.3mm，質量大於或等於100g的叫紙板。包裝用紙要求強度高，透氣性小，含水率低，對包裝產品沒有腐蝕作用。

紙的種類主要是紙袋紙、普通食品包裝紙、羊皮紙、玻璃紙等。瞭解紙張的性能，合理利用不同紙的特點，對包裝設計最終的視覺效果呈現會起到很大的促進作用。

紙袋紙用於製作紙袋，供水泥、化肥、農藥等包裝之用。紙袋紙強度高，裝袋和運輸過程中不易破損，撕裂度、彎曲強度、透氣度適中，韌性大。

普通食品包裝紙是一種不經塗蠟加工、可直接包裝食品的平板紙，耐折度較好、紙面光澤良好。

羊皮紙又叫植物羊皮紙或硫酸紙，是一種半透明的高級包裝紙。紙質緊密、堅挺且富有彈性，防潮性能好，具有高度的抗水和不透水、不透氣、不透油等特性。適用於需要長期保存油脂、茶葉及藥品，也適用於包裝精密儀器和機械零件。

玻璃紙質薄而柔軟，雙面光亮呈半透明狀或透明狀，具有防油性、抗水性，但在沾水後會失去強度，主要用於包裝不需久藏的油脂、乳類食品和糖果、卷菸、藥品、糕點、化妝品及針棉織品或製作開窗包裝等。

紙張的抄造主要是通過長網造紙機、圓網造紙機等機器生產完成的，雖然一些特殊用途的紙仍需手工抄造，但比例極小。當前大量生產和使用的紙張都為機制紙。

長網造紙機有普通長網造紙機、哈伯式單缸長網造紙機和多長網造紙機等，但其基本結構與工作原理大致相同，主要由流漿箱、網部、壓榨部、干燥部和壓光卷取部等部分組成。

長網造紙機是造紙工業中應用最多的造紙機械，主要用於生產文化、包裝用紙，生產速度最高可超過 3,000 米/分，生產出來的紙張幅寬最大可達 10 米以上，單臺長網造紙機日產量可達到 2,000 噸。

(二) 紙板包裝材料

紙板與紙一樣在包裝材料中佔有重要地位。它的性質、生產所用的原料及加工方法與紙基本相似，可以一次成型，也可以多層黏合而成。紙板的使用功能和應用範圍更為廣泛，特別是被加工製成箱、盒等容器後，可直接用來做運輸包裝和銷售包裝。利用紙板包裝材料能大量節約木材。

紙板按其用途及材料性能可分為箱板紙板、瓦楞紙板、黃板紙板、白板紙板、馬尼拉紙板、白紙板、牛皮紙板、複合加工紙板等多種。其中瓦楞紙板、箱板紙板和黃板紙板用途最廣。

1. 瓦楞紙板

瓦楞紙板是包裝領域中應用最多的材料，是由瓦楞原紙加工而成的。製造時先把紙加工成瓦楞狀，然後用膠合劑，從兩面將瓦楞原紙的表面黏合起來，使紙板中層成空心結構，這樣就能使瓦楞紙板有較高的強度和緩衝性能（圖4-1）。瓦楞紙板可按需要加工成單楞雙層瓦楞紙板、單楞雙面瓦楞紙板、雙楞雙面瓦楞紙板、三楞雙面瓦楞紙板、超強瓦楞紙板和強化瓦楞紙板等。

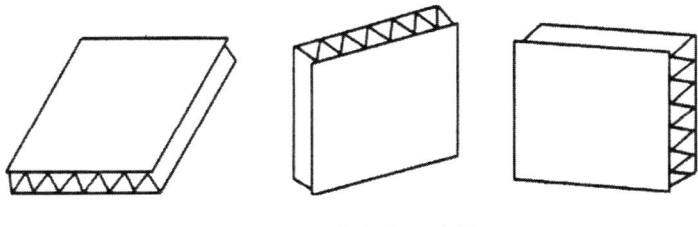

圖4-1 瓦楞紙板示意圖

單楞雙層瓦楞紙板又稱單面瓦楞紙板，在製作時是在一層瓦楞原紙表面粘上一層紙板，通常應用於陶瓷器皿、燈管、玻璃等的包裝，作為一種緩衝包裝性材料（圖4-2）。

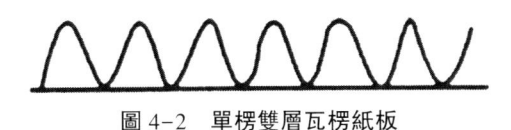

圖4-2 單楞雙層瓦楞紙板

單楞雙面瓦楞紙板在製作時是把一層瓦楞原紙和兩層面紙貼合在一起，通常作為內箱、展銷包裝和一般運輸包裝（圖4-3）。

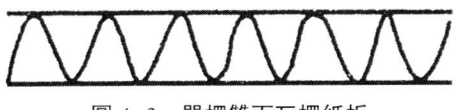

圖4-3 單楞雙面瓦楞紙板

雙楞雙面瓦楞紙板在製作時是由兩層瓦楞原紙、一層夾層和兩層面紙組成，夾層可以用紙板、瓦楞原紙或薄紙板製作（圖4-4）。雙楞雙面瓦楞紙板通常應用於包裝體積大、重量大的物體，因為它能夠承受重物各個方向的作用力。

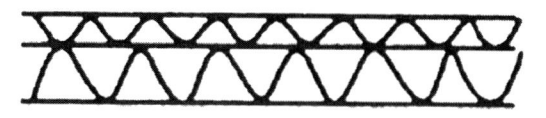

圖 4-4　雙楞雙面瓦楞紙板

三楞雙面瓦楞紙板是由三層瓦楞原紙、兩層夾層和兩層面紙貼合而製作的，主要應用於製作重型商品包裝箱，包裝大型電器、小型機床及塑料原料等（圖 4-5）。

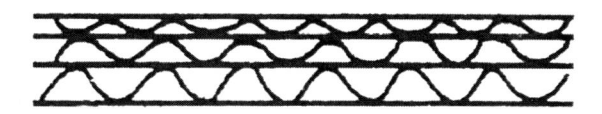

圖 4-5　三楞雙面瓦楞紙板

超強瓦楞紙板是將三層瓦楞原紙以縱橫交替排列的方式與紙板黏結制成的一種七層瓦楞紙板，製作原理受三層膠合木板的啓發。中層瓦楞與兩面瓦楞垂直排列。超強瓦楞紙板不適合機械自動化生產（圖 4-6）。

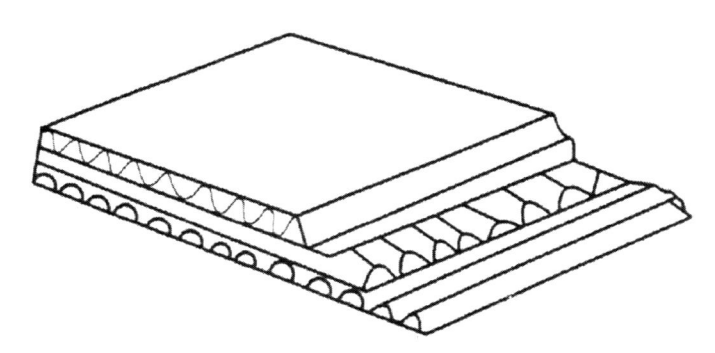

圖 4-6　超強瓦楞紙板

強化瓦楞紙板是在兩層瓦楞原紙之間塗上一層熱固型樹脂，這種瓦楞紙板楞型堅挺，比普通瓦楞紙板的平壓強度高出 4 倍，適用於飲料、藥品等的包裝（圖 4-7）。

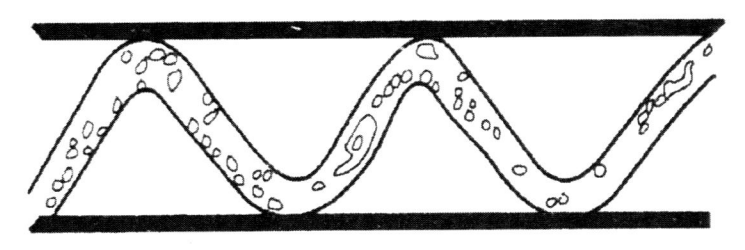

圖 4-7　強化瓦楞紙板

2. 箱板紙板

箱板紙板是製造紙箱的重要材料。根據使用的原材料纖維比不同，箱板紙板可分為四個品種，即牛皮箱紙板、強韌箱紙板、普通箱紙板、輕載箱紙板。這四種箱板紙板均由不同比例的廢紙漿、廢麻漿、化學草漿、褐色木漿等加工而成。箱板紙板顏色為原料本色。

3. 黃板紙板

黃板紙板也稱草紙板，是以稻草漿為原料制成的。尺寸有 1,016mm×695mm，775mm×648mm、787mm×660mm 等幾種。它的重量和厚度與其他紙板不同，是用紙板號來表示的。草紙板外觀要求紙面平整，不允許有翹曲。草紙板主要用來加工各種紙盒和作為紙隔板皮箱的內襯。

總的來說，紙質包裝材料易受潮、易發脆，受到外作用力後容易破裂。因此，設計師在設計包裝時，一定要充分發揮紙的優勢，如紙的原料充沛、價格低廉的特點；紙有一定的強度和耐衝擊性、耐摩擦性；紙有良好的成型性和折疊性；紙容易回收、再生、降解，廢物容易處理等這些優點。設計師應避免紙的弱點，使包裝設計達到最佳的實用功能和視覺效果。

二、塑料包裝材料的設計應用

塑料是指具有可塑性的高分子材料。塑料在加熱、加壓的情況下具有流動性，在外力的作用下冷卻變成固體從而形成各種形狀，在正常情況下保持形狀不變，這就是塑料的可塑性。

按照用於包裝形式的不同，塑料包裝材料可以分為塑料薄膜和塑料包裝容器兩大類。塑料薄膜的防水性強、強度高，具有很強的阻隔性，在許多產品的包裝中作為內層包裝材料和生產包裝袋的材料進行應用，在包裝設計中

使用得比較廣泛。塑料包裝容器是以塑料為基礎材料製造出的硬質包裝容器，是可以取代用木材、玻璃、金屬、陶瓷等傳統材料製作的包裝容器。

塑料包裝容器可以是剛性或半剛性的，也可以是透明或半透明的，主要用來包裝液體或半流體，如洗滌劑、化妝品、食品、飲料、調味品等，具有質量輕、強度高、便於攜帶、不易破碎、耐熱等特點，柔韌性幾乎超過其他所有的包裝容器。

註塑成型又稱注射成型或注射模塑，是熱塑性塑料的一種重要成型方法。註塑成型就是將塑料在註塑成型機的料筒內加熱熔化，當呈流動狀態時，在柱塞或螺杆加壓下熔融塑料被壓縮並向前移動，進而通過料筒前端的噴嘴以很快的速度注入溫度較低的閉合模具內，經過一定時間冷卻定型後，開啓模具即得製品。

三、金屬包裝材料的設計應用

金屬包裝材料在 19 世紀初期開始得到應用，馬口鐵皮是最早被使用的金屬包裝材料。

（一）金屬材料的應用

在資本主義國家，金屬材料占整個包裝器材銷售量的 20% 左右，僅次於木材和塑料。在金屬材料中，用量最大的是鍍鋅薄鋼板、鍍錫薄鋼板和鋁製材料兩大類，其次是銅箔和其他含金箔。另外，還有以金屬材料與其他材料複合在一起的金屬複合包裝材料。

在中國，由於材料源、價格和加工方法等問題，金屬材料的用量並不多，特別是鐵制包裝箱或型材框架箱，用量也在逐漸減少，但食品、油類製品、塗料、膠料及部分珍貴器材和有害物品的包裝，金屬材料仍佔有一定比例。

（二）鍍鋅薄鋼板與鍍錫薄鋼板

鍍鋅薄鋼板又叫白鐵皮，經過熱鍍鋅處理，鋼板表面鍍上厚度 0.02mm 以上的鋅保護層，以此來提高鋼板的耐腐蝕能力。用它制成的盒、桶等包裝容器不再需要進行防腐處理。它還具有良好的耐彎曲和防衝擊能力。鍍錫薄鋼板又叫馬口鐵，主要的制罐抗張強度為 300～500MPa。鍍錫薄鋼板常用於樹脂化工原料、油脂和塗料等方面的包裝。

(三) 鋁質材料

鋁質材料是除鋼以外的另一大類包裝用金屬材料。由於它除了具有金屬材料固有的優良阻隔性能、氣密性、防潮性、遮光性之外，還有許多其他特點，所以在某些方面已取代了鋼質包裝材料。近年來，鋁質材料在包裝方面的用量越來越大，鋁質材料主要有純鋁板、合金鋁板、鋁箔和鍍鋁薄膜等。

鋁箔是鋁質材料中用途極廣的一種包裝材料。它是採用純度在99.5%以上的電解鋁，經過壓延製成的厚度在0.2mm以下的金屬膜。它的優點是重量輕、運輸方便、遮光性好；對熱和光有較強的反射能力；有金屬光澤，不透氣，無毒無味，不易產生公害，因而能防止被包裝物由於吸潮、氧化和揮發而變質。鋁箔能和紙及其他塑料薄膜複合成為良好的複合材料。鋁箔的缺點是易撕裂、強度低、不耐鹼、怕強酸、易彎曲。鋁箔用途極廣，其作為包裝材料可用於包裝食品、精密儀器、機械工具、鐘表零件等。

鋁箔在包裝領域中具有十分廣泛的應用，常用於包裝糖果、香菸、食品、藥品等。通常與其他包裝材料複合使用來提高包裝材料的阻隔性能，以充分發揮各自的長處，取得最佳的包裝效果。包裝中應用的鋁箔具有以下特性。

1. 安全性

鋁無味、無臭、無毒，因此鋁箔在食品包裝行業得到了廣泛的應用。

2. 機械特性

用作包裝材料的鋁箔強度較差、延伸率小。鋁箔厚度為0.007～0.012mm，其拉伸強度為40～50MPa，延伸率為1.5%～2.7%；即使將鋁箔的厚度增加到0.05mm，也難有令人滿意的機械特性。因此鋁箔一般不單獨使用，而是與其他材料配合使用或製成複合材料使用。

3. 針孔特性

人們一般認為鋁箔是無孔的，然而事實並非如此。隨著鋁箔厚度的降低會出現不同數量的針孔，並且隨著厚度的減小，針孔數量迅速增加。例如，當鋁箔厚度為0.009mm時，針孔密度為400～500個/m^2；厚度為0.007mm時，針孔密度可達1,000個/m^2以上，這是鋁箔的缺點之一。

4. 透濕性

一般來說，鋁箔具有優良的防濕性能，但是鋁箔的防濕性能和防水性能

與鋁箔的針孔數有著密切的關係。均勻分散的針孔，增加了鋁箔的透濕性。

5. 保香性和防臭性

保香性和防臭性是防濕性之外的重要特性，對於食品包裝尤為必要。保香性和防臭性與透濕性相似，取決於針孔數量的多少。

6. 光反射性

鋁箔有悅目的銀白色金屬光澤，是鋁箔成為重要包裝材料的原因之一，它的熱傳導率很高、散熱性優良。此外，由於鋁箔的熱膨脹系數較小，因此其成了較好的複合材料基材。

7. 化學特性

鋁箔的原始材料是鋁金屬，純度一般為 99.4%～99.7%。而製造鋁箔需要的純度應在 99.7% 以上。出於安全的需要，鋁箔含鐵、硅總量要低於 0.7%，含銅量應低於 0.1%。另外鋁箔的耐腐蝕能力也是有限的。一般情況下，鋁箔在氫離子濃指數（pH）為 4.8～8.5 是安全可靠的，如超過這樣的範圍，就必須採取塗敷保護層的措施。實際上，即使 pH 為 4.8～8.5，人們也常加塗保護層來增強鋁箔的耐腐蝕能力，以保證應用的安全性。

四、陶瓷和玻璃包裝材料的設計應用

（一）陶瓷材料

陶瓷材料是以硅酸鹽礦物質或某些氧化物為主要原料，經過特殊的加工工藝，製作出產品所需的造型，然後在表面塗抹各種光潤釉加以裝飾，最後在適當的溫度和不同氣體的作用下燒結成的。由於陶瓷材料易破碎，因此近年來，國家已逐漸減少了它在包裝上的用量。但因它具有獨特的優點，故在中國食品、藥材和化工等部門仍被大量採用。

（二）玻璃材料

玻璃材料的基本原料是石英石、燒鹼和石灰石。這些原料在高溫下熔融後，再經冷卻即形成透明體，被稱為玻璃。由於玻璃材料的化學性能穩定，因此其能抵抗氣體、水、酸液、鹼液和其他溶劑的侵蝕。玻璃材料具有一定的抗壓強度，透明度好，但易受紫外線照射而影響被包裝物。因此，人們要在製造時加入特定顏色以防止紫外線的透入。

玻璃材料和陶瓷材料都是脆性材料，玻璃材料在常溫下是電的不良導

體，在熔融狀態下成為良導體。玻璃材料一般經受不住溫度的急遽變化，玻璃材料越厚，承受的急變溫差就越小。玻璃材料的熱穩定性與玻璃材料的熱膨脹系數有關。

玻璃材料的抗衝擊力差，不宜用於易碎、易跌落的場合。流通過程還要求有防震、防壓、防撞等措施。玻璃材料在包裝材料中佔有相當重要的位置。這是因為它具有耐風化、不變形，造型別致、色彩多樣，耐熱、耐酸、耐磨，適於包裝任何液狀產品，便於洗刷、消毒、滅菌，能保持良好的衛生狀態，可回收利用，降低成本等其他材料所不具備的優點。

五、木質材料與其他包裝材料的設計應用

（一）木質材料

包裝常用木質材料的種類很多。按樹葉形狀不同，木質材料主要分為兩大類：針葉材和闊葉材。針葉材大多為常綠樹，樹干一般長直高大，沒有明顯的孔隙構造，紋理平淡，材質較軟，加工性能好，如紅鬆、白鬆、落葉鬆、黃花鬆、馬尾鬆、沙鬆、雲杉、柏樹及一些進口的洋鬆等。闊葉材多為落葉樹，一般沒有針葉樹直，加工後紋理美觀，質硬耐磨，故又稱硬雜木，如水曲柳、榆木、柞木、樺木、色木、椴木、楊木等。

包裝用的木質材料最好的是紅鬆，但因近年來紅鬆的儲備量日趨減少，國家已把它列入珍貴樹種，供應量十分有限。目前國內用於包裝的木質材料以沙鬆、馬尾鬆、進口洋鬆及一些硬雜木為主。

通常講的木質材料質量或比重指自然干材質量。自然干材三類不同密度對應的主要樹種如下：榆木、柞木等為最重材；色木、落葉鬆、樺木等為重材；核桃木、油鬆木為較重材。木材重者，其強度高、變形大、握釘力也大，但著釘後易開裂；木材輕者，其強度低、變形小、握釘力較小，但著釘後不易開裂。

木質材料的內部組織由管狀細胞組成，每個細胞壁又由許多纖維組成。細胞壁間的空隙含有水分，木質材料中所含水分的重量與全干木質材料重量的百分比稱作含水率。實踐證明，木質材料的含水率高，強度就會下降；相反，木質材料含水率低（不能太低，否則要翹曲），強度就會增加。所以木質材料在使用前一定要進行干燥處理。

在加工和使用木質材料時經常要提到木質材料的需要量，這樣就必須計算出木質材料的體積，通常稱為材積。加工後的鋸材，其形狀比較規整，容易計算（長×寬×厚）。但對於未加工的原木要以梢頭直徑為準來計算體積。在木質材料包裝容器加工中需要大量的板材和方材。寬度比厚度大3倍以上的成材稱為板材；寬度不足厚度3倍的成材即為方材。

（二）人造板材

人造板材是由木質材料或木質材料下腳經加工複製而成的。它不僅補充了木質材料的貨源不足，而且還具備木質板材所缺少的功能。近幾年來它的發展速度很快，應用範圍也在逐步擴大。人造板材品種較多，其中用於包裝材料的主要是膠合板和纖維板。

人造板材按厚度可分為：薄板，厚度為18mm以下；中板，厚度為19~35mm；厚板，厚度為36~65mm；特厚板，厚度為66mm以上。

（三）木質材料包裝的特點

木質材料作為包裝材料有許多優良的特性：

（1）木質材料有良好的強度，能承受衝擊、振動、重壓，有一定的彈性，所以，它能盛裝較大、較重的物品和易碎的物品。木質材料加工方便，不需要太複雜的機械設備。

（2）木質材料不生鏽、不易被腐蝕，可用來盛裝、運輸化學藥劑。

（3）木質材料經過加工制成膠合板，既減輕了包裝的重量，又提高了外觀的美感和材料的均勻性，使包裝箱具有耐久、防潮、抗菌等性能。但在市場銷售的食品包裝中，有些做包裝禮盒襯板的膠合板所使用的膠含有一定的有害物質，會造成不良的影響，同時也污染環境，既不符合環保的要求，也不符合食品包裝的要求。

（4）木質材料可以回收復用，是良好的綠色包裝材料。

木質材料也有其弱點，如易吸收水分、易受白蟻蛀蝕，有時會有異味，加工不易實現機械化，價格偏高，加之樹木原材料缺乏，有廢料產生，導致珍貴的自然資源被損耗，因此在包裝應用上受到一定的限制。在包裝設計時，對木質材料的選用一定要謹慎，要在對木質材料的各種性能有所瞭解、認識後，再做出選擇。

六、其他包裝材料

（一）菱鎂混凝土

菱鎂混凝土具有一定的強度、一定的耐久性，具有能鋸、刨、釘、鑽孔、上漆等特點，給包裝構件的二次加工創造了方便條件。作為包裝材料，菱鎂混凝土可替代以往的木質材料，具有較高的經濟性。目前它已由包裝箱的底盤、底楞發展應用到大型裝配式組合包裝箱。應用部門也從機械行業的機床、電機，擴大到了大中型機電產品、金屬材料、電工陶瓷、通信設備等方面。

（二）膠帶

膠帶通常是由底帶和膠黏劑兩種材料構成。膠黏劑可塗抹於底帶的一面，也可塗抹於底帶的兩面，分別稱為單面膠帶和雙面膠帶。黏合劑材料多為橡膠、人工合成橡膠及樹脂等。膠帶按工藝的不同，可分為水黏膠帶、自黏膠帶兩種；按塗膠面的不同，分為單面膠帶和雙面膠帶；按基材的不同，分為紙質膠帶、布質膠帶和塑料膠帶。單面紙質膠帶多用於低強度封合，中強度封合，瓦楞紙箱或纖維板箱的封裝。

布質膠帶的張力強度高，布質膠帶表面增加一層塑料層後能起到抗水、抗油、抗化學腐蝕的作用。

塑料膠帶有防水、抗化學腐蝕、透明性好、較高的強度、耐磨、抗濕等特性。因此，塑料膠帶用途極廣，主要用於儀器、儀表、機械零件的封裝。

（三）保護膜

把丙烯酸酯類共聚成的壓敏乳液膠黏劑均勻塗抹在防黏桑皮紙基材上而形成的紙膠膜稱為保護膜。該膜所用的黏結劑以水為分散介質，不含有機溶劑，具有無色、無味、透明、無腐蝕性、不污染環境、耐高低溫、黏度適中等特點，是機械設備、儀器儀表、家用電器的面板、塑殼、標牌、銘牌等防塵、防劃傷、防油污的好材料。保護膜也可作為電子元器件、精密零部件和鍍件的生產週轉保護。

第二節　紙包裝材料的優點與創新設計

一、紙包裝材料的優點

不論是過去還是當下，紙都是包裝的一種重要材料，它以其自身的獨特優勢在眾多材料中脫穎而出，備受商家和消費者的喜愛。它具有可塑性強、易於加工成形、節能環保、便於回收再利用、經濟實惠且便於儲存運輸等特性，在未來的包裝領域中仍將發揮重要作用。以下就從四方面來闡述紙的獨特優點。

（一）材質經濟環保

經濟社會裡商家最終追求的是商業利潤，紙之所以成為商家選用最多的包裝材料，最主要的原因是與其他材料相比它價格低廉。紙與紙板的原料豐富，來源廣泛，易於大批量、大規模的機器化生產。同樣的包裝箱，用木質材料直接做成木箱與將木質材料加工成紙箱相比較，紙箱的用量僅僅是木箱用量的三分之一左右，並且紙箱易於折疊，可以在不改變保護功能與結構的基礎上，實現包裝輕量化，其包裝重量約為木箱包裝重量的15%，大大地降低了運輸費用，而且作為再生資源可以反覆利用，從生產源頭到銷售終端都大大地降低了商業成本。

（二）材質親切、適應性強

很多人支持選用紙作為包裝材料，拋開紙是最環保的包裝材料這一原因，他們認為紙包裝的手感令人愉快，比其他任何材料的包裝都好。紙的種類繁多，一般常見的有銅版紙、牛皮紙、中性包裝紙、卡紙、瓦楞紙、藝術紙、特殊紙等。紙張本身就是一種藝術品，每種紙都有其獨特性，在視覺和觸覺上都有著明顯的不同，人們在看到某一材質後，往往會形成一個整體的視覺印象或心理感受，設計師往往利用其特有的色澤、質地、肌理、韌性和性能將設計的創意體現出來。例如，以牛皮紙為材料的包裝，表面粗糙、帶有淺棕色（紙漿本色），能夠喚起人們迴歸自然的情感；鑄塗白板紙以白皙、光潔的表面以及較強的適應性給人高雅、含蓄的感受；木紋理的紙張給人溫

暖的感覺。在設計創作時，形態的形成往往不只是一種造型特徵，而需要設計師綜合考慮材料的各種視覺特徵，將具有表情信息的材質與相應的造型形態結合在一起，從而增強包裝形態的表現力，增添包裝形態的趣味性。在包裝設計時，設計師必須對產品的性能、傳播的信息內容、訴求對象有一個明晰的認知，然後結合不同紙的特性做出正確的選擇，創造出事半功倍、點石成金的效果。隨著現代科技的發展，大量的新型材料不斷出現，這些新的材料，無疑為設計師提供了更加廣闊的想像空間，以前很多不能或很難實現的優美造型，在使用新材料後都能方便地實現，擴展了包裝趣味形態設計的可能性。例如，新型材料「紙玻璃」，是一種和真玻璃一樣的紙質材料，耐熱且不滲水，兼具了紙和玻璃兩種材料各自的優點，專門用來製造杯子、碗碟等餐具。用紙玻璃制做出的餐具完全可以與真玻璃餐具一樣晶瑩剔透，另外還可通過給纖維素染色的辦法加工出各種彩色餐具，使餐桌呈現五光十色、豪華富貴的效果。

(三) 材質的形態表現豐富多樣

紙是一種具有多種性能的造型材料，可塑性強，可裁切、折疊、又易於粘貼固定，不僅適用於機器化加工還適用於較小規模的手工生產，無論是在二維空間還是在三維空間都有可以發揮它才能的天地。一張普通的紙看起來毫不起眼，但設計師根據不同的商品，選擇適應的紙質材料，通過各種方式的加工與美化，可以設計出多種多樣的包裝形態，完成從平面到立體的造型形態轉換。例如，以直線表現的形態給人以堅挺的立體感；用曲面表現的形態具有流暢的空間運動感覺；而仿生形態則給人以親切、有趣的感覺。

(四) 材質的防護性能佳

紙器包裝與其他材料的包裝相比較，具有良好的韌性，緩衝減震性能強。紙箱結構緊密無縫，可完全密閉，能遮光防塵，還符合有呼吸作用的商品的儲存條件。隨著新技術、新工藝、新品種的研發，紙箱在強度、挺度、防潮能力等方面已經可以與木箱媲美，是一種防護性能較好的材質。

二、紙包裝形態的創新設計

(一) 仿生自然形態的包裝設計創新

德國著名仿生設計大師路易吉・克拉尼曾說過，設計的基礎應來自大自

然的生命所呈現的真理之中（楊茂林，2007）。

當我們置身於大自然當中，我們不禁為自然界裡千姿百態的形態而感慨，它們才是真正的設計師，它們都是最理想的自然選擇形式，體現了適者生存的自然規律。自然界不但孕育了生命，同時也以它獨特的魅力觸及著我們的心靈，給我們源源不斷的創作靈感。從設計心理學角度來講，仿生形態的設計最具親切感；從藝術形態美學角度講，仿生形態造型更加流暢、飽滿、整體，更具有擴張性等美的感覺。

自然形態在漫長的進化中，為了求得生存與發展，形成了各具特色的造型與功能，具備了高度的合理性與美觀性，這些自然界的鬼斧神工之作，成了我們包裝形態創新的借鑑對象。以自然形態為創作元素，將自然物的優美形態、巧妙構形與包裝形態設計的自身特點相結合，利用人們所產生的視覺、知覺上的「真實」感，不僅增加了包裝形態設計的生動性、趣味性與創新性，還能完美體現從功能到審美的演變。

1. 自然形態的提取

紙器包裝形態中對自然形態的直接模擬其實就是具象應用，而抽象則是指把握自然形態的突出特徵與結構，抽取出相對獨立的本質屬性而剔除非本質的屬性，從而獲得一個高度秩序化與規則化的結構特徵。其實，在藝術設計領域，具象與抽象的概念並沒有區分得那麼清楚，既不存在完全的具象也不存在完全的抽象，只是提煉的程度不一樣而已。具象並不是指完全的模仿自然形態，而是指提煉加工的程度較低、保留自然形態特徵較多的一個創作過程，這種造型形態往往給人們較為直觀的視覺刺激。將這種形態的創新應用於兒童產品的包裝設計中，可以有效地吸引兒童的關注，增加趣味性。抽象是指抽取出一切感覺印象後剩下的純粹形態，具有高度幾何化、簡潔化的形態特徵，也更富於變化之美。因此，從自然形態的具象到抽象的創新應用是包裝趣味性形態創新的一個重要步驟。

用抽象的思維進行構思，是對自然物的再認識。自然物有著多樣化的組織形式與功能，在複雜多樣的自然物中，每一個組成部分都有著相應作用，構成自然形態的一個有機整體。要想將自然形態語言轉化為可以使用的設計詞彙，並與現代包裝形態的功能與審美結合，就必須採用抽象化的設計方法。抽象可以從自然形態特徵出發，也可以從功能出發，還可以從抽象的概

念出發，這樣就可以將自然形態中的某個形態特徵或功能提取出來，運用變形、誇張、重組、分離等手法，在自然形態規則化、幾何化、簡潔化的原則下，將其轉化為包裝形態的秩序與規律，從而形成自然形態到包裝形態、功能到包裝形態、抽象概念到包裝形態的轉化。

運用自然形態的抽象來增添包裝形態的情趣化，並不是單純地強調包裝形態與自然物的形似。有時我們從包裝的形態上一下子看不出自然物的原型，因為對自然物的抽象程度越高，當其被運用於包裝形態設計中，情感表達也就更為隱蔽，反之亦然。這就要求設計者既要對自然形態進行深入瞭解與挖掘，又要擺脫束縛，發揮想像。Juicy Juice 橙汁組合式包裝，形象化地運用橙子的切面，將包裝分成了八個獨立的小包裝，用小網兜一組合就變成了一個完整的橙子形象，直觀地表達出產品的主題，給人以口感純正的感覺。

2. 自然形態內在功能的挖掘

自然界中的動植物為了求得生存與發展，在經過漫長的進化後，形成了各具特色的功能、形態特徵，這些功能、形態特徵成了它們天然的「自我包裝」。例如，澳大利亞的雌性袋鼠都長有前開的育兒袋，它們像橡皮袋一樣很有彈性，既能拉開又能合攏，不但可以撫養小袋鼠，還可以讓小袋鼠十分方便地進出，這種有獨特功能的育兒袋成了袋鼠可愛的形態特徵。如果將袋鼠的育兒袋應用於包裝形態中，伸縮自如的開口設計（使用時將三角形的開口打開，不用時將其關合）不但給人以變化的形態美感，而且還能給人帶來別樣的使用樂趣。

我們的肌膚在受到外界侵害時會泛紅以提示我們該治理皮膚問題了，這是皮膚的自我保護功能。「Naked」化妝品包裝，就是一款會「害羞」的包裝。整個包裝呈現出皮膚的裸色，當你觸碰產品包裝時，它就會泛起紅暈。包裝使用了特殊的材料，會根據溫度的變化產生相應的變化，這恰恰表明了產品的功效。

自然物的內在功能導致了其形態的千變萬化，這與包裝形態設計的原則——功能決定形態是完全吻合的，即功能性與審美性的有機統一。包裝形態設計對自然物功能的挖掘與有效借鑑也是一種抽象的創新方法，使包裝在功能與形態中完成功能與審美、形態與趣味的共生。

3. 自然形態結構的模仿

為了適應物競天擇的規律，自然界中的生命都演化出了特定的形態，而它們的這些外在形態是由其內在的結構而決定的，給人類的設計帶來了多方面的啟示。

任何形態都是以一定的結構存在的，結構是形態的骨骼，是形態賴以生存的物質基礎，而任何一種結構都可能是複雜的，無論是動物的骨骼還是植物的細胞，都呈現出結構的複雜性和形態的多樣性。因此，要想將自然物複雜多變的形態結構變換成簡潔、可用的包裝形態，同樣需要將其分解為抽象的元素，運用點、線、面的構型法則，將其解構和重組，完成形態的創新。

借鑑自然形態的結構特徵對包裝的形態進行創新，不僅可以創造出新的造型形態，還可以增添包裝形態的趣味性，給人耳目一新的視覺和知覺體驗。如 En 紙質鍋架是利用生物的螺旋結構以及壓縮原理制成的，可以隨意伸縮，既可以合攏成長條形，也可以展開成一個圓形架子。別具匠心的結構造型不但有效地改變了內外部空間，同時也給人帶來了美的享受。

4. 從自然形態的表面肌理獲取靈感

自然界中每一種物種都有自己的「衣裳」，它們以最美的姿態在世間展露自己。從古至今，自然形態的美就與人類文明的發展密不可分。在舊石器時代，人類用樹皮、動物皮毛來遮擋、裝飾自己的身體，滿足生存與審美的需求。隨著人類文明不斷地發展，人類對於大自然的認識與訴求也越來越強烈，人類會用竹、木作為包裝材料，編製各種容器盛裝物品。例如，北京故宮陳列的「竹絲編胎高足盤」「竹絲編漆邊長方匣」等篾細如絲，編織紋樣有「萬不斷」「胡椒眼」「鉸鏈紋」「雪花紋」等，這些都是人們在長期的勞動實踐中創造和發展起來的。

隨著時代的變遷，雖然包裝的實用功能和審美功能都發生了顯著的變化，但包裝始終都離不開它的基本載體——材料。材料是包裝最直接的表現形式，在包裝設計中，對於材料的選擇與表現都直接影響著消費者對產品的關注，不僅如此，材料在包裝設計中以多樣的表現形式展現出不同的形態並帶給人們不同的情感體驗。

包裝的形態設計可以從材料出發，探索多樣的表現形式。觀察自然，獲取靈感，效仿自然界萬物的肌理、特徵、顏色等，都對包裝設計的形態表現

與信息傳達起著重要的影響作用。Backbone Branding 專門為 Pchak 堅果和干果設計了一系列的包裝。在設計過程中，設計師想讓包裝更加接近自然，於是從產品的命名到包裝形態展示，他們去掉了多餘的附加元素，命名為「Pchak」，意為「樹洞」。他們將樹皮繪製於包裝上面，每一罐都像一個樹樁，有一種堅果長在樹上的感覺，非常的巧妙逼真。

(二) 拓展包裝功能的形態創新設計

拓展包裝功能的形態創新設計是在滿足包裝實用功能的前提下，擴展包裝審美功能的一種實驗探索。正如《設計形態學》中所說的那樣：在藝術表現過程中，當人工造型的目的主要在於實用功能時，可稱為「技藝」；當它的目的主要在於審美時，可稱為「藝術」（吳翔，2008）。任何一個人工造型其實都面臨著一個使用與審美的問題，比如某種形態優美的實用器皿，使用它時它是實用的器皿，不使用它時它還可以是一個裝飾。

1. 富有游戲性的包裝形態設計

18 世紀，席勒提出了「游戲說」理論，他認為藝術產生的真正動機不是模仿，而是隱藏在模仿衝動背後的更原始的動力——游戲。也就是說藝術源自人們脫離了被奴役的動物狀態後，所表現出的在精力過剩時對游戲和裝飾的愛好。雖然這種理論在解釋藝術的起源上具有片面性，但也表明有趣的「游戲風格」對於藝術創作有一定的影響作用。傳統的包裝形態是為了滿足其實用功能而設計的，這種功能主義的追求導致包裝形態語言缺乏個性化與情感化，而這種個性與情感的需求又恰恰是現代消費者在物質過剩與精神壓力過大的生活中所追求的，因此傳統的包裝形態設計的概念自然也就無法適應現代消費市場的需求。設計師應將游戲的娛樂性要素抽取、整合、融入包裝設計中，擯棄千人一面的包裝形態，而面向差異化的設計，形成具有趣味性的形態表達方式，從而使得消費者的選擇餘地與範圍變得狹窄，達到最終的促進銷售目的。

Ford Jekson 果汁包裝是一種來自白俄羅斯具有雙重理念的包裝設計。一個理念是設計師通過瓶子的顏色設計來區分果汁的口味；另一個理念是讓包裝成為玩具，當你喝完果汁後，它就變成了一個保齡球，你可以約上你的朋友一起積攢保齡球，為一起游戲做準備。

2. 生態環保包裝形態的設計

當今世界的生態環境已經遭到了嚴重的破壞，過度包裝行為用華麗的外表掩蓋了資源的浪費，在這種情況下，具有環保理念的設計越來越引起現代設計師的關注與思考，「簡約」「少即是多」的概念無疑已經成為我們今天的主題。探索具有環保理念的包裝形態的設計策略有以下方式：可以通過節約材料，減少廢棄物進行簡約包裝設計；可以通過環保材料的選擇——可重複利用、可再生、可降解材料，實現包裝形態設計的零污染；還可以通過拓展包裝的功能，使包裝在完成其基礎功能後實現再利用，延長包裝的使用週期等，這些環保理念包裝設計策略的探索與嘗試，使包裝在廢棄後易處理、易回收、易銷蝕、易再生、可重複使用，體現了保護環境的原則，將重點放在真正意義上的創新上，使包裝具有重複利用的價值，用一種全新的思維去詮釋綠色環保理念，將「以人為本」落到實處。

某設計師運用環保理念而研發出的一款可攜帶的牛角麵包包裝袋，包裝袋由五個方形構成。五個方形兩兩對折形成一個可以裝載、容納麵包的包裝袋，為消費者提供了非常便捷的服務。巧妙的是，當麵包吃完以後，包裝袋展開後既可以當桌布，也可以用來當作餐巾紙，而不是用完即棄。設計師從真正意義上做到了包裝形態設計的有創意。試想，如果將這種綠色環保的設計理念運用於更加廣泛的包裝形態設計當中，再結合紙張本身的可回收利用性，就能使我們真正感受到設計的關愛。

3. 通過形態變化進行包裝設計創新

我們通常說，藝術設計或者造型藝術都是人們精神世界的視覺化表達，而這一表達最直接的媒介就是形態。可見形態是最直觀、最具情感表現力的視覺要素，它可以將那些有形的或無形的語言轉化為可感知的事物。無論是具象的形態還是抽象的語意表達，都能在視覺上和情感上給人以實用的樂趣與審美的享受。

包裝的形態設計是根據產品的特性，運用形式美法則建立科學合理的包裝三維形態，以滿足市場和消費者的需求。在實現包裝的基本功能的前提下，結合形態的語意表達，通過具象、抽象或擴展包裝功能的表現方式，更加關注消費者的情感體驗，重視包裝設計與消費者在情感上的溝通，實現二

者信息的交流。在分析產品特性、迎合消費者心理、注重使用舒適感的基礎上，設計出的造型新穎且獨特的包裝形態絕非本末倒置、嘩眾取寵，而是從科學的角度出發，體現「以人為本」的設計理念。

包裝形態的互動設計在市場營銷中的應用是一種行之有效的策略。當你走進「Here! Sod」T恤店，也許會感到迷惑，自己是不是走錯地方，來到了一間食品專賣店，一盒牛肉、一包白菜、一塊麵包、一杯飲料呈現在你面前，當你帶著這種疑惑打開包裝時，你會發現這些食品在你手裡卻變成了一件有趣的T恤，這是泰國Prompt設計公司為「Here! Sod」T恤店的開張進行的設計。產品設計利用超市常見的食品，將其轉化成圖形印製在T恤的不同位置，然後通過巧妙的折疊，並配合相應的食品包裝結構，讓它們看起來更像那些真實包裝的產品。這種富有趣味的包裝形態與人們的感官產生了互動，帶給消費者煥然一新的情感體驗。

在正常的情況下你會覺得一瓶330ml的可口可樂多嗎？如果喝不完丟棄，你會不會覺得浪費？你願意和他人一起分享一瓶可樂，共用一個飲用口嗎？面對消費者在生活中所遇見的尷尬情景，可口可樂在充分的市場調研下，與新加坡Ogilvy&Mather公司聯合推出了「Sharing Can」可口可樂分享裝：一分為二的歡樂。「你一半，我一半，你是我的另一半。」整個包裝乍一看並無新意，與以往的包裝在造型上基本一致，但是細細觀察，會發現它內設「玄機」。可樂瓶一分為二，成為兩個等大的獨立包裝，底部與頂部是擰合在一起的，只要輕輕擰動易拉罐，一瓶330ml的大罐立馬變成兩瓶單獨的小罐。結構形態的改變巧妙地解決了人們在使用產品過程中遇到的不便，同時一擰一合的使用體驗，在增加人們使用樂趣的同時，使人們更進一步體會到了包裝設計中「分享」的理念。

(三) 立體構成與紙器包裝創新

立體構成是藝術設計領域研究三維造型的基礎學科，涉及立體形態的「構想和感覺」以及立體形態的「材料和技術」方面。形態構成是立體構成課程的核心內容，其目的是啓發人的想像力與創造力，通過研究三維造型的創造規律，利用力學、空間美學以及模擬構造，強調「構想和感覺」，培養創造純粹形態造型與機能形態造型的能力。所謂的純粹形態造型，是捨棄實

用功能只強調視覺特性的美的造型。那種「功能決定形態」的設計套路，限制了設計者的創作構思，其結果是很難超越既有的設計形態。相反，這種「先形態、後功能」的逆向設計思維，將有利於設計形態的突破。而機能形態造型，是從材料與形狀之間的關係、重力以及材料的結合對形態的影響以及人類的情感和喜好等技術與藝術的立場來研究立體形態中的技術問題而形成的設計形態。從立體構成的角度來看，形態可以分為點、線、面、體。立體構成也就是通過研究這些形態要素，將它們按照一定的力學法則與美學原則，著重其視覺表現，組合成新的形態。立體構成是一種科學的形態構成方法，雖然其追求的是形態的視覺化表現力，但也是在賦予形態一定內容的基礎上，運用節奏、韻律、秩序等形式美法則，使形態成為理性與感性的結合體。

在包裝形態設計中，運用立體構成的原理，改變基本的幾何形態，將常見的四邊立體形態盒型，通過改變紙盒的體板數量就可以得到新穎的造型。例如，三角形、五邊形、六邊形的紙盒都具有穩定的結構和良好的視覺效果。

瑞典設計師團隊 Tomorrow Machine 為方便麵設計了一款全新的環保型包裝，他們借助環保的生物材料，通過斜線的折疊、壓縮實現運輸的扁平化，有效地節約了運輸空間，而消費者在使用過程中，只需要往頂部預留的小孔內注入熱水，整個包裝會隨著溫度的變化變得堅硬，形態慢慢膨脹直至擴展成一個飽滿的圓形碗，既乾淨方便又實用環保。

包裝的創新形態是兼具實用價值與美感效應的立體形態，它是線所組成的若干個面，是通過折疊、堆積、組合、包圍而成的一個多面體，具有形態構成的主要特徵。將立體構成的這種或感性或理性的形態表現方法與包裝的功能相結合，將構成要素組合成更富藝術表現力的包裝形態，增強包裝的獨特性，也是包裝趣味形態創新的一個方法。

第三節　新型環保材料在綠色包裝設計中的重要性

一、抗菌包裝材料

抗菌劑是一類對細菌、真菌具有抑制作用或殺滅其活性的化學物質，是抗菌包裝材料的核心。應用於食品包裝的抗菌劑必須是安全無毒的，抗菌能力強，具有廣譜抗菌性，需要耐摩擦、耐日照、耐熱，並與基材有良好的相容性，而且不降低商品的使用價值和美感。根據化合物結構不同，抗菌劑通常分為無機抗菌劑、有機抗菌劑及天然抗菌劑三類。

（一）無機抗菌劑

無機抗菌劑是將銀、銅、鋅等金屬離子抗菌活性成分通過物理吸附、離子交換或多層包覆的方式與無機多孔材料（如沸石、硅膠、高嶺土類的載體）相結合制備的具有抗菌能力的材料。無機抗菌劑可廣泛應用於塑料、合成纖維、建材、造紙等行業。無機抗菌劑屬於溶出型抗菌劑，按照作用機制的不同，可以分為金屬離子負載型抗菌劑和光催化型抗菌劑兩大類。

1. 金屬離子負載型抗菌劑

將具有抗菌功能的金屬離子加載到各種無機天然或人工合成的礦物載體上，其中應用效果最好的主要是 Ag^+、Cu^{2+}、Zn^{2+}。其中 Ag^+ 是較強的抗菌劑，混合物中含有 1% 的 Ag^+，其抗菌率可以達到 99.9%。

2. 光催化型抗菌劑

利用電子型半導體材料，如 TiO_2、ZnO、Fe_2O_3、CdS 等在光照條件下，將吸附在表面的 OH^- 和 H_2O 分子氧化成具有強氧化能力的 OH^- 自由基，當這些基團與微生物接觸後可抑制微生物的生長和繁殖。以納米 TiO_2 為例，其對紫外線具有一定的屏蔽作用，並且無毒、無味和無刺激感。

（二）有機抗菌劑

有機抗菌劑的種類很多，按照制備方法的不同，有機抗菌劑可分為天然抗菌劑和化學合成抗菌劑。有機抗菌劑對微生物的主要作用機制是通過與細胞膜的表面陰離子相互吸引、組合與細胞表面的基團反應，破壞細胞膜的合

成系統，阻礙細胞呼吸，並逐漸進入細胞內破壞蛋白質，從而抑制微生物的繁殖。其優點是殺菌即效性和廣譜抗菌性強，持久性較長。

1. 殼聚糖及其衍生物抗菌劑

殼聚糖是甲殼素經濃鹼處理，脫去分子中的乙醯基得到的。和其他天然聚合物不同，殼聚糖具有較強的反應活性和可加工性能，近幾年，殼聚糖和衍生物由於潛在的生物活性，如抗癌性、抑制潰瘍、抗菌性而得到了深入研究。在殼聚糖分子鏈上有游離氨基，對構成人體的氨基酸和蛋白質都有很高的親和性，因此殼聚糖的抗菌機理有以下兩種模型：

（1）殼聚糖溶於酸溶液中，其分子中的銨離子具有正電性，能夠吸附表面帶有負電荷的細菌，因此大量的殼聚糖分子堆積在細菌細胞表面減弱了細菌的代謝，改變細胞壁和細胞膜的通透性，細胞膜因不能承受滲透壓而變形破裂，內容物如水、蛋白質等滲出，從而發生細菌溶解死亡。

（2）殼聚糖吸附在細菌表面後，穿過多孔的細胞壁進入細胞內，與脫氧核糖核酸（DNA）結合，並干擾信使核糖核酸（mRNA）和蛋白質的合成，從而抑制了細菌的繁殖。

2. 季銨鹽類抗菌劑

季銨鹽是一類高效低毒的有機銨鹽，對革蘭氏陽性菌和陰性菌有廣譜抗菌活性，並且對真菌和黴菌都有較穩定的抑制效果。化合物中帶正電荷的有機陽離子可被帶負電荷的細菌選擇性吸附，並且季銨離子有親油的長鏈，能包住並破壞有脂質的細胞膜，釋放出 K^+ 離子和其他物質，導致蛋白質失活，影響 DNA 分子鏈的複製，進而阻礙細菌的繁殖並導致細胞死亡。由於季銨鹽成本低廉、抗菌速度快，將其作為抗菌基團的研究較多。但是抗菌持續時間較短，細菌對其易產生抗藥性，並且對於無囊膜的病毒，季銨鹽的抑制能力較低。

（三）天然抗菌劑

天然抗菌劑目前應用最多的是植物抗菌劑，像中草藥、鬆柏、艾蒿、蘆薈等；動物源抗菌劑主要是殼聚糖類、天然肽類和高分子糖類；礦物質抗菌劑的含量較少，如膽礬及提取於微生物的細菌素和溶解酵素等。天然抗菌劑對於革蘭氏陽性和陰性食源性病菌具有廣譜抑製作用。

二、可食性包裝材料

可食性包裝材料，從廣義上來說，是可降解生物材料的一種，在食品包裝領域中具有特殊的意義，不僅可以借助人體或動物本身的新陳代謝功能使材料得以分解，而且對生物體無害，還能提供有益的營養物質。可食性包裝材料主要是通過阻止包裝內外物質的互相遷移，避免食品在貯存或運輸過程中發生味道、質構等變化，以確保食品的質量，延長其貨架期。可食性包裝材料也可以作為各種食品添加劑的載體。

（一）以多糖為基質

澱粉是可食性包裝材料中研究開發最早的類型。澱粉膜具有拉伸性好、透明度好、耐折性好、水不溶性良好和透氣率較低等特點。不過澱粉膜不具有熱封性，這在一定程度上限制了其應用。

改性纖維素是對纖維素採用化學手段改變其原有性質而得到的具有特殊性能的纖維素衍生物。例如，以羧甲基纖維素（CMC）、甲基纖維素（MC）等為原料，軟脂酸、瓊脂、蜂蠟和硬脂酸為增塑劑，可制成半透明狀、入口即化的可食性薄膜。

膠體可食性包裝材料是以植物膠為基料，目前廣泛應用於調味品、油脂、湯料等食品的包裝。

殼聚糖是甲殼素的 N-脫乙醯基的產物，殼聚糖制成的可食性包裝材料具有很多特點，它的阻氧性強、彈性好、透明度高，在殺菌方面也具有很好的作用，能夠阻礙真菌的侵入，在水果、蔬菜等食品的保鮮包裝中應用比較廣泛。

（二）以蛋白質為基質

大豆蛋白、小麥蛋白、玉米蛋白和乳清蛋白是蛋白質中可以作為可食性包裝材料的基材。

以大豆蛋為基材，甘油、山梨醇等為增塑劑，可制成用途多樣的大豆蛋白可食性包裝材料。大豆蛋白可食性包裝材料能夠很好地阻止氧氣的進入，同時保證產品的水分不至於快速蒸發，它的強度、彈性、韌性和防潮性能很好，在油性食品的包裝中應用得比較廣泛。

從小麥粉中提取出來的小麥蛋白作為可食性包裝材料具有較強的韌性，

呈半透明狀，但防潮、防濕性能較差。

以玉米蛋白為基材制成可食性包裝材料能夠很好地阻止氧氣、二氧化碳的侵入，防潮性能也比較好，在應用時大多作為藥品、糖製品的可食性包裝薄膜。

(三) 脂類可食性包裝材料

脂類可食性包裝材料按脂肪源的不同可分為植物油、動物脂及蠟質薄膜三類。脂類物質具有極性弱和易形成致密分子網狀結構的特點。脂類可食性包裝材料能夠很好地阻止水蒸氣。人們在進行製作時應該注意脂質膜的厚度，同時還應該控制其均勻性。脂類是可食性包裝材料在實際應用中與蛋白質、多糖組合形成的複合材料。

三、可食性油墨

傳統油墨的組成成分含有有害物質，如甲苯、二甲苯等揮發性有機溶劑、微量重金屬，顏料和染料中都含有某些致癌成分。可食性油墨可以直接印刷在食品和藥品表面。例如，在糖果、麵包、巧克力等食品表面印製上精美圖案來引起人們尤其是兒童對食品的注意力，激發顧客的購買欲。可食性油墨的主要組成部分是色料和連接料。

可食性油墨的色素可以分為天然色素與人工合成色素。其中天然色素種類繁多，色澤自然，不少品種還具有較高的營養價值，如甜菜紅、黑米素等，有的還具有較好的醫療效果，它們的安全性比較高，可放心使用。天然色素的穩定性差，在一些特殊的環境下會受到影響，從而改變顏色，如酸、鹼等這些外界因素。人工合成色素具有色澤鮮艷、著色力強、穩定性好、易溶於水、易調色、品質均一、成本低廉等優點，但有些對人體健康有一定影響。

可食性油墨的連接料由油類、溶劑以及一些助劑組成。油類主要是指可食性植物油，如花生油、色拉油等，溶劑則可以是液態糖。

四、新材料的應用

世界各國高度重視新材料的開發，包裝安全的要求也逐漸提高，包裝材料的種類也發生了許多變化，研發出的許多實用性強的新材料被大量應用，

這些新材料節約了包裝材料資源，降低了包裝成本。某品牌的粽子包裝是日本設計師利用再生材料仿造原始粽子包裝形式設計製作的，這種設計既保留了粽子的傳統文化寓意，又使粽子的保質期得到了適當的延長。某品牌的壽司的包裝最外面的包裝材料是利用再生材料制成，它的外觀比較美觀，具有環保、便於攜帶、可降解等優點。

第四節　緩衝包裝材料的創新應用

一、緩衝材料的特性

包裝中使用緩衝材料的主要目的是緩和被包裝產品在運輸、裝卸中受到的衝擊和振動外力，以保護產品不被損壞。因此緩衝材料是指一些具有高度壓縮和復原性的彈性材料。它具有如下特性：

（1）衝擊能量的吸收性。

（2）振動吸收性。一般在運輸、搬運、裝卸的時候，包裝往往受到外力的作用。振動外力使包裝產品產生共振現象，增加振幅而易造成損壞。

（3）復原性。

（4）溫濕度安定性。緩衝材料應在廣泛的溫濕度範圍內，保持其緩衝性能。纖維緩衝材料中的纖維素易受濕度的影響。熱塑性塑料緩衝材料則受溫度影響，緩衝性能變化較大，主要是在低溫時緩衝材料容易變硬。

二、常用緩衝材料

（一）泡沫塑料緩衝材料

泡沫塑料緩衝材料是一種使商品不直接受到外力的衝擊，減緩或吸收外力能量以達到保護商品目的的材料。早期的緩衝材料如木絲、稻草、麥秆、毛氈、紙花等，雖然也能起到一定的緩衝作用，但效果不明顯，而且存在易吸潮、易霉變等多種弊端，現已逐漸被淘汰。而彈簧等金屬材料，儘管具備彈性好、不吸水、不受溫度變化影響等優點，但受資源、價格及加工工藝等方面的限制，用量也在逐步減少。目前包裝所用的緩衝材料都以各種類型的

泡沫塑料為主體，且其使用量幾乎占據了整個包裝領域。泡沫塑料為蜂窩狀的結構，具有成型容易、質輕、密度小、耐衝擊、耐化學、隔熱性好、受溫度變化影響小、成本低、加工運輸方便等特點。

1. 聚苯乙烯泡沫塑料

聚苯乙烯泡沫塑料是利用聚苯乙烯為原料發泡製成的一種半硬質的泡沫塑料。該材料可製作家用電器、儀表儀器及電子元器件的減震墊、防震套或內包裝盒。

2. 聚乙烯泡沫塑料

聚乙烯泡沫塑料是一種半硬質泡沫塑料，這種材料在一定的溫度下成型以後熱穩定性比較好。人們用一些比較常用的機械就能對其進行切割、切削等。

3. 聚氨酯泡沫塑料

聚氨酯泡沫塑料具有抗輻射能力，這種材料的抗氧化、耐油性比較好，絕緣性和耐磨性也很突出，在130℃時仍可使用。

4. 聚丙烯泡沫塑料

聚丙烯泡沫塑料通常被應用於玻璃器皿、儀器儀表的包裝。在一些對包裝要求比較嚴格的產品中，如對電視機、收音機這些對表面光度要求較高的產品來說，聚丙烯泡沫塑料是很好的選擇。

5. 聚氨基甲酸酯泡沫塑料

聚氨基甲酸酯泡沫塑料通常被應用於精密儀器的包裝，具有很好的保溫效果，在一些醫藥和生物製劑的包裝中應用的價值比較高。

6. 氣泡塑料薄膜

氣泡塑料薄膜是一種新的緩衝材料，即在兩層塑料薄膜之間夾著空氣。基材經常用聚乙烯薄膜。基層面薄膜的厚度為形成突出氣泡薄膜厚度的兩倍。氣泡的形狀分為圓球形、半球形和鐘罩形。

7. 聚苯乙烯、聚乙烯高發泡片網材

聚苯乙烯（PS）、聚乙烯（PE）是新型的包裝材料，彈性好、價格低、質輕、柔軟、繞性好，將其作為精密儀器、家用電器、通訊產品的緩衝墊片更為理想。PE網材還可以直接用於燈泡、燈管、電子元器件等的內襯防震和外部防護。

8. 海綿橡膠防震

海綿橡膠以天然膠和再生膠為主要原料。海綿橡膠具有承重能力強、彈性好、防潮、隔熱等特點。海綿橡膠是大、中型機電產品良好的包裝防震材料。

(二) 獸毛填充橡膠緩衝材料

將豬毛、馬毛、合成纖維等彈性纖維，用有彈性的黏合劑如天然橡膠作為彈性黏結劑制成緩衝材料，歐美各國廣泛將其用來作為儀器和精密機械的緩衝包裝材料。人們可以根據被包裝物的質量、脆性強度、接觸面積等選用不同品種的獸毛填充橡膠緩衝材料。

參考文獻

陳港，唐愛民，張宏偉，2002. 現代紙容器 [M]. 北京：化學工業出版社.

陳海濤，崔春芳，童忠良，2010. 塑料製品加工實用新技術 [M]. 北京：化學工業出版社.

陳嘉翔，1990. 制漿原理與工程 [M]. 北京：中國輕工業出版社.

陳永常，2003. 現代印刷技術 [M]. 北京：化學工業出版社.

戴紅旗，畢松林，李忠正，1999. 漂白麥草漿 AKD 施膠特性初探 [J]. 中國造紙（6）：42.

丁建超，2004. 包裝設計實例篇 [M]. 北京：中國水利水電出版社.

範凱熹，1996. 設計藝術教育方法論 [M]. 廣州：嶺南美術出版社.

範凱熹，2011. 設計與製作 [M]. 杭州：浙江人民美術出版社.

高媛，李宗堯，2015. 包裝設計 [M]. 北京：清華大學出版社.

廣川啓智，2002. 日本包裝設計獲獎作品集 [M]. 沈陽：遼寧科學技術出版社.

何北海，盧謙和，2002. 紙漿流送與紙頁成型 [M]. 廣州：華南理工大學出版社.

何彤，2013. 包裝形象創新設計 [M]. 重慶：西南師範大學出版社.

賀星臨，朱鐘炎，2009. 產品與包裝 [M]. 北京：機械工業出版社.

胡惠仁，徐立新，董榮業，2008. 造紙化學品 [M]. 2 版. 北京：化學工業出版社.

胡開堂，2006. 紙頁的結構與性能 [M]. 北京：中國輕工業出版社.

華表，2004. 包裝設計150年［M］. 長沙：湖南美術出版社.

黃銳，2007. 塑料成型工藝學［M］. 2版. 北京：中國輕工業出版社.

江谷，2003. 複合軟包裝材料與工藝［M］. 南京：江蘇科學技術出版社.

金銀河，1999. 包裝印刷［M］. 北京：化學工業出版社.

金銀河，2001. 印後加工［M］. 北京：化學工業出版社.

李鋒，吳丹，李飛，2005. 從構成走向產品設計［M］. 北京：中國建築工業出版社.

李立群，2004. 商品包裝裝潢設計［M］. 北京：機械工業出版社.

李帥，2017. 現代包裝設計技巧與綜合應用［M］. 成都：西南交通大學出版社.

林龍平，2000. 合成聚合物表面施膠劑［J］. 造紙化學品（2）：13-16.

林振揚，2003. 包裝設計［M］. 南寧：廣西美術出版社.

劉忠，2012. 制漿造紙概論［M］. 北京：中國輕工業出版社.

隆言泉，1994. 造紙原理與工程［M］. 北京：中國輕工業出版社.

盧謙和，2007. 造紙原理與工程［M］. 2版. 北京：中國輕工業出版社.

施江瀾，趙占西，2011. 材料成形技術基礎［M］. 2版. 北京：機械工業出版社.

孫誠，2006. 紙包裝結構設計［M］. 北京：中國輕工業出版社.

孫誠，2008. 包裝結構設計［M］. 2版. 北京：中國輕工業出版社.

孫瑜，2010. 材料成形技術［M］. 上海：華東理工大學出版社.

唐頌超，2014. 高分子材料成型加工［M］. 3版. 北京：中國輕工業出版社.

王德忠，1999. 包裝計算機輔助設計［M］. 北京：印刷工業出版社.

王桂英，溫慧穎，2016. 綠色包裝［M］. 哈爾濱：東北林業大學出版社.

王國倫，1995. 紙容器設計［M］. 哈爾濱：黑龍江美術出版社.

王建清，2009. 包裝材料學［M］. 北京：中國輕工業出版社.

王娟，2013. 包裝設計［M］. 北京：中國水利水電出版社.

王淑慧，2012. 現代包裝設計［M］. 上海：東華大學出版社.

王小妹，阮文紅，2015. 高分子加工原理與技術［M］. 2版. 北京：化學工業出版社.

吳翔, 2008. 設計生態學 [M]. 重慶: 重慶大學出版社.

徐文達, 程裕東, 岑偉平, 等, 2005. 食品軟包裝材料與技術 [M]. 北京: 機械工業出版社.

楊茂林, 2007. 自然形態仿生在包裝設計中的應用研究: 論包裝形態仿生設計 [J]. 藝術與設計（理論）（10）.

張大魯, 吳鈺, 2006. 包裝設計基礎與創意 [M]. 北京: 中國紡織出版社.

張艷平, 2014. 產品包裝設計 [M]. 南京: 東南大學出版社.

曾敏, 楊啓春, 2014. 包裝設計 [M]. 重慶: 重慶大學出版社.

朱鴻祥, 蔣峰, 孫鐵海, 2011. 鍍鋁薄膜技術 [M]. 北京: 化學工業出版社.

朱立, 2006. 鋼材熱鍍鋅 [M]. 北京: 化學工業出版社.